职业教育城市轨道交通专业教材

城市轨道交通运输设备

吴　晓　主　编
施俊庆　卢德培　副主编

電子工業出版社
Publishing House of Electronics Industry
北京・BEIJING

内 容 简 介

本书是“职业教育城市轨道交通专业教材”之一。通过全部5个项目下的21个任务，比较全面地概括了城市轨道交通线路与站场设备，城市轨道交通车辆与牵引系统，城市轨道交通信号与通信设备，城市轨道交通客运设备的基本组成、作用和主要技术性能，以及部分设备的操作运用案例；同时，还介绍了目前国内外新型城市轨道交通设备的状况。

本书可作为职业院校城市轨道交通专业及相关专业的教学用书，也可以作为从事城市轨道交通行业职工的参考资料和培训用书。

本书还配有电子教学参考资料包（包括电子教案、教学指南及习题答案），详见前言。

图书在版编目（CIP）数据

城市轨道交通运输设备 / 吴晓主编. —北京 ：电子工业出版社，2011.9
职业教育城市轨道交通专业教材
ISBN 978-7-121-14685-5

Ⅰ. ①城… Ⅱ. ①吴… Ⅲ. ①城市铁路－交通运输工具－高等职业教育－教材 Ⅳ. ①U239.5

中国版本图书馆CIP数据核字（2011）第196329号

策划编辑：徐 玲
责任编辑：刘 凡
印 刷：北京中新伟业印刷有限公司
装 订：三河市皇庄路通装订厂
出版发行：电子工业出版社
北京市海淀区万寿路173信箱 邮编 100036
开 本：787×1 092 1/16 印张：16.5 字数：422千字
版 次：2011年9月第1版
印 次：2015年8月第4次印刷
定 价：28.00元

凡所购买电子工业出版社图书有缺损问题，请向购买书店调换。若书店售缺，请与本社发行部联系，联系及邮购电话：（010）88254888。

质量投诉请发邮件至 zlts@phei.com.cn，盗版侵权举报请发邮件至 dbqq@phei.com.cn。

服务热线：（010）88258888。

职业教育城市轨道交通专业教材编审委员会

总序 Preface

随着国民经济持续快速发展，人流、物流、信息流以前所未有的密度涌向大城市并向周边辐射。城市化进程加快，城镇人口迅速增长，我国市区常住100万人口以上的大城市已达40多个，超过200万人口的特大城市已有14个。目前，我国城镇人口比例已经达到45%左右，城市规模的扩大、城市人口的增长，带来了城市交通需求的高速增长。为解决大中城市交通紧张问题，我国已有越来越多的城市把发展城市轨道交通列入城市发展计划。截至2010年，北京、天津、上海、广州、深圳、南京、重庆、武汉、大连、长春10个城市已经开通运营的城市轨道交通线路总长已近1000千米，加上正在建设的沈阳、成都、杭州、西安、苏州等城市在建线路总长也超过1200多千米。此外，还有青岛、宁波、郑州、东莞、昆明、长沙、乌鲁木齐、南宁、济南、兰州、太原、福州、厦门、合肥、无锡、贵阳、烟台、石家庄、温州等诸多城市都在进行轨道交通规划或建设工作。中国城市轨道交通建设正在进入快速有序的发展阶段。预计在2015年前后，我国将建设79条城市轨道交通线路，长达2260千米，到2020年中国城市轨道交通规模有望突破3000千米。城市轨道交通的快速发展，各类城市轨道交通人才需求量急剧增加，从城市轨道交通的专业人才用工需求看，城市轨道交通每公里需要50～60人。对于这个技术密集型行业来说，各城市的轨道交通都需要大批应用性人才，才能保证正常的运营和管理。因此，城市轨道交通行业具有广阔的人才需求空间。

城市轨道交通发展给职业教育的人才培养带来良好契机，为适应城市轨道交通人才培养需求，更好地服务国民经济建设，2010年5月，电子工业出版社在武汉组织召开了“职业教育城市轨道交通专业教学研讨会”，成立了“职业教育城市轨道交通专业项目式教材”编审委员会，确定了“职业教育城市轨道交通专业项目式教材”编写方案。根据专业教学研讨会议精神，经过主编、参编老师的共同努力，“职业教育城市轨道交通专业教材”终于与大家见面了。本套教材基本涵盖了“城市轨道交通专业”的主要课程和内容，满足了专业建设与教学需要；为适应职业教育的改革与发展，教材力求体现当代职业教育新理念、新思路；为紧跟城市轨道交通行业发展，尽量使教材保持一定的知识与技术领先。本套教材编写以职业能力为主线，以职业生涯为背景，以工作结构为框架，以岗位能力为依据，以工作情境为支撑，以工作过程为基础。教材体系结构力求从学科结构向职业工种技能结构转变；教材内容组织力求根据城市轨道交通专业学生今后从事职业工作岗位要求及标准出发，突出典型岗位的工作过程，满足职业标准要求，贯穿主要规章和作业标准。本套教材具有以下特点：

1）教材体例符合职业教育教学改革和发展方向

教材内容选择以《国家职业标准》规定的岗位（群）需求和职业能力为依据，以工作任务为中心，以理论知识为基础，以实践技能为依托，以工作情景为支撑，以案例呈现为特点，以拓展知识为延伸，充分考虑城市轨道交通典型岗位的工作任务的工作过程特点和教学过程特点的有机结合，体现教材的职业性特点。

2）教材内容凸显城市轨道交通专业领域主流应用技术和关键技能

教材内容凸显城市轨道运营、行车组织、客运组织、机车车辆等设备运用与检修及作业组织方法等主体工种的专业知识和技术，包括车站站长、行车调度、车辆维修、客运服务等典型岗位的主流应用技术和关键技能。

3）教材内容涵盖城市轨道交通行业和专业发展的“四新”内容

教材内容组织保持一定的前瞻性，反映行业与专业最新知识、工艺、装备和技术。教材编写从现代教学理念和教学模式出发，体现城市轨道交通前沿的创新成果和经验。

4）教材注重实践性，重视案例和实际动手场景的呈现

教材组织通俗实用，融入和结合了轨道交通专业骨干教师多年的教学经验和体会，合理地取舍和反映城市轨道交通的基本专业知识和基本技能；通过具体模拟训练和情景实操，使学生加深对专业知识和技能的理解以及基本技能和基本方法的掌握，从而可以缩短学生到企业后的上岗时间。

本套教材不仅适用于职业教育各层次教学，也适用于城市轨道交通行业相关人员在职进修提高和培训教学用书。

本套教材由浙江师范大学交通运输系吴晓主任担任主编，西安铁路职业技术学院赵岚、湖南铁道职业技术学院张莹担任副主编。吴晓负责本系列教材编写工作的整体策划与体例结构设计。教材在编写过程中得到了许多城市轨道交通行业专家、电子工业出版社等领导和同仁的大力支持，在此表示衷心感谢！

在本套教材的编写过程中，编者们参考了大量的书籍、文献、论文等，也引用了许多专家学者的资料，编者已尽可能地在参考文献中详细列出，谨在此对他们表示衷心的感谢！同时，可能我们因为疏忽，有些资料引用了而没有指出资料出处，若有此类情况发生，深表歉意！由于城市轨道交通正处于快速发展期，资料收集很难达到齐全和最新，再加上编者水平所限，书中错误和疏漏在所难免，敬请大家见谅，也恳请读者在阅读后及时批评指正，我们将十分感谢。

吴　晓

2011年6月于浙江师范大学

前言 Introduction

城市轨道交通是现代城市公共交通的主要形式。城市轨道交通不仅安全、快捷、正点，可以满足日益增长的城市居民出行需求，而且具有节能、省地、少污染等特点，更是一种节约资源、保护环境的城市公交系统，符合城市可持续发展原则。城市轨道交通种类繁多，有城市地下铁道、轻轨交通、有轨电车、单轨交通、市郊铁路、磁悬浮线路、机场联络铁路、全自动旅客捷运系统等。城市轨道交通运输设备是保障城市轨道交通正常运行的必需的物质基础和技术基础。城市轨道交通运输设备包括城市轨道交通线路与站场设备、车辆、牵引供电系统、信号设备、通信设备和客运设备等。

本书为“职业教育城市轨道交通专业教材”之一。教材结合城市轨道交通专业人才培养方案和职业教育教材现状编写，涵盖城市轨道交通设备的主要内容。为适应职业教育的需要，编者力求体现当代职业教育新理念；为紧跟城市轨道交通行业发展，尽量使教材保持一定的知识与技术领先。

本书共分五个项目：项目一 城市轨道交通线路与站场设备；项目二 城市轨道交通车辆与牵引设备；项目三 城市轨道交通信号与通信设备；项目四 城市轨道交通客运设备；项目五 新型城市轨道交通设备。五个项目下共分21个任务，全面介绍城市轨道交通线路、车场设备与车站建筑；车辆、电力牵引系统与供电系统；信号基础设备、联锁设备、列车自动控制设备和通信设备、自动检售票系统、电梯与自动扶梯和屏蔽门系统等设备的基本组成、作用和主要技术性能以及部分设备的操作运用案例。同时还介绍了目前国内外新型城市轨道交通设备，包括单轨交通、磁浮交通、自动导轨交通和直线电机轨道交通等设备。

本书在体例设计上突破了传统教材的编写模式，理论与实际动手相结合，突出职业教育的实践性。项目中的每个任务下设有“学习目标”、“学习任务”、“工具设备”、“学习环境”、“基础知识”、“相关案例”、“拓展知识”等模块，并配置操作运用案例和思考练习题。教材注重实用，案例多、观念新，教材内容组织通俗，融入和结合了轨道交通专业骨干教师多年的教学经验和体会；为教师方便教学，特别增加教师教学工作活页，寓专业能力、方法能力和社会能力培养于情景教学；内容编排重点突出，反映城市轨道交通的基本专业知识和基本技能；为了使学生能学以致用，特别增加学生学习实操活页，让学生学习模拟城市轨道交通专业设备的具体运用，通过具体知识认知模拟训练、情景实操以及教学评价等环节，使学生加深对专业知识和技能的理解、基本技能和基本方法的掌握，从而使学生增强对城市轨道交通运输设备的认知，为学生学习本专业的其他专业后续课程打下坚实的基础。本书适合作为职业院校的城市轨道交通专业及相关专业的教学用书，或作为从事城市轨道交通行业技术人员的参考资料和员工培训用书，力求能为我国城市轨道交通事业的发展尽绵薄之力。

为了方便教师教学，本书还配有电子教案、教学指南及习题答案（电子版），请有此需要的教师登录华信教育资源网（www.hxedu.com.cn）下载或与电子工业出版社联系，我们将免费提供（E-mail:hxedu@phei.com.cn）。

本书由浙江师范大学吴晓任主编，施俊庆（浙江师范大学）、卢德培（杭州万向职业技术学院）任副主编，参加编写还有郑丽娟、王瑞萍（浙江师范大学）、刘婷婷（西安铁路职业技术学院）。具体编写分工为：郑丽娟（项目一中的任务一、任务二、任务三、任务四）、刘婷婷（项目二中的任务一）、吴晓（项目二中的任务二、任务三、任务四、项目三中的任务五）、卢德培（项目三中的任务一、任务二、任务三、任务四）、施俊庆（项目四中的任务一、任务二、任务三、任务四）、王瑞萍（项目五中的任务一、任务二、任务三、任务四）。全书由吴晓负责编写体例设计，吴晓、施俊庆负责统稿。教材在编写过程中得到了许多城市轨道交通行业专家和电子工业出版社等领导和同仁的大力支持，在此表示衷心感谢！

在本书的编写中，我们参考了许多专家学者有关城市轨道交通的书籍、文献、论文等资料，也引用了城市轨道交通设备制造企业和部分城市轨道交通企业的技术数据和图片，我们已尽可能地在参考文献中详细列出，谨在此对他们表示衷心的感谢！同时，也可能由于我们疏忽，有些资料引用了而没有指出资料出处，若有此类情况发生，深表歉意。

由于城市轨道交通正处于快速发展期，技术装备日新月异，各城市城市轨道交通运输设备也都有各自的特点，资料收集很难达到齐全和最新，再加上作者、编者水平所限，书中技术资料和数据肯定存在不足和差异，错误和疏漏在所难免，在此敬请大家见谅，也恳请大家多提宝贵意见和批评指正，我们将十分感谢。

编　者

2011 年 4 月

目录 Contents

项目一　城市轨道交通线路与站场设备

城市轨道交通线路是城市轨道交通车辆运行的基础，是重要的行车设备，从事运营管理的人员必须认识相关的设备和实施，掌握设备和设施对运营工作的影响。线路平纵断面和线路标志、高架结构和地下隧道、轨道、限界等知识是从事轨道交通运营管理人员必须掌握的基础知识。而车站是城市轨道交通线的重要组成部分，又是集散客流、为旅客服务的基本设施。车站的选址、站场布置与规模不仅影响运营效益，而且影响城市建设。

任务一　认知城市轨道交通线路

学习目标

（1）了解城市轨道交通线路的平面和纵断面；

（2）了解城市轨道交通线路系统的组成及各部分的作用；

（3）了解轨道线路标志与限界，学习限界的概念、分类和限界图；

（4）了解区间隧道和高架结构工程。

学习任务

认知城市轨道交通线路，主要包括城市轨道线路的平面和纵断面、城市轨道线路的系统组成与设备、轨道线路标志与限界、区间隧道和高架工程等设备。

工具设备

城市轨道交通线路标志模型、轨道结构模型、盾构模型、高架槽形梁模型、多媒体设备课件、图片、示教板、计算机多媒体设备等。

教学环境

线路设备综合仿真实验室或线路设备维修基地现场。

基础知识

城市轨道交通线路是列车所行驶的轨道式通道，按其空间设置位置，有地下、地面和高架三种形式。上部建筑沿用传统铁路方式，由钢轨、轨枕、联结零件等组成。线路下部基础由路基、道床等组成，现多采用整体道床结构。跨座式单轨铁路的车体重心在轨道梁的上方，运行时车体跨坐在轨道梁上。

一、城市轨道线路的平面和纵断面

实际的轨道交通线路是一条长长的交通走廊，它是立体的，需要用三维图画才能准确描述。用立体表现很不方便，不仅费时费力，而且细部尺寸难以标注。因此，工程中一般采用平面、纵断面、横断面三种两维图画结合起来表现。平面图是线路轨道中（心）线在水平面上的投影；纵断面是把线路中心线展直后投影到垂直面上；横断面是线路实体及运营所需空间在线路中线法平面上的投影。

（一）城市轨道线路的平面

轨道交通线路中心线在水平面上的投影称为线路平面。它表明线路的直、曲变化状态。线路中心线是两根钢轨间距的中心连线（单轨交通为轨道梁的中心线）。

线路平面由直线、圆曲线以及连接直线与圆曲线的缓和曲线组成。在线路平面设计时，为缩短线路长度和改善运营条件，应尽可能设计较长的直线。但为了满足线路选线要求、适应地形变化（地面布置方式）、避让障碍物（地面、地下、高架方式）等，应设置曲线。

为了使城市轨道线路平面圆顺且符合运营要求，设计时需要遵循一定的技术要求。线路平面设计的主要技术要素包括：最小圆曲线半径、缓和曲线线形和长度、最小夹直线长度、最小圆曲线长度等。

1. 圆曲线

线路在转向处所设的曲线通常为圆曲线。其半径的大小反映了曲线弯曲度的大小。圆曲线半径越小，弯曲度越大。一般情况下，曲线半径越大，行车速度可以越高，但工程费用越高。曲线半径宜按标准半径从大到小合理选用。实际工作中，最大半径一般很少超过3000 m。400 m 以下的小半径曲线具有限制车速、养护比较困难、钢轨侧面磨耗严重以及噪声大等缺点，特别是在轨道交通运量大、密度高的情况下，上述缺点更加突出。因此，小半径圆曲线应尽量少用，并应有一定限制。

城市轨道交通系统应根据其运行特征及车辆性能等要素选择一个统一适合的 $R_{\min}$ 值，以便于设计与施工。

城市轨道交通的正线 $R_{\min}$ 常用 300m，困难地段不小于 250m；联络线 $R_{\min}$ 常用 150m，车辆段根据作业情况及布局需要，$R_{\min}$ 还可适当取较小的值（最小 R 值仅有 100 m 左右）。单轨铁路（跨坐式）：正线 $R_{\min}$=60m；其他 $R_{\min}$=30m。目前，在我国轨道交通正线设计中，最小曲线半径标准为：A 型车 300～350m，B 型车 250～300m，具体见表 1.1。

表 1.1　城市轨道交通最小曲线半径

线　路		一般情况（m）		困难情况（m）	
		A 型车	B 型车	A 型车	B 型车
正线	$v \leq 80$km/h	350	300	300	250
	80km/h< $v \leq 100$km/h	550	500	450	400
联络线、出入线		250	200	150	
车场线		150	110	110	
注：除同心圆曲线外，曲线半径应以 10m 的倍数取值					

对于最小圆曲线长度，城市轨道交通线路设计时也有要求。城市轨道交通圆曲线长度短，对改善行车条件、减少行车阻力和养护维修有利。但当圆曲线长度小于车辆的全轴距时，车辆将同时跨越在三种不同的线形上，会危及行车安全，降低列车的稳定性和乘客的舒适度。因此，我国地铁设计规范规定，正线及辅助线的圆曲线的最小长度，A 型车不得小于 25m，B 型车不得小于 20m，在困难情况下不得小于车辆的全轴距。

2. 缓和曲线

圆曲线与直线相连时，存在两个问题：一是 ZY（直圆点）处的平面曲率有突变；二是 ZY（直圆点）处的外轨超高有突变。设置缓和曲线的目的就是要解决这两个问题，即实现平面曲率的渐变及外轨超高的渐变。

缓和曲线的技术要素有线型及长度两项。

在城市轨道交通中，由于列车速度只有 70～120km/h，缓和曲线线型一般采用三次抛物线，长度则根据圆曲线半径及列车行车速度不同而变化，具体见表 1.2。

表 1.2　缓和曲线长度

L / *v* / *R*	100	95	90	85	80	75	70	65	60	55	50	45	40	35	30
3000	30	25	20	—	—	—	—	—	—	—	—	—	—	—	—
2500	35	30	25	20	20	—	—	—	—	—	—	—	—	—	—
2000	40	35	30	25	20	20	—	—	—	—	—	—	—	—	—
1500	55	50	45	35	30	25	20	—	—	—	—	—	—	—	—
1200	70	60	50	40	35	30	25	20	20	—	—	—	—	—	—
1000	85	70	60	50	45	35	30	25	25	20	—	—	—	—	—
800	85	80	75	65	55	45	40	35	30	25	20	—	—	—	—
700	85	80	75	70	60	50	45	35	35	25	20	20	—	—	—
650	85	80	75	70	60	55	45	40	35	30	20	20	—	—	—
600		80	75	70	70	60	50	45	40	30	20	20	20	—	—
550			75	70	70	65	55	45	45	35	20	20	20	—	—
500				70	70	65	60	50	50	35	20	20	20	20	—
450					70	65	60	55	55	40	25	20	20	20	—
400						65	60	60	55	45	25	20	20	20	—
350							60	60	60	50	30	25	20	20	20
300								60	60	60	35	30	25	20	20
250									60	60	40	35	30	20	20
200										60	40	40	35	25	20
150												40	40	35	25

注：表中 *R* 为曲线半径（m）；*v* 为设计速度（km/h）；*L* 为缓和曲线长度（m）。

3. 夹直线

两相邻曲线转向相同，称为同向曲线；若转向相反则称为反向曲线。

线路上两条相邻的曲线不应该直接相连，而应在两条相邻的曲线间设置一定长度的直线，以保证列车运行的平稳，这条直线称为夹直线。

车辆运行在同向曲线上，因为相邻曲线半径不同，超高高度不同，车体向内的倾斜度也不同；车辆运行在反向曲线上，因为相邻曲线超高方向不同，车体时而向左倾斜，时而向右倾斜。这两种情况都会造成车体摇晃震动，夹直线长度越短，摇晃震动越剧烈。夹直线太短，也不易保持夹直线的方向，会增加养护困难。因此，我国地铁设计规范规定：正线及辅助线上相邻曲线的夹直线长度（不含超高顺坡及轨距递减段的长度），A 型车不宜小于 25m，B 型车不易小于 20m，在困难情况下不得小于一个车辆的全轴距；车场线上的夹直线长度不得小于 3m。

4. 曲线附加阻力

列车在通过曲线段时，除了克服基本阻力（即直线段也存在的阻力如列车运行过程中需要克服的轮轨阻力）外，还需克服曲线附加阻力。这是因为曲线段内轨与外轨之间长度不相等，列车在通过曲线段时，会发生外侧车轮滚动、内侧车轮滑动的情况；同时，会因为离心力产生车轮与钢轨之间的挤压力等。

曲线阻力与曲线半径成反比，即曲线半径越大，曲线阻力越小，对运行有利；但曲线半径越小，线路适应地形、避让障碍物的能力越强。

5. 其他

（1）道岔应设置在直线上。在困难情况下，道岔也可设在曲线上，但道岔端部至曲线端部的距离不宜小于 5m，车场线可减少到 3m。道岔宜靠近车站位置，但道岔基本轨端部至车站站台端部的距离不小于 5m。

（2）不同号数道岔的导曲线半径和长度也不同，会影响线路线间距和线路长度。正线和辅助线上为保证必要的侧向过岔速度，宜采用 9 号道岔；车场线因过岔速度要求低，可采用不大于 7 号的道岔，以缩短线路长度，节省造价。设置交叉渡线两平行线的线间距宜按规定采用：12 号道岔采用 5.0m；9 号道岔采用 4.6m 或 5.0m，6 号、7 号道岔采用 4.5m 或 5.0m。

（3）城市轨道交通线路不宜采用复曲线。在困难地段，有充分技术依据时可采用复曲线。当两圆曲线的曲率差大于 1/2500 时，应设置中间缓和曲线，其长度应根据计算确定，在困难情况下不得小于 20m。

（4）折返线的有效长度，宜为远期列车长度加 40m（不含车挡长度）。

（二）城市轨道线路的纵断面

线路中心线在垂直平面上的投影称为线路纵断面（单轨铁路以轨道梁中心线为准），它表明线路的坡度变化。

线路纵断面由平道、坡道及设在变坡点处的竖曲线的组成。

1. 坡道

坡道是由于选线及避让障碍物需要及适应运行需要而设置的路段，坡道的特征用坡段长度和坡度值来表示。

1）坡段长度

两个坡段的连接点，即坡度变化点，称为变坡点。一个坡段两端变坡点之间的水平距离称为坡段长度。如果坡段长度小于列车长度，那么列车就会同时跨越 2 个或 2 个以上的变坡点，各个变坡点所产生的附加应力和局部加速度会因叠加而加剧，影响列车平稳运行和旅客的舒适。因此，线路坡段长度不宜小于远期列车计算长度。按每节车 19.11m 计算，当列车编组为 8 节车厢时，约为 150m；列车 6 节编组时，约为 115m。与干线铁路不同，城市轨道交通线路不要求坡段长度取整为 50m 的整数倍。

2）坡度

坡度是一段坡道两端点的高差 H 与水平距离 L 之比，用 i‰表示，如图 1.1 所示。

$$i‰=H/L=\tan\alpha$$

式中 α——坡道夹角；

H——坡道高差，单位为 m；

L——坡道水平距离，单位为 m。

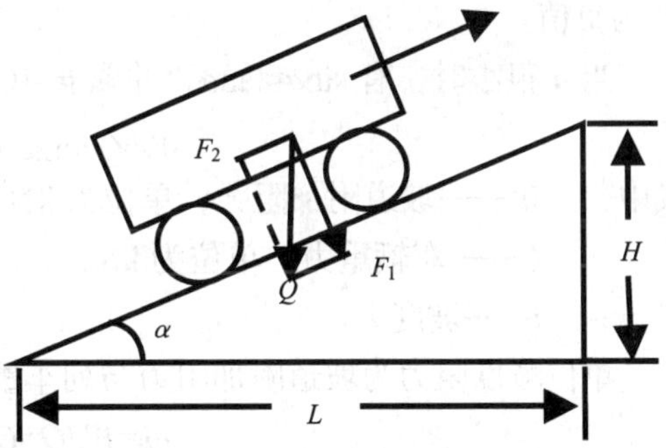

图 1.1 坡道与坡道阻力示意图

2. 竖曲线

在线路纵断面上，若各坡段直接相连则形成一条折线，列车通过变坡点时，产出的车辆振动和局部竖向加速度增大，乘客舒适度降低。同时车辆处在最不利位置时，可能导致车轮脱轨或相邻车辆脱钩，影响行车安全。因此，必须在变坡点处用竖曲线把折线断面平顺地连接起来，以保证行车安全、平顺和乘客乘坐的舒适度。

1）竖曲线设置规定

（1）当两相邻坡段的坡度差等于或大于 2‰时，应在变坡点处设置圆曲线型竖曲线连接。

（2）车站站台计算长度内和道岔范围内不得设置竖曲线，竖曲线离开道岔端部的距离不应小于 5m。

（3）碎石道床线路竖曲线不得与平面缓和曲线重叠；不设平面缓和曲线时，竖曲线不得与超高顺坡重叠，否则立面轨顶超高顺坡与平面缓和曲线率渐变将形成复杂的空间曲线，施工中很难做成设计形状，运营中碎石道床也难以保持。

2）竖曲线半径

竖曲线半径大小与速度有关，速度越高，要求半径越大。我国地铁设计规范规定城市轨道交通竖曲线半径应符合表 1.3 所示的要求。

表 1.3 城市轨道交通竖曲线半径

线 别		一般情况（m）	困难情况（m）
正线	区间	5000	3000
	车站端部	3000	2000
联络线、出入线		2000	
车场线		2000	

单轨铁路竖曲线半径不小于1000m。

车站站台和道岔范围不得设竖曲线，竖曲线离开道岔端部距离不应小于 5m。渡线应设在 5‰以内的坡度上，而且竖曲线不应伸入道岔范围之内。竖曲线起点至道岔基本轨起点的距离，或距离辙叉跟端以外短轨端点的距离，均不应小于 5m。

3. 坡道阻力（W_i）

坡道阻力是列车通过坡道时因坡度存在而产生的附加阻力。

车辆在坡道上运行，重力分解为对轨道的正压力 F_1 与沿坡道的下滑力 F_2 两个分力，如图 1.1 所示，F_2 即为坡道的坡度引起的坡道附加阻力 W_i，上坡时，W_i 为正值；下坡时，W_i 为负值。

当 α 很小时，有 $\sin\alpha\approx\tan\alpha$，并取 g=10m/s^2，因此

$$W_i=Q\sin\alpha\approx Q\tan\alpha(k)=Q_i(N)$$

式中 W_i——坡道附加阻力，单位为 kN；

Q——车辆重力，单位为 kN；

i——坡度。

单位坡度阻力为坡道附加阻力与列车重量之比，用 ω_i 表示。

$$\omega_i=W_i/Q=Q\cdot i/Q=i(N/kN)$$

由此可见，ω_i 与 i 成正比，即 i 越大，ω_i 越大，对列车运行速度制约越大。城市轨道交通线路的坡度在满足排水及标高控制要求的前提下应尽可能平缓，其坡度的取值规定如下：

（1）正线的最大坡度不宜大于 30‰，困难地段可采用 35‰，联络线、出入线的最大坡度不宜大于 40‰（均不考虑各种坡度折减值）。但随着各种城市轨道交通车辆的改进，允许的最大坡度值也正在增大。

（2）车站坡度。地下车站站台计算长度段线路坡度宜采用 2‰，以防止车辆溜动，也便于站内线路排水；困难条件下不大于 3‰。

地面和高架桥上的车站宜设在平道上，以利于列车在车站停车平稳；困难地段不大于 3‰，便于停车和启动。

车站站台计算长度段线路应设在一个坡道上，以简化设计、施工，也便于排水处理；有条件时车站宜设置在纵断面的凸形部位上，并设置合理的进、出站坡度，即进站上坡，出站下坡，这样有利于节省列车制动和启动时的能耗。

车场线宜设在平道上，困难时库外线不大于 1.5‰，以防止溜车。

（3）道岔宜设在不大于 5‰的坡道上，困难地段不大于 10‰。

（4）折返线和停车线宜布置在面向车挡的下坡道上，隧道内的坡道宜为 2‰，地面和高架线上的折返线、停车线，其坡度不宜大于 1.5‰，以防止溜车，确保停车安全，同时又保证必要的最小排水坡度。

4. 城市轨道线路的合理纵断面

城市轨道交通由于部分线路设在地下隧道或设置在高架结构上，又因为车站和区间的埋深和高差不尽一样，在设计地下隧道线路纵断面时，须注意保持合理纵断面。

合理纵断面应既满足有利于列车运行、提高效率、降低消耗、安全可靠的要求，又能满足兼顾降低施工量、减少施工难度、提高施工进度的需要。

如图 1.2 所示，由于区间隧道轨道面标高低于车站轨道面标高，所以列车在运行过程中处于出站下坡与进站上坡的有利状态，有利于列车启动加速与进站减速制动。

图 1.3 所示纵断面往往会出现在地下隧道且采用明挖法施工建设的系统中，由于片面强调减少挖掘土方，而未先明确列车运行特征及运营后的成本费用问题以及受地质条件、地下结构等原因的影响，导致出现不合理纵断面。并且因地下线路无法改造调整，只能成为永久性遗憾。

图 1.2　合理纵断面示意图

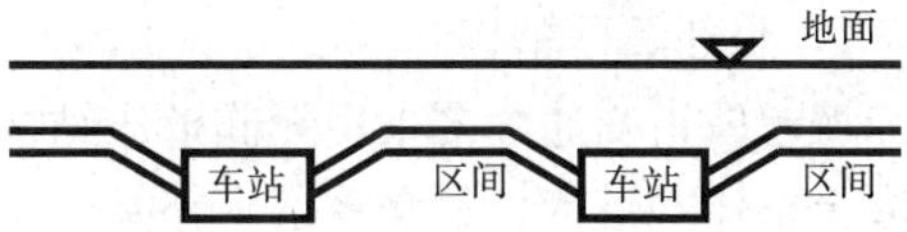

图 1.3　不合理纵断面示意图

地下盾构等施工方式比较容易解决线路走向选择，并且没有施工量多少的问题，一般不会出现上述不合理纵断面。

同样，高架结构线路车站也应选择合理纵断面位置。

二、城市轨道线路系统的组成

城市轨道交通线路是城市轨道交通车辆运行的基础。线路是列车所行驶的轨道式通道，由轨道结构及支撑它的路基、涵洞或桥梁、隧道等建筑物组成。

（一）线路空间设置

城市轨道交通线路空间设置有地下、地面和高架三种方式。

1. 地下

这种方式常用于地下铁道系统，线路置于地下隧道中。其优点是与地面交通完全分离，且不占城市地面与空间，基本不受气候影响；其不足之处在于需要较大投资，较高的施工技术，较先进的管理，完善的环控、防灾措施与设备。在建设过程中仍会影响地面交通，运营成本较高，改造调整与线路维护均较困难。

2. 地面

这种方式一般采用独立路基的方式，减少与地面道路交通的互相干扰。其优点是造价最低，施工简便，运营成本低，线路调整与维护较容易；其不足之处是运营速度难以提高（有部分信号控制的平面交叉点），占地面积较多，破坏城市道路路面，使城市道路交叉口复杂化，容易受气候影响（如雨水、雾、台风等），乘车环境难以改善，有一定的污染负效应（如噪声、景观等）。

3. 高架

这种方式线路设在高架工程结构物上，与地面交通无干扰，造价介于地下与地面之间。施工、维护、管理、环控及防灾诸方面都比地下线路方便；但要占用一定的城市用地，并且有光照、景观、噪声等负效应，也受气候变化的影响。在同一条轨道交通路线上，上述三种不同的空间布置方式可组合采用。较为理想的是在市中心入口、建筑密集、土地价值较高的区域，采用地下隧道方式设置轨道交通线路，也可适当布置为高架方式；而在城市边缘区或郊区，则宜采用地面独立路基或一般路面路基。如果要提高轨道交通的效率与安全可靠性，则宜采用高架或半高架、高路堤方式。

三种方式建设费用的大致比例为：地下：高架：地面（独立路基）＝10：5：3。

（二）线路主要组成

线路由下部基础及上部建筑组成。

1. 线路下部基础

1）整体道床结构

城市轨道交通中多采用无砟道床结构，主要用于地下隧道与高架线路。最为普遍的是混凝土整体式道床，就是将道床路基轨枕结合组成钢筋混凝土整体结构的轨下基础。

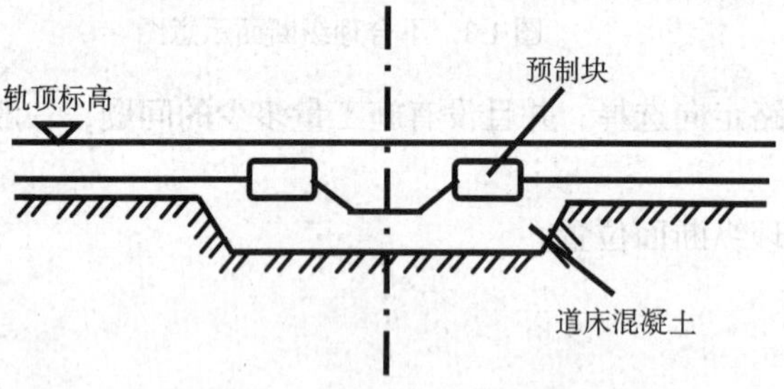

图 1.4　隧道内的整体道床

整体式道床采用就地连续灌注混凝土基床或纵向承轨台，简称 PACT 型轨道。这种形式结构简单，减振性能较好，但施工较为复杂。也可以把预制好的混凝土枕与混凝土道床浇筑成一个整体，或者采用预制的钢筋混凝土支承块与混凝土道床浇注成一体，如图 1.4 所示。

桥上整体道床结构也称无砟无枕梁结构，是通过扣件直接把钢轨和混凝土桥面联结起来。

2）传统铁路下部基础

沿用传统铁路方式：传统铁路线路下部基础由路基、道床等组成。

（1）路基。路基是铺设轨道的基础。它直接承受轨道的压力，并将其传递到地基。路基状态如何直接关系到线路的质量，影响行车速度及行车安全。路基有两种基本形式，即路堤和路堑，如图 1.5 所示。城市轨道交通一般采用路堤式路基，并采用独立路基施工方式。路堤式路基采用取土填筑办法，按规定断面尺寸夯实而成。

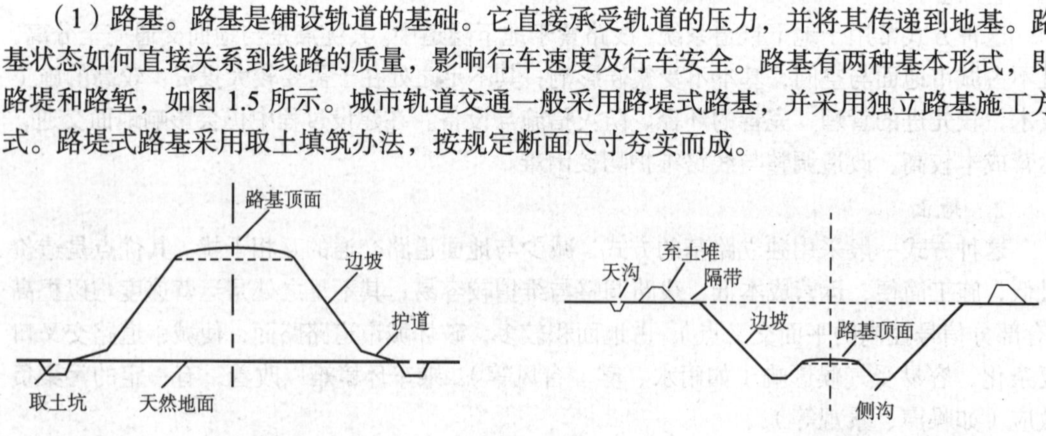

图 1.5　路基

路基作为土木结构物，必须有足够的强度、稳定性和耐久性。路基工程应做好排水设计，确保排水畅通。

（2）道床。道床是指铺设在路基上的道砟层，它的主要作用是均匀地传布轨枕压力于路基上，并保持轨枕的位置，且使轨道有足够的弹性，以减缓列车的冲击振动。道床主要有以下三种类型。

① 碎石道床结构：采用碎石道床，具有良好的弹性、排水性能，造价低，维护简单易行，防噪声性能也较好。但其强度较低，且需要经常维护保养，不太适合地下隧道及市区高架结构线路。道床断面图如图 1.6 所示。

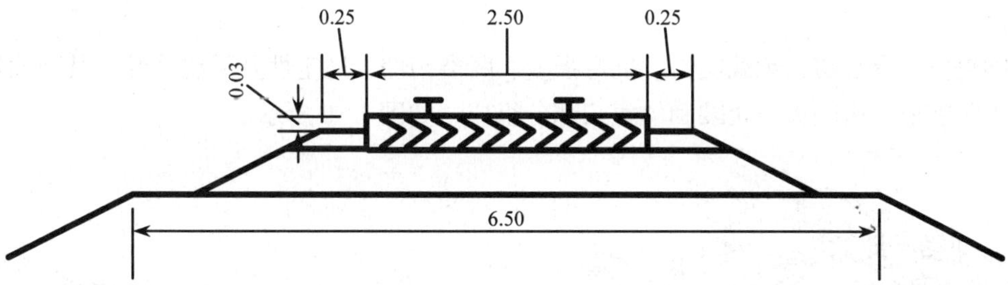

图 1.6　道床的断面（单位：m）

② 整体道床结构：将道床路基轨枕组合形成钢筋混凝土整体结构的轨下基础。主要用于地下隧道与高架结构布置方式的地铁、轻轨等线路。

③ 单轨交通线路结构：单轨交通分为跨座式（骑跨式）和悬挂式（悬吊式）两类，其线路结构分别如图 1.7、图 1.8 所示。

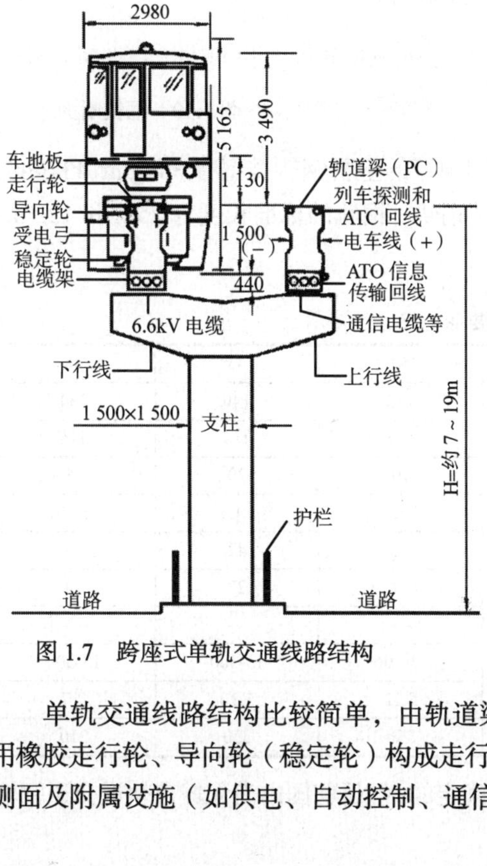

图 1.7　跨座式单轨交通线路结构

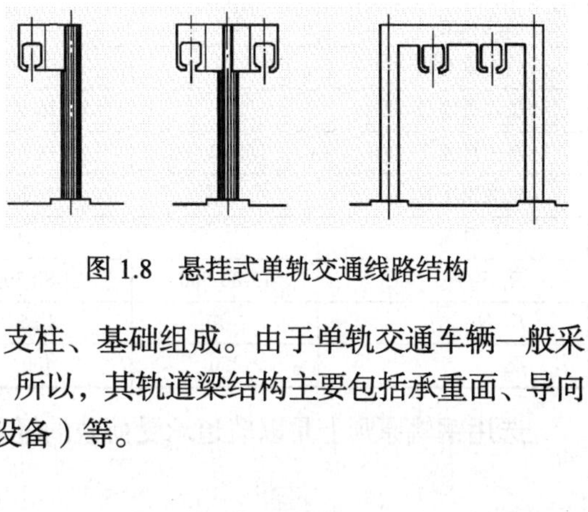

图 1.8　悬挂式单轨交通线路结构

单轨交通线路结构比较简单，由轨道梁、支柱、基础组成。由于单轨交通车辆一般采用橡胶走行轮、导向轮（稳定轮）构成走行部，所以，其轨道梁结构主要包括承重面、导向侧面及附属设施（如供电、自动控制、通信等设备）等。

2. 上部建筑

城市轨道交通采用整体道床结构时，只需将钢轨用弹性扣件安装在整体道床上即可。而采用传统铁路方式时，其上部建筑由钢轨、轨枕、联结零件等组成，如图 1.9 所示。

1）钢轨

钢轨是轨道结构的重要组成部分，是轨道的基本承重结构，它用于引导城市轨道交通车辆的行驶，并将所承受的载荷传到轨枕、道床及路基上，也为车轮滚动提供最小阻力的接触面。

钢轨要求有足够的承载能力、抗弯强度、断裂韧性、稳定性及耐腐蚀性，其断面形状为“工”字形，由轨头、轨腰和轨底三部分组成，如图 1.10 所示。

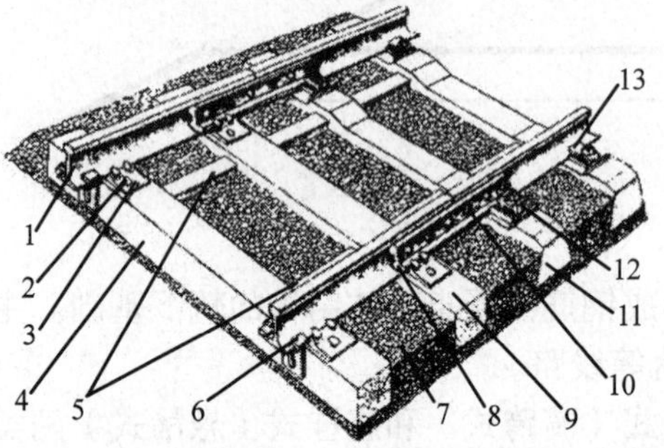

1—钢轨；2—普通道钉；3—垫板；4，9—木枕；5—防爬器；
6—防爬撑；7—道床；8—鱼尾板；10—螺栓；11—钢筋混凝土轨枕；
12—扣板式中间联结零件；13—弹片式中间联结零件

注：图中画出了多种类型的扣件是为示图之用，并非现场线路的实际使用情况。

图 1.9 传统铁路轨道组成

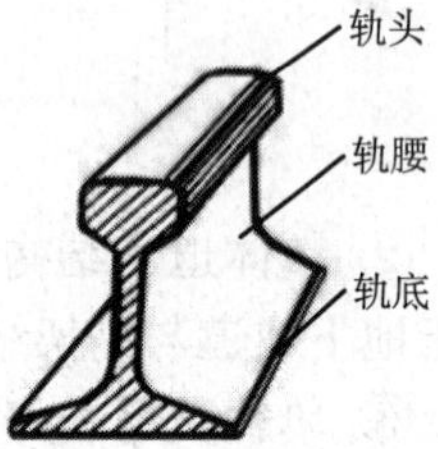

图 1.10 钢轨断面

钢轨的类型是按每延米的重量来区分的，我国现行的主要钢轨类型有 38kg/m、43kg/m、50kg/m、60kg/m、70kg/m 等，60kg/m 以上为重型钢轨。钢轨的标准长度为 25m 和 12.5m。钢轨的主要形式尺寸见表 1.4。

表 1.4 钢轨的主要形式尺寸

钢轨类型（kg/m）	75	60	50	43	38
钢轨高度 A	192	176	152	140	134
轨底宽度 B	150	150	132	114	114
轨头宽度 C	75	73	70	70	68
轨腰厚度 D	20	16.5	15.5	14.5	13.0
轨头高度 E	55.3	48.5	42	42	39
轨底厚度 F	32.3	30.5	27	27	24
轨头侧坡	1：20	1：20	—	—	—
R_1-R_2-R_3	15-80-500	13-80-300	13-300	13-300	13-300
R_4-R_5	7-17	8-25	5-12	5-10	7-7
R_4	450	400	350	350	350

选用钢轨原则上是以轨道承受荷载的轻重来确定的，但目前国内尚无城市轨道交通钢轨

选型标准，目前城市轨道交通系统正线一般采用 60kg/m 或 50kg/m 的钢轨。在车辆段（停车场），由于主要是供空车运行且速度又低，考虑到经济性，可采用 50kg/m 或 43kg/m 的钢轨。

2）轨枕

轨枕是轨下基础的部件之一。它用于支承钢轨，保持轨距和方向，并将钢轨对它的各向压力传递到道床上。因此，轨枕要有一定的坚固性、弹性和耐久性，除了便于固定钢轨，抵抗轨道框架结构的纵向和横向位移外，还应具有价格低廉、制造简单、易于铺设养护的特点。

轨枕按其使用部位可分为用于区间线路的普通轨枕、用于道岔上的岔枕以及用于无砟桥上的桥枕。

城市轨道交通中轨枕现均采用预应力钢筋混凝土轨枕，其稳定性好，坚固耐用。在直线区段，一般每千米配置 1600～1680 根。在曲线半径较小或坡度较大地段，可适当增加，地铁轨枕铺设数量根据《设规》规定应符合表 1.5 所示标准。

我国使用的混凝土枕长度为 2.5m，目前有增大的趋势，已出现 2.6m、2.7m 的轨枕。

表 1.5　轨枕铺设数量

序号	道床形式	轨枕铺设数量			
		正线 50kg/m、60kg/m 钢轨		辅助线	车场线
		直线及 R>400m 或坡度 i<20‰	R≤400m 或坡度 i≥20‰		
1	枕式整体道床[根（对）/km]	1600～1680	1680～1760	1600	1440
2	减振轨道枕式整体道床[根（对）/km]	1600～1680	1680	1600	1440
3	混凝土枕碎石道床/（根/km）	1600～1680	1680	1600	1440
4	无缝线路混凝土枕碎石道床/（根/km）	1680～1760	1760～1840	1680～1760	—
5	木枕碎石道床/（根/km）	1680～1760	1760～1840	1680	1440

3）联结零件

联结零件分为接头联结零件和中间联结零件。

（1）接头联结零件：由夹板、螺栓和垫圈等组成。通过它们把钢轨连接起来，使钢轨接头部分具有和钢轨一样的整体性，以抵抗弯曲和移位，并满足热胀冷缩的要求。

夹板是用来夹紧钢轨的。每块夹板都要用 4 枚或 6 枚螺栓上紧，且为防止车轮万一在接头部位脱轨时切割全部螺栓，螺栓帽的位置在钢轨的内外侧相互交错。

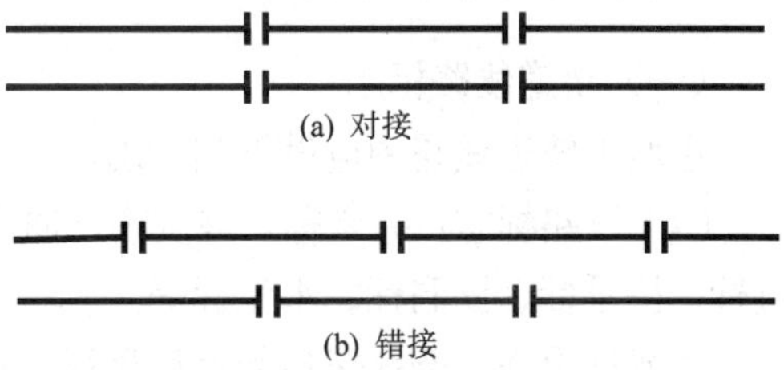

图 1.11　对接、错接

在城市轨道交通中已基本采用无缝线路结构，钢轨接头联结零件数量大大减少，但在无缝线路的缓冲区、轨道电路的绝缘区、有道岔的线路区段中，接头联结零件还是不能少的。

钢轨接头按其在两股钢轨上的相互位置分为对接和错接，如图 1.11 所示。城市轨道交通正线、辅助线钢轨接头常采用对接，可减少列车对钢轨冲击次数，改善运营条件。辅助线和车场线半径等于及小于 200m 的曲线地段钢轨结构应采用错接。错接距离不应小于 3m。

不同类型的钢轨应采用异型钢轨连接。

（2）中间联结零件：钢轨和轨枕的联结是通过中间联结零件实现的，这种联结零件称为扣件。其作用是将钢轨固定在轨枕上，保持轨距和阻止钢轨相对于轨枕的纵、横向移动。扣件必须具有足够的强度、耐久性和一定的弹性，以有效地保持钢轨与轨枕的可靠联结。此外，扣件还应简单，便于安装和拆卸。

混凝土扣件按其结构分为扣板式、弹片式、弹条式等。城市轨道交通线路多采用弹条式扣件。弹条式扣件用锚固法把螺旋道钉固定在轨枕上预留的孔内，再装上弹条，拧上螺帽，使弹条压紧轨底。在钢轨和承轨台之间，设减振垫层以减小车辆振动，降低噪声。弹条有多种型号，图 1.12 所示为弹条Ⅰ型扣件。

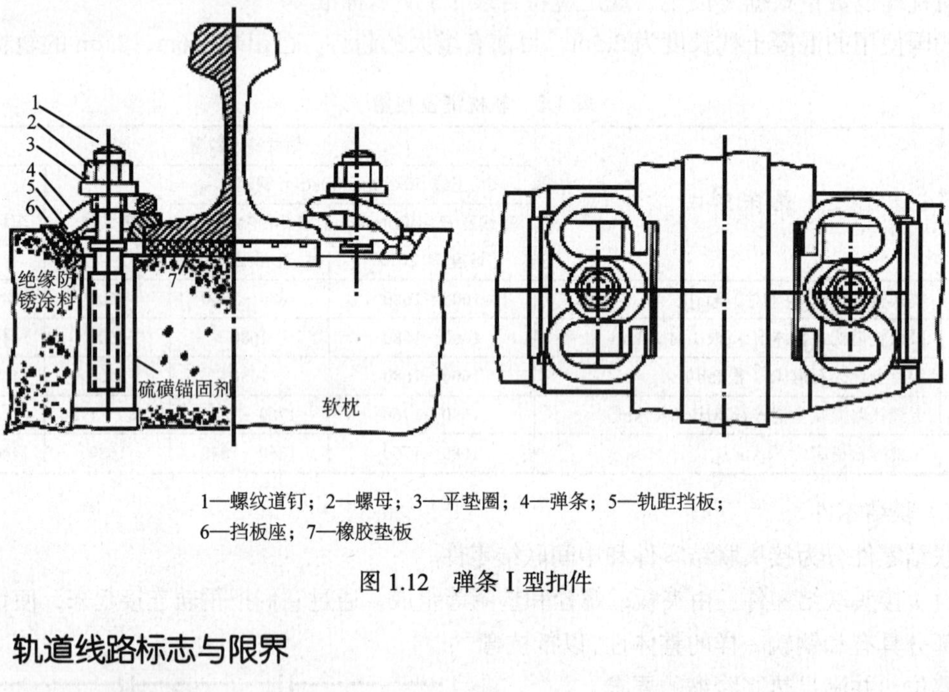

1—螺纹道钉；2—螺母；3—平垫圈；4—弹条；5—轨距挡板；6—挡板座；7—橡胶垫板

图 1.12 弹条Ⅰ型扣件

三、轨道线路标志与限界

（一）轨道线路标志

在城市轨道线路中应设下列标志。

（1）线路标志：百米标、坡度标、曲线要素标、曲线始终点标、道岔编号标、水准基点标、桥号标、涵洞标、水位标等。

百米标设在一条线路自起点计算每一百米处。

坡度标安设在变坡点处（如图 1.13 所示），标志该坡道的坡度大小及坡段长度，并用箭头表示上坡和下坡。其正面和背面分别标明两边的坡度和坡段长度值，箭头表示上坡或下坡，箭尾处数字表示坡度，下面的数字表示坡段长度，侧面标明变坡点的里程，如图 1.14 所示。

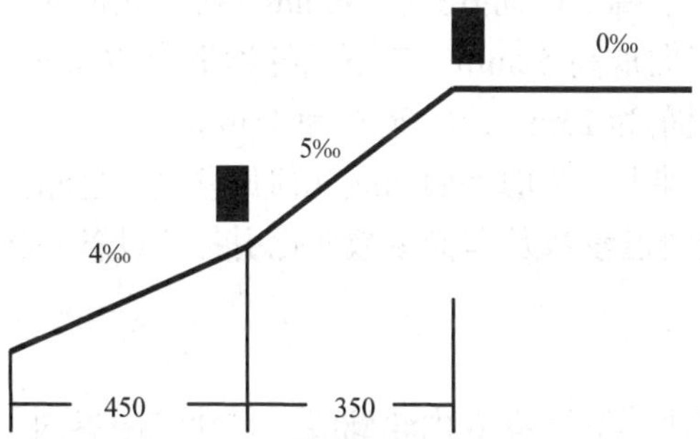

图 1.13　坡度标安设位置

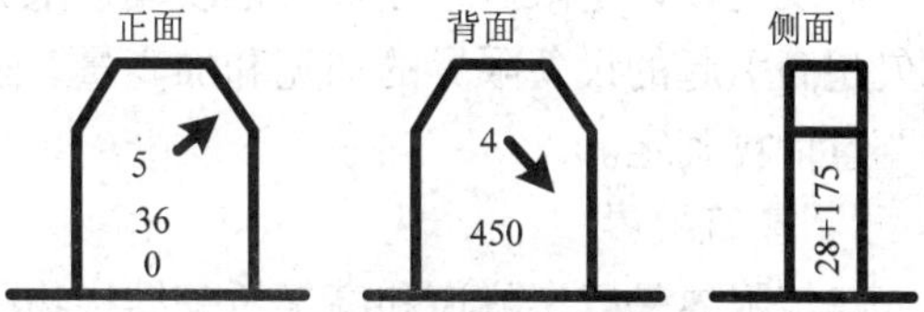

图 1.14　坡度标示意图

曲线要素标设在曲线中点处，标明曲线中心里程、曲线长度、缓和曲线长度、曲线半径、超高、加宽。

桥号标用于标明桥梁编号及桥梁中心里程，安设在计算里程方向线路的右侧桥头前。

（2）有关信号标志：限速标、停车位置标、警冲标等。

其中，百米标、坡度标、限速标、停车位置标、警冲标等标志，宜采用反光材料制作。警冲标设在两设备限界相交处，其余标志安装在行车方向右侧司机易见的位置上。

（二）限界

城市轨道交通列车是沿着固定轨道快速运动的物体，它需要在特定的空间中运行。根据各种参数和特性，经计算确定，足以保证列车安全运行、限制车辆断面尺寸、限制沿线设备安装尺寸及确定的建筑结构有效净空尺寸的图形称为限界。

限界是确定行车轨道周围构筑物净空大小和管线、设备安装位置的依据，也是设计与施工必须遵守的技术规定。限界设计的任务是在满足城市轨道交通车辆安全运行的前提下，合理地选择桥梁、隧道等结构的有效断面尺寸，以节省工程投资。

1. 限界的种类

根据城市轨道交通系统的构成和设备运营要求，限界分为车辆限界、设备限界和建筑限界。它们是根据车辆外轮廓尺寸及技术参数、轨道特性、各种误差及变形，并考虑列车在运动中的状态等因素，经科学分析计算确定的。

1）车辆限界

车辆限界是车辆在正常运行状态下形成的最大动态包络线。直线地段车辆限界分为隧道内车辆限界和高架或地面线车辆限界，高架或地面线车辆限界应在隧道内车辆限界的基础上，另外加上当地最大风荷载引起的横向和竖向偏移量。

2）设备限界

设备限界是为保证城市轨道交通系统的列车等移动设备在运营过程中的安全，而为线路周围所有固定设备以及土木工程（接触轨及站台边缘除外）的任何部分规定的不得侵入的最小尺寸轮廓线。设备限界是在车辆限界基础上计入轨道出现最大允许误差时引起车辆的偏移和倾斜等附加偏移量，以及在设计、施工、运营中考虑难以预计的因素在内的安全预留量后确定的空间尺寸。直线地段设备限界是在直线地段车辆限界外扩大一定安全间隙后形成的：车体肩部横向向外扩大 100mm，边梁下端横向向外扩大 30mm，接触轨横向向外扩大 185mm，车体竖向加高 60mm，受电弓竖向加高 50mm，车下悬挂物下降 50mm。转向架部件最低点设备限界离轨顶面净距：A 型车为 25mm，B 型车为 15mm。

曲线地段设备限界应在直线地段设备限界基础上，考虑平面曲线几何偏移量、过超高或欠超高引起的设备限界的加宽和加高量、曲线轨道参数及车辆参数变化引起的设备限界加宽量计算确定。

3）建筑限界

建筑限界是行车隧道和高架桥等结构物的最小横断面有效内轮廓线。在建筑限界内、设备限界以外的空间，应能满足固定设备和管线安装的需要。在宽度方向上设备和设备限界之间应留出 20～50mm 的安全间隙。当建筑限界侧面和顶面没有设备或管道时，建筑限界和设备限界之间的间隙不宜小于 200mm；困难条件下不得小于 100mm。

建筑限界分为隧道建筑限界、高架线及地面线建筑限界等。

2. 区间直线地段的限界

1）地面线建筑限界

图 1.15 所示为 A 型车区间直线地段地面双线建筑限界。

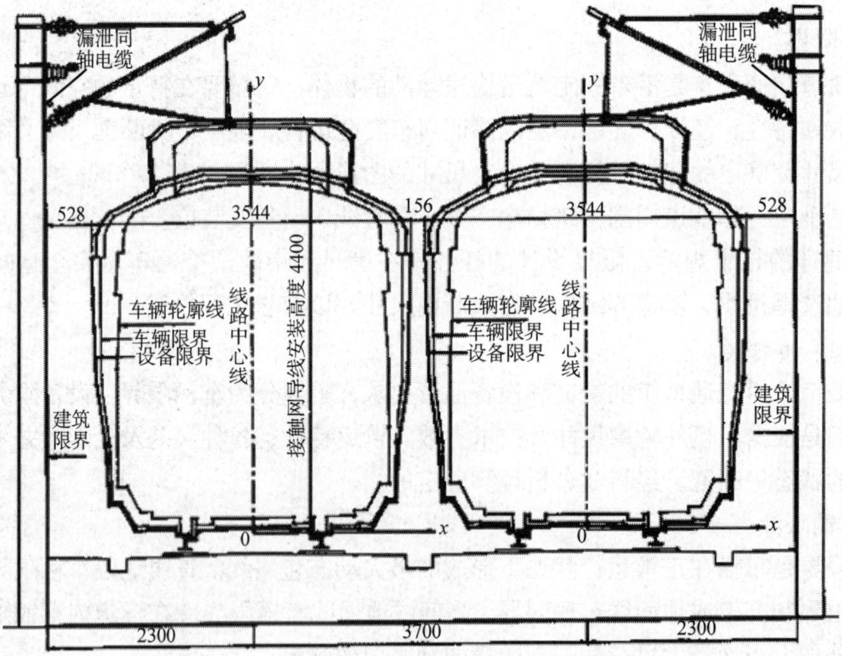

图 1.15 A 型车区间直线地段地面双线建筑限界

2）隧道限界

隧道限界是在既定的车辆类型、受电方式、施工方法及结构类型等基础上确定的隧道的限界。它又可以分为矩形隧道限界、圆形隧道限界、马蹄型隧道限界三种类型。

（1）矩形隧道限界。一般地下铁道明挖施工方法下形成矩形隧道，其单洞单线隧道隧道建筑限界宽度为 4300mm，高度为 4500mm，如图 1.16 所示。

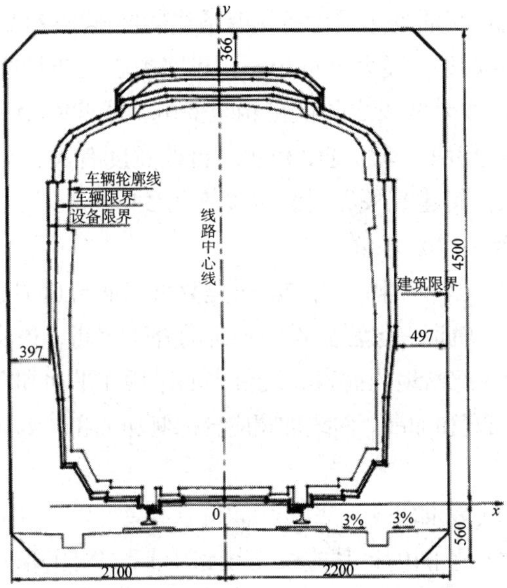

图 1.16　区间直线区段矩形隧道建筑限界图（单位：mm）

（2）圆形隧道限界。盾构施工为圆形隧道，不论在直线还是在曲线地段，只能采用同一直径的盾构，所以应按最小曲线半径选用盾构进行施工，才能满足圆形隧道的建筑限界要求。当线路最小平面曲线半径为 R=300m，圆形隧道建筑限界的直径宜为ϕ5200mm，如图 1.17 所示。

（3）马蹄形隧道限界。矿山法施工的浅埋暗挖隧道，多采用马蹄形断面，其建筑限界最大宽度为 5000mm，如图 1.18 所示。

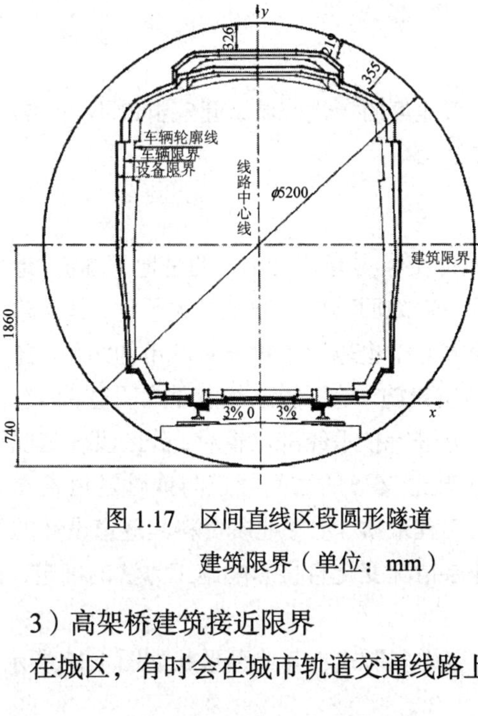

图 1.17　区间直线区段圆形隧道建筑限界（单位：mm）

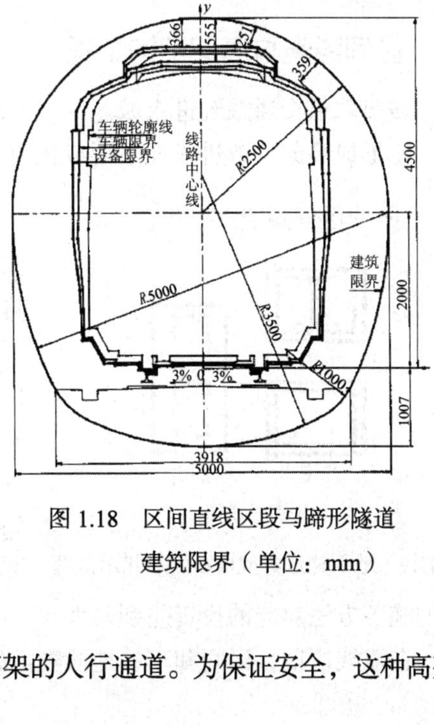

图 1.18　区间直线区段马蹄形隧道建筑限界（单位：mm）

3）高架桥建筑接近限界

在城区，有时会在城市轨道交通线路上设计高架的人行通道。为保证安全，这种高架桥的人行桥需要给城市轨道交通列车及设备留有适当的空间，这就是高架桥建筑接近限界。

高架桥建筑接近限界宽度一般为 8600mm。线路中心至防护栏内距离为 2400mm，侧向人行道宽度为 750mm。如果两线之间设接触轨受电，线路间距宜为 3800mm。侧式站台桥面建筑限界的总宽度与选用的车辆宽度和侧站台的宽度有关，如选用车辆宽 2800mm，侧站台的宽度为 4000mm，其建筑限界的纵宽度宜为 14600mm。

3. 曲线地段及道岔区建筑限界

车辆在曲线上运行时，由于车辆纵向中心线是直线，而轨道中心线是曲线，所以车辆产生平面偏移。在曲线地段，轨道一般需要设计一定的外轨超高，这将引起车辆的竖向中心线发生偏移。因此，对曲线或道岔地段而言，运行中的车辆在平面和立面上都产生一定的偏移量，故其建筑限界应进行加宽和加高。曲线加宽应分内侧加宽和外侧加宽，加宽量可计算确定。

4. 车站建筑限界

车站建筑限界的确定方法如下：

（1）在直线站台有效长范围内，其边缘至线路中心线的距离，应根据车厢宽度进行确定，一般站台边缘与车厢外侧之间的空隙设置以不大于 100mm 为宜。

（2）直线地段站台面的建筑高度，应受车厢地板面至轨顶的垂直距离控制，一般站台面低于车站地板面 50～100mm 较为合适。

（3）站内线路中心线至隧道边墙内侧面的距离，如无特殊要求，一般都与区间相一致。

（4）车站建筑限界的高度，一般与区间相同就能满足设备限界的要求。但由于建筑装修和有些设备及管线安装的需要，车站建筑限界的高度都比区间大。

（5）站台有效长度两端以外的所有用房的外墙面距线路中心线的距离宜不小于 1800mm，且外墙面不允许安装任何设备和管线。

四、区间隧道与高架结构工程

城市轨道交通系统进入城区后，可以随着城市地势的变化或城区建筑群的不同，或从空中走形成高架，或进入地下形成隧道，也可在地面。

（一）区间隧道

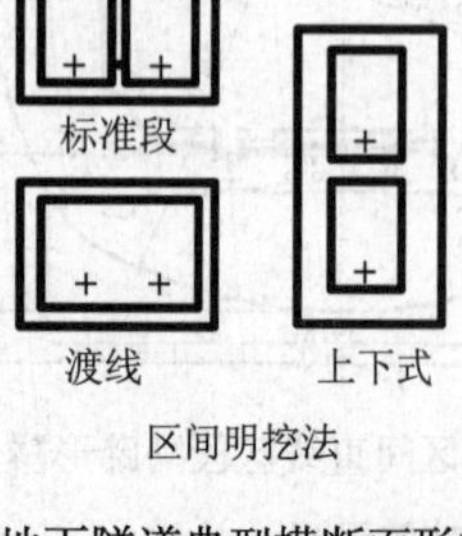

图 1.19 地下隧道典型横断面形状示意图

城市轨道交通占有较大比重的是地下隧道。地下隧道在地下，对地面其他交通工具无干扰，其运输能力不受气候影响，也避免了噪声对城市的污染，还可作为民用防空设施。地下隧道优点非常明显，但造价昂贵，应充分进行技术经济比较后，分区段确定线路方案。城市轨道交通的区间隧道与铁路隧道基本相同。地层的工程地质、水文地质资料是隧道设计的重要依据，地层情况变化直接影响施工方法的确定，不同的施工方法对应的投资差别较大。

在双线区段，区间和车站地段隧道的横断面有许多形式，其典型形状如图 1.19 所示，不同横断面形式的隧道应采用不同的施工方法。

区间隧道的开挖大多沿闹市区的街道下面，开挖必然引起地面沉降，如何控制地面沉降量、不致影响建筑物的安全，是地下隧道施工所面临的一大课题。

列车在曲线地段运行时，轨距和道床须进行加宽；同样，当列车在曲线隧道中运行时，隧道的内净空也需要进行加宽。其原因如下：

（1）由于曲线外轨超高引起车体内倾，车体中线由原来的竖直变为向内倾斜，隧道建筑限界上方控制点向内偏离线路中线。

（2）由于车体行径曲线时，前后两转向架中心与线路中心重合，而车辆两端中线偏移线路中心外侧，车辆中部向线路中心内侧偏移。

轨面到地面的高差小于 20m 时（浅埋式），一般采用明挖法施工。明挖法施工的造价较低，但土方工程量较大，且影响地面交通。当到地面的高差大到 20m 时（深埋式），则宜采用暗挖法施工。暗挖法施工对地面影响较小，避让地下建筑障碍及地质困难地段较有利，受影响小，具有较强军事功能。

1. 明挖法隧道

当城市地面空间足够时，可以采用明挖法修筑隧道。对应的区间隧道一般采用框架结构，上部设计荷载以回填土重加路面荷载来考虑，侧面荷载考虑侧土压力。其特点是整体性好，防水要求容易得到保证，断面内轮廓与城市轨道交通线路最为接近，内部净空可以得到充分利用。

根据线路设置条件，区间隧道分为单线隧道和双线隧道两种。双线隧道一般采用双孔矩形断面，中间设隔分开，以利于区间隧道的通风。

2. 暗挖法隧道

1）盾构法隧道

盾构法是一种在盾构机的保护下进行土体开挖和拼装衬砌的施工方法。它具有进度快、作业安全、衬砌质量可靠、防水性好、地表沉降小、不影响城市交通等优点。

盾构是松软地层中修建隧道的专门机具，盾构沿其长度可分为三部分：前部叫切口环，中部叫支撑环，后部叫盾尾。其断面形式有：圆形或椭圆形、半圆形、马蹄形、箱形，大多数为圆形。

盾构既是一种施工机具，又是一种强有力的临时支撑结构，其开挖和衬砌工作均在盾壳保护下进行。切口环是为了保护开挖面的稳定和作业空间的安全而设置的。支撑环连接着切口环和盾尾，使盾构构成整体，是盾构结构的重要组成部分，在其周边内装有一组盾构千斤顶。在盾尾中设有组装机，主要用于组装预制衬砌管片。

2）矿山法隧道

矿山法是充分利息围岩的自稳能力，在围岩失稳前及时进行初期支护，在初期支护的保护下，再进行二次衬砌，最终形成永久结构的施工方法。该方法工艺简单、灵活、在变截面地段尤为适宜，施工时对道路交通交通无干扰。

矿山法施工主要包括：全断面法、台阶法、下导坑漏斗棚架法及上下导坑先拱后墙法等，我国铁路隧道大部分采用矿山法修筑而成。

3）新奥法

新奥法是新奥地利隧道施工法的简称。

新奥法的基本原则概括为："少扰动，早喷锚，勤量测，紧封闭"。新奥法施工的理论是建立在现代岩体力学基础上的。

新奥法施工按其开挖断面的大小及位置，基本上可以分为全断面法、台阶法、分部开挖法三大类及若干变化方法。

（1）全断面法。全断面法是将隧道设计轮廓线一次钻爆成型，其优点是：工序少、相互干扰少，便于组织施工和管理；工作空间大，便于采用大型施工机具。

（2）台阶法。台阶法是将开挖断面分成两步或多步，又可根据台阶的长短划分为长台阶法（台阶长度大于 5 倍洞跨）、短台阶法（台阶长度大于洞跨）和超短台阶法（台阶长度小于洞跨）。

（3）分部开挖法。分部开挖法是将开挖断面进行分部开挖逐步成形，并且将某部分超前开挖，故又可称为导坑超前开挖法。

（二）高架结构工程

高架结构工程是城市永久性建筑的一部分，结构寿命应按 50 年以上考虑，因而城区高架结构作为城市景观的一部分，必须与城市的其他建筑相协调。另外，因为在城区施工，要求建设速度快，对现有的交通干扰小。

1. 高架桥梁部结构

高架桥上应考虑管线设置或通过要求，并设有紧急进出通道，有防止列车倾覆的安全措施以及在必要地段设置防噪屏障，还应设有防水、排水措施。

高架桥梁部结构一般有槽形梁结构、脊梁结构、超低高度板结构、箱梁结构和 T 形梁结构。

目前城市高架桥大都采用预应力或部分预应力混凝土结构。

1）高架槽形梁结构

高架槽形梁结构的跨度有 10m、20m、30m 及 35 m，建筑高度为 0.35～0.5 m。

槽形梁一般是预应力混凝土结构，属于下承式桥梁，由车道板、主梁和端横梁三部分组成，如图 1.20 所示，各部分如图 1.21 所示。

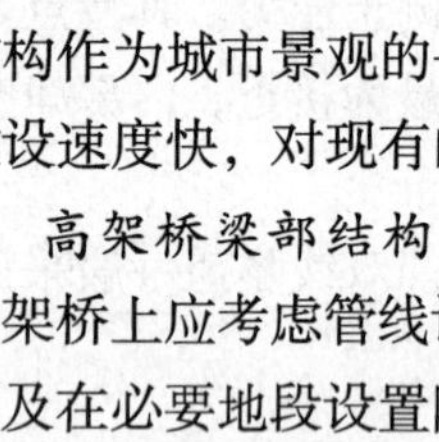

图 1.20 槽形梁的组成

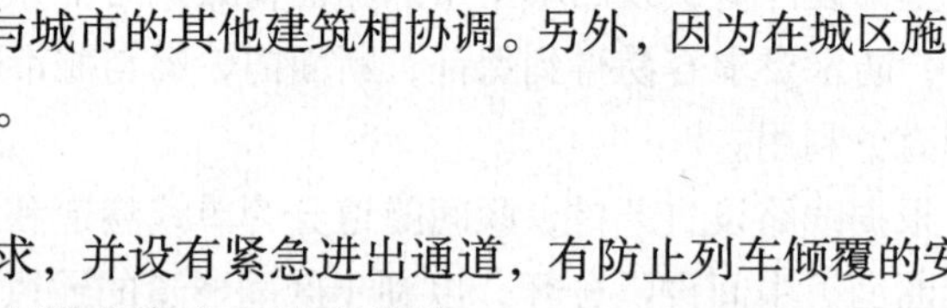

图 1.21 槽形梁结构部分

（1）车道板。车道板位于梁体下翼缘，在预应力和竖向荷载的作用下，不仅会产生双向弯曲和扭转，而且作为主梁截面的一部分，会产生拉伸（竖向荷载作用下）或压缩（纵向预应力作用下）。车道板是直接承受车辆荷载的部分，当桥的长宽比较大时，车道板按单向板考虑，荷载主要通过车道板传给主梁，再由主梁传到支座。只有接近桥梁两端的荷载时经由车道板传给端横梁，再由端横梁传到支座。当桥的长宽比较小（小于 2）时，车道板作为双向板考虑，荷载一部分通过主梁，另一部分则通过端横梁传到支座。

车道板宽度，双线取 8.2m（主梁净距 7.8m，检修道宽 1m，设在两车道中央）；车道板厚度，双线取 0.50～0.55m。若将检修道设在主梁上翼缘上，由于板宽减小，可做得更薄些，双线可用 0.45～0.50m。

槽形梁的车道板和主梁内侧交接处常设置斜率小于 1∶3 的内角隅，一方面可以减小截面突然变化引起的应力集中，另一方面内角隅构造有利于横向预应力筋弯起布置。

槽形梁的纵向必须设置预应力筋，在一般情况下，车道板内还应设置横向预应力筋。

（2）主梁。主梁是主要的承重结构，由上翼缘、腹板和车道板的一部分宽度作为下翼缘组成，其高度为跨度的 $\frac{1}{14}$～$\frac{1}{10}$。上翼缘是主要的受压构件，其横向稳定是依靠腹板与车道板组成的 U 形半框架来保证的，在梁端由加厚的腹板与端横梁形成刚度较大的结构，对上翼缘起侧向支撑作用。当上翼缘宽度不小于跨度的 3%，就不会失稳。它的厚度一般可取高度的 0.15～0.2 倍。

主梁腹板按厚度分为薄腹板和厚腹板两种。薄腹板能减轻梁的自重，但要设竖向预应力筋，施工难度较大。厚腹板为普通钢筋混凝土结构，跨中厚度单线为 0.3m，双线为 0.4m，端部增加到 0.4～0.55m，箍筋间距为 0.1～0.15m。

（3）端横梁。端横梁是槽形梁的重要组成部分之一，在施工和养护维修时起顶梁的作用，并为车道板的两端提供支承，保证车道板的整体作用，还为上翼缘的横向稳定起支承作用。

端横梁的高度一般为车道厚度的 1.6～2.0 倍，为车道板厚度的 1.0～1.3 倍。

（4）施工。槽形梁在设计中一般要进行抗弯强度、抗剪强度、变形、抗裂性和裂缝宽度以及运营阶段混凝土及钢筋应力等一系列的验算，各项验算必须满足相应的规范要求。

槽形梁的施工一般采用装配式方案，该方法又分为横向分块和纵向分块两种。

横向分块，每块为一个完整的 U 形截面，横向预应力在预制时已实施完成。施工时在桥头路堤上串联成整体，然后用纵移法移到桥孔，落梁就位。横向分块的每块重量可以做得很小，运输方便。块件连接可以设干接缝，用环氧树脂砂浆粘上，然后在工地上施加纵向预应力，张拉锚固，压浆，封端，纵移落梁，架设就位。

纵向分块是将两侧主梁预制成两大块，主梁之间的车道板和端横梁可以预制，也可以在主梁架设就位现浇。预制的车道板，端横梁和两侧主梁的连接必须采用湿接缝。在工地上要施加横向预应力和纵向预应力。纵向分块运输不便，且湿接头难度较大，唯一优点是可以利用工地现有的架桥机，将预制主梁直接架设备就位，无须设置临时便梁及纵移就位。

2）高架脊梁式结构

高架脊梁式结构跨度有 25m、30m、35m 和 40m，建筑高度一般为 0.5～0.6m。

脊梁式结构分为上承式和下承式两种。上承式是在单箱梁的上部带大悬梁挑臂结构，下承式是在脊梁的下底板位置带大悬梁挑臂结构（如图 1.22 所示），城市轨道交通大多采用后者。这种结构主要靠脊梁来承受纵向弯矩，挑臂板作为行车道板，同时将列车荷载传到脊梁上，挡墙主要是防止噪声和作为防护车辆倾覆的保护体，也可以作为结构的一部分，起边梁作用，改善挑臂的受力。

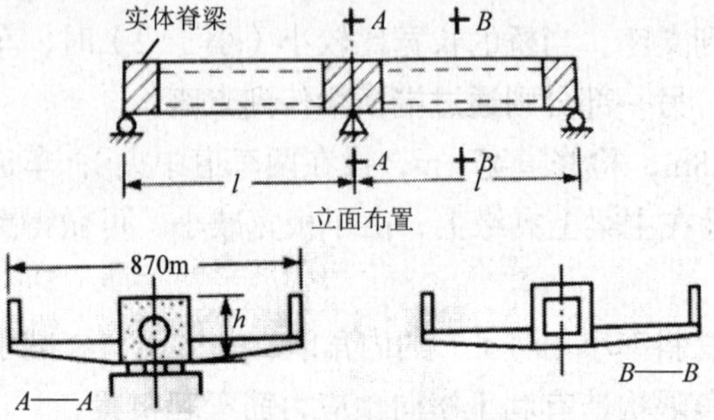

图 1.22 脊梁结构形式

下承式脊梁结构具有以下优点：

（1）建筑高度低。其建筑高度为挑臂板的厚度，脊梁高度的改变对挑臂的厚度无影响，而跨度的改变只影响脊梁的高度，这对于城市的高架结构的线型布置非常有利。

（2）施工方便。可以选用预制构件拼装法，先吊装脊梁，然后拼装挑臂翼板，施工便捷。

（3）结构上需要的部分可供他用。即边缘和脊梁顶面可作为检修道等。

（4）脊梁和边梁构成一个防噪体系。

（5）外面美观。

下承式脊梁翼板式结构的横断面由脊梁、大挑臂板和端加劲边梁（或称挡板）三部分组成。

脊梁一般为单箱，宽为 1.6～2.3m，由于脊梁除了提供纵向抗弯刚度之外，还要提供抗扭刚度，一般壁厚取 0.25～0.42m。在支承区，由于约束扭转，结构的剪力相当大，所以常设置一段实体脊梁。

挑臂板的结构形式可采用纵向连续板、空心板或者用多根悬臂梁代替，如图 1.23 所示。

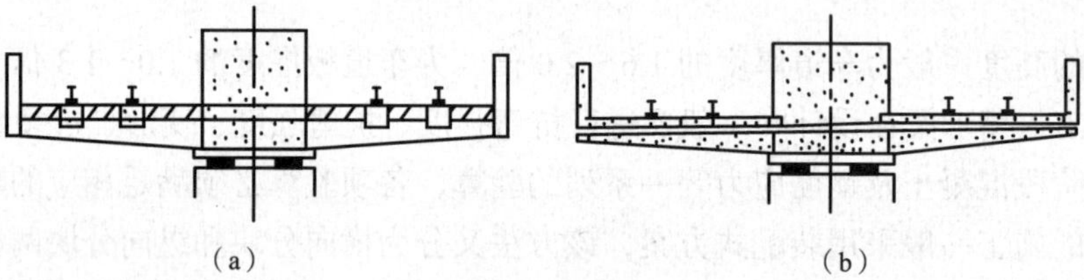

图 1.23 挑臂形式

从施工、防振、隔振、防噪性能和美观上综合考虑，以实体板为好。

3）超低高度板式结构

超低高度板结构：跨度为 10m，建筑高度为 0.44～0.8m；跨度为 15m，高度为 0.54～1.00m；跨度为 20 m，建筑高度为 0.66～1.40m。

超低高度板式结构实际上是低高度梁或厚板变称为板梁，一般是由于结构的建筑高度要求做得小，刚度就成为设计的控制条件。超低高度板梁结构形式如图 1.24 所示。

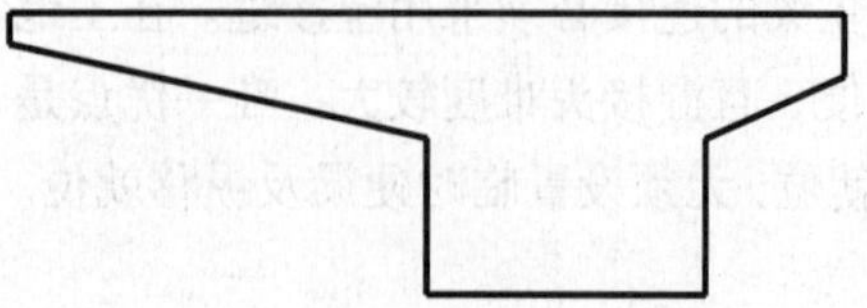
图 1.24 超低高度板梁结构形式

板梁的配筋与预应力度有关。

4）箱梁结构

箱梁能适应各种条件，是目前广泛采用的高架结构形式之一，它具有闭合薄壁截面，抗扭刚度大、整体受力性能好、动力性能好、动力稳定性好。箱梁外观简洁、使用性强，在区间直线段、曲线段、折返线及渡线段处均可采用，对于斜弯桥尤为有利。

箱梁可以选用的截面形式主要有单箱单室、单箱双室、双箱单室三种，如图 1.25 所示。

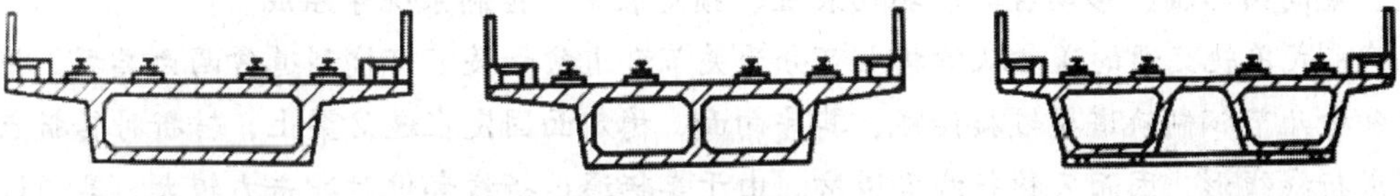

（a）单箱单室箱梁　（b）单箱双室箱梁　（c）双箱单室箱梁

图 1.25　箱梁截面图

5）“T”形梁结构

“T”形梁是国内大多数高架铁路及城市高架道路广泛采用的一种梁型，其截面图如图 1.26 所示。在轨道交通高架桥上，由于采用一片梁对一根轨形式，结构受力非常明显。实际中多采用预制吊装的方法施工，结构吊装质量轻，施工方便，适用于 20～30m 的中等跨径的简支梁桥。但在同等跨径下，其截面高度比箱梁高，外形不如箱梁美观，且预应力张拉后上拱较大不易控制。

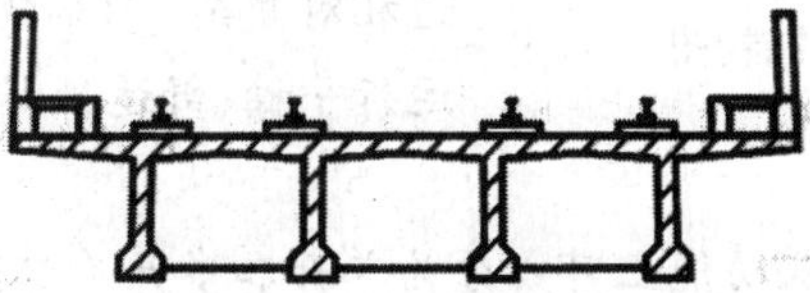

图 1.26　“T”形梁截面图

2. 高架桥墩台形式

高架桥的墩台除具有足够的强度和稳定性以承受荷载外，还需要考虑美观，并与城市环境协调，一般有倒梯形、“T”形、单柱式、双柱式、“Y”形等及其变形。

（1）倒梯形桥墩。倒梯形桥墩构造简单、施工方便、受力合理，具有较大的强度。刚度和稳定性，对于单箱单室和脊梁来说，选用倒梯形桥墩在外观和受力上均较合理。

（2）“T”形桥墩。“T”形桥墩的自重小，节省圬工材料，能减少占地面积，墩身可做成圆柱、矩形、六角形等，具有较大的强度和刚度，其与上部结构的轮廓线过渡平顺，受力合理。

（3）单柱式桥墩。单柱式桥墩可使梁底宽同墩横向宽度一致，从而使上下部浑然一体，显得挺拔有力度，对墩高的变化适应性能强。其受力合理，材料较节省，施工方便。

（4）双柱式桥墩。双柱式桥墩的体积小，圬工省，透空空间大，稳定性好，结构轻巧，所适用的上部结构较灵活。

（5）“Y”形桥墩。“Y”形桥墩其与“T”形桥墩一样，体积小，省圬工，占地少，外观简洁，桥下透空大。但其结构相对来说较复杂，施工也较麻烦。

相关案例

[案例 1]　跨座式单轨道岔

跨座式单轨交通的道岔区的轨道梁同时也是道岔的部件，称为道岔梁。道岔主要由道岔梁、梁间回转轴、移动台车、驱动装置、锁定装置、控制系统等组成。

跨座式单轨交通的道岔从结构上可分为关节型道岔和关节可挠型道岔两大类型。关节型道岔由几节钢制轨道梁铰接组成，其导向面、稳定面固定在道岔梁上，转折时转折点前方形成折线线形，因而又称折线型道岔。由于车辆通过折线部位时冲击力较大，其通过速度限定为 15 km/h，故一般只用于车辆低速运行的车场线路和辅助线。关节可挠型道岔有几节钢制短轨道梁，并在梁两侧的导向轮和稳定轮走行面配一套曲板装置铰接组成，其导向面、稳定面与箱梁之间为可动连接。道岔移动时，通过箱内的鼓形凸轮机构产生弯曲，使导向面及稳定面可以弯曲成连续的曲线线形，因而又称为曲线型道岔，如图 1.27 所示。这种道岔构造相对复杂，但车辆可在较圆滑的曲线上通过，运行平稳、舒适性好，通过速度限定为 25 km/h，适用于车辆载客行驶的正线。

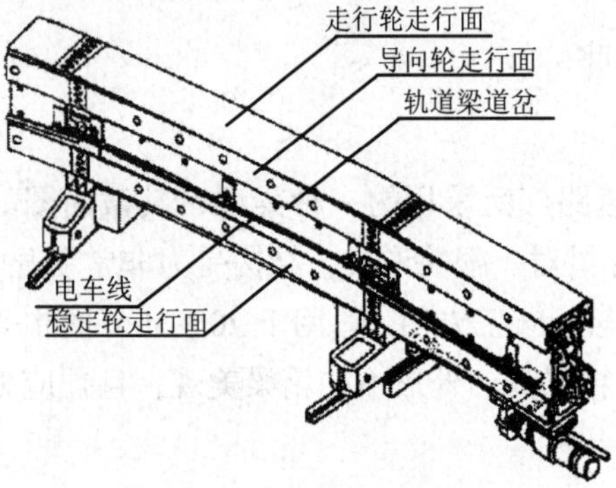

图 1.27　关节可挠型道岔结构图

跨座式单轨交通的道岔从功能上可以分为单开和多开（双开、三开、五开）道岔，都是由一组道岔构成的，根据行车组织的要求，组合成单渡线、交叉渡线等多种不同的形式。

（1）单渡线道岔：如图 1.28 所示，可移动道岔为两组，供上、下行线间设单渡线使用。道岔区长度为 40 m。

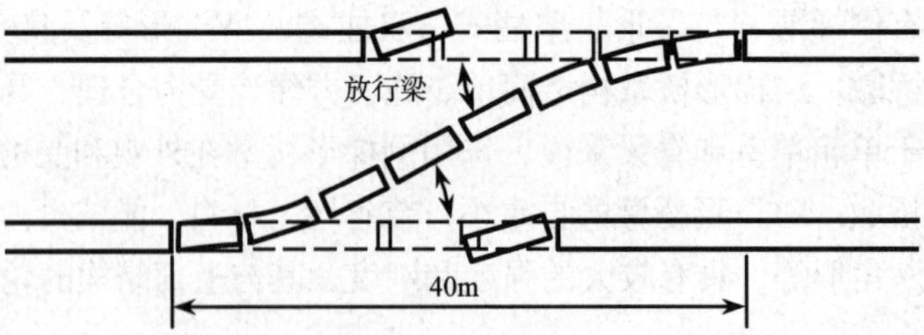

图 1.28　单渡线道岔

（2）交叉渡线：图 1.29（a）所示用于上下行线交通渡线处，中间两节短道梁为固定式，另有两组活动道岔梁，通过不同组合连接，可构成 4 条通路。道岔区长约 40m，列车通过速度为 25km/h。图 1.29（b）所示用于上下行交叉渡线处，在上、下行线及线间中部为固定梁，另有 4 组活动道岔，通过不同组合连接，可构成 4 条通路。道岔区长为 72m，列车通过速度为 35km/h。

（3）多开道岔：用于车场内行车线与多条存车线的连接。根据连接线的多少，道岔可分为单开、双开、三开及五开等多种形式，道岔区长度为 20～30m。图 1.29（c）所示为五开道岔示意图。

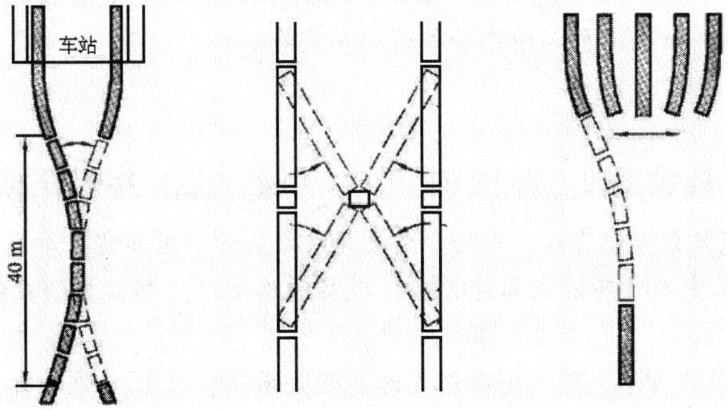

（a）交叉渡线（长 40m）　（b）交叉渡线（长 72m）　（c）五开道岔

图 1.29　跨座式单轨道岔

[案例 2]　盾构法施工步骤

盾构法是在盾构机刚壳体的保护下，依靠其前部的刀盘或挖掘机开挖地层，并在盾构机壳体内完成出渣、管片拼装、推进等作业。盾构法施工的概貌如图 1.30 所示。其主要施工步骤如下：

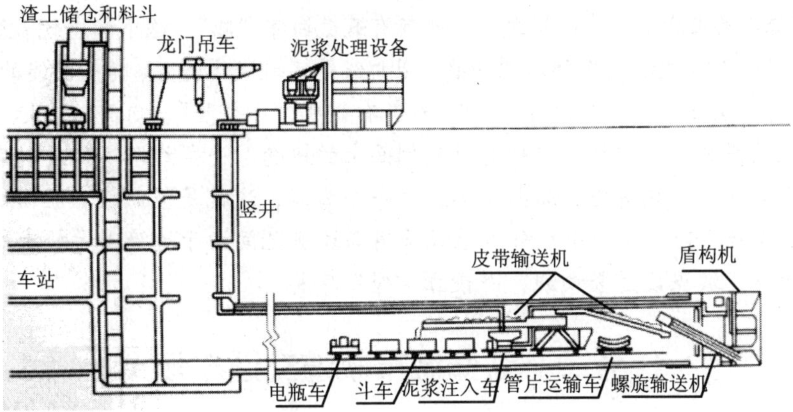

图 1.30　盾构法施工概貌

（1）在盾构法隧道的起始端和终端建工作井或者利用车站的端头井。

（2）盾构在起始工作井内安装就位。

（3）依靠盾构千斤顶推力（作用在已拼装好的衬砌环合工作井后壁上）将盾构从起始工作井的墙壁开孔处推出。

（4）盾构在地层中沿设计轴线推进，在推进的同时出土和安装管片。

（5）及时向衬砌背后的空隙注浆，防止地层移动固定衬砌环的位置。

（6）盾构进入终端工作井，在终端工作井内盾构可以被拆除，吊出工作井；也可在井内掉头，或穿越工作井（车站）继续推进第二条区间隧道。

盾构法施工易于管理，施工人员少，工作环境好，同时还具有衬砌精度高、衬砌质量可靠、防水性能好、地表沉降小、不影响城市交通等优点。但它也存在施工设备复杂、断面形式变化不灵活、盾构造型与地层条件密切相关等缺点。

拓展知识

轨道交通沿线设立的“直”“曲”“缓”“圆”“竖”标志分别代表什么

很多轨道交通爱好者都喜欢扒车门，即在司机室后面，隔着窗户看司机开车，而有的朋友则喜欢坐在客室内的座位上向外瞭望，观察线路情况。那么我们在线路沿途看到的“直”“曲”“缓”“圆”“竖”标志分别代表什么呢?

“直”字标：呈正方形，外边框白色，内部有蓝底白字“直”。这个标志代表直线，直线占一条线路的绝大部分。

“曲”字标：呈正方形，外边框白色，内部有蓝底白字“曲”。这个标志代表曲线，曲线是为了满足线路选线要求，适应地形变化（地面布置方式），避让障碍物（地面、地下、高架方式）而必然出现的部分。

“缓”字标：呈正方形，外边框白色，内部有蓝底白字“缓”。这个标志代表直线与缓和曲线的分界点，过此标，列车便驶入缓和曲线。缓和曲线设置在直线与圆曲线之间，为防止列车突然获得离心力造成蛇形摆动，需要一段缓和曲线作为过渡，使离心力的获得有一个渐变的过程，以保证列车的行车安全。

“圆”字标：呈正方形，外边框白色，内部有蓝底白字“圆”。这个标志代表缓和曲线与圆曲线的分界点，过此标，列车驶入圆曲线。圆曲线是实现线路转弯、转向功能的主体部分。

“竖”字标：呈正方形，外边框白色，内部有蓝底白字“竖”。前面四个标志都是线路在水平平面上的概念，而“竖”字标是垂直剖面上的概念。一条线路不仅要转弯，还会上坡、下坡，那么这时，线路会在纵向平面出现一个曲线，这就是竖曲线。竖曲线是纵断面上的圆曲线。为避免列车在两个相邻坡道或平道与坡道之间由于坡度差异较大而产生列车运行不顺，应在变坡点设置竖曲线，并设立“竖”字标。

任务二　认知城市轨道交通车场

学习目标

（1）了解城市轨道车辆基地及设备；

（2）了解车辆段的主要功能及组成；

（3）了解城市轨道综合维修基地及设备。

学习任务

认知城市轨道交通车场：主要包括车辆基地的基本功能和设计原则，车辆段的工作任务、组成和主要工艺设备，综合维修基地的设备认知。

工具设备

城市轨道交通车辆段布置图1套、车辆段主要工艺设备模型（如数控不落轮机床、列车自动清洗机等）、多媒体设备课件、图片、示教板、计算机多媒体设备等。

教学环境

理实一体化教室或轨道交通综合实验室。

基础知识

轨道车辆基地（车辆段与综合基地的简称）作为城市轨道交通配套系统，主要包括车辆段、综合维修中心、物资总库和培训中心四大基本部分，并辅以必要的办公、生活设施。国内有些地铁城市，还将行车调度指挥中心、地铁公安分局或运营公司部分职能处室整合在车辆基地内。

一、车辆基地的基本功能和设计原则

（一）车辆基地的基本功能

车辆段与综合基地作为地铁系统的运用、检修、材料、后勤保障和培训基地，其功能应体现为整个地铁系统服务，因此车辆基地应具备以下基本功能。

（1）车辆停放及日常保养功能：地铁车辆的停放和管理；车辆的外部洗刷、内部清扫及定期消毒；驾乘人员每日出、退勤前的技术交接；对运用车辆的日常保养（包括列检和双周检、三月检）及一般性临时故障的处理等。

（2）车辆检修功能：依据地铁车辆的检修周期，定期完成对地铁车辆的计划性修理（包括定修、架修和大修）。

（3）列车救援功能：列车发生事故（如脱轨、颠覆）或接触网中断供电时，能迅速出动救援设备起复车辆，或将列车牵引至邻近车站或地铁车辆段，并排除线路故障，恢复行车秩序。

（4）系统设备/设施的维护、保养和检修功能：对地铁各系统，包括供电、环控、通信、信号、防灾报警、综合监控、自动售检票、给排水、自动扶梯等机电设备和房屋建筑、轨道、隧道、桥涵、车站等建筑设施进行维护、保养和检修等。

（5）材料物资供应功能：负责地铁系统在运营和检修过程中，所需各种材料、设备器材、备品备件、劳保用品以及其他物资的采购、储存、保管和供应工作。

（6）技术培训功能：负责对地铁各系统的工人、技术和管理人员进行培训。

（二）车辆基地设计原则

车辆基地的设计应根据线路和车辆的技术特征，在充分利用所选段址地形地貌和周围环境的基础上，以确保维修车辆质量和生产安全，满足工艺要求为前提，以努力提高作业效率、改善劳动条件、节省基建投资、降低生产成本、获取最佳综合效益为目的。

1．功能定位设计

车辆基地应包括车辆段、综合维修中心、物资总库和培训中心和必要的办公生活设施。车辆的厂、架修功能应从线网的角度分析确定。车辆段宜修 1 条线仅设 1 个定修段。

2．车辆段段型设计

根据城市规划用地的地理条件和与正线的接轨条件，确定车辆段段型是采用贯通式布置还是尽头式布置，如图 1.31 所示。

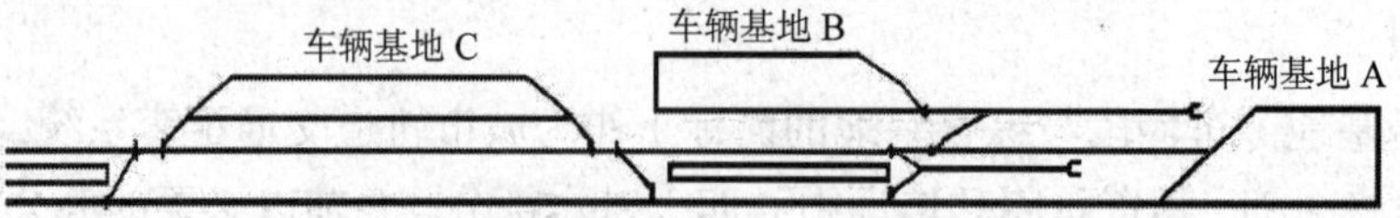

注：A 和 B 为尽头式车辆基地布置方案，C 为通过式车辆基地布置方案。

图 1.31　车辆段线路布置图

3．预留物业开发条件

应符合城市规划要求，并在满足功能要求的前提下综合考虑物业开发的条件。妥善处理基地建设与物业开发之间的关系，充分考虑建筑消防、结构预留、给排水、通风等诸多因素，在条件许可的情况下合理进行物业开发，增加土地利用价值。

4．线路设计

线路的配置应满足各种生产功能的要求，力求布置顺畅，避免车辆在段内迂回运行或互相干扰，尽量缩短车辆在段内的空走距离。车辆段与地铁车站（或正线）间设置出/入段线，出/入段线不宜少于两条线，确保车连进出段互不干扰。

5．总平面功能区域设计

总平面布置应以车辆段为主体，统筹考虑其他设施的工作性质和功能要求，按照有利于生产、确保安全、方便管理、方便生活的基本原则合理布置，力求工艺顺畅、作业方便。

6．车辆基地风水电设计

车辆段与综合基地内根据需要设置牵引降压混合变电所和跟随降压变电所。车辆段与综合基地供电系统按满足一、二级负荷要求，两路电源设计。动力、照明设备容量按远期最大负荷设计，并考虑一定的裕量。

车辆基地给排水及消防设计：给水工程设施要安全可靠，并保证各用水点对水量、水质和水压的不同要求。

压缩空气供给设计：车辆段压缩空气供给有三种方式，即段内压缩空气站集中供气、各用气点小型空压机分散供气、集中供气和分散供气相结合方式供气。

7．检修制度设计

根据轨道交通线路的车辆选型总体技术特征，并参考国内地铁车辆的运用检修经验，车辆检修采用预防性计划检修制度。

8．节约资源原则

车辆段与综合基地设计应贯彻节约资源原则，车辆及固定设备、设施的检修，有条件时应充分利用社会资源。锻件、铸件、热处理件、电镀件、标准件、橡胶件等零部件均外协。

9. 技术创新原则

车辆段与综合基地设计应积极推广采用新技术、新工艺、新材料、新设备，积极推行车辆运用检修设备的国产化，有选择地引进国外先进技术和关键设备。

10. 环境友好型原则

车辆段与综合基地的设计应贯彻环境友好型原则，注意环境保护，产生噪声、冲击振动或易燃、易爆的车间宜单独布置，对产生的废气、废液、废渣和噪声等应进行综合治理，并符合现行国家和地方有关规范、标准的要求。

二、车辆段

城市轨道交通车辆保有量较多，运行时间长，技术要求高，安全可靠性指标高，对车辆的运用、维护保养、检修均有很高的要求，需设置专门的机构——车辆段。

一般每条城市轨道交通线路设一个车辆段，若线路较长则增设一个停车场。

车辆段与停车场如图 1.32 所示。

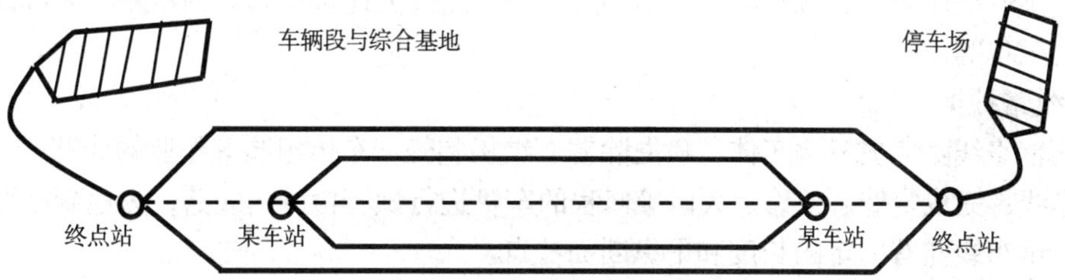

图 1.32　车辆段与停车场

（一）车辆段组成

车辆段由停车库、检修库、运用管理部门和管理与服务部门组成。

1. 停车库

停车库一般设在地面或建在高架结构中，主要用于夜间收车后停车作业以及停放备用车辆，可以进行简单维护保养工作。

1）设计规模

保证所有车辆停放的需求（可以考虑在线路上设有停车线的车站上停放部分列车，减少车库停车线数量），设计依据为线路车辆保有量，即线路运营所需的车辆总数。

2）停车库线路

（1）检车线。停车库出/入门布置的临时停车线，股道有效长为列车长度+8m，配有调车信号机，可以进行简单的维护保养作业。

（2）停车线：停车库内专门用于停车的线路。停车线需配置雨棚、站台，便于简单维护保养，降低车辆的自然破损（常用封闭式车库），设有出/入库调车信号机。

（3）洗车线：设置于停车库与运行线路之间，专门用于车辆清洗的线路，设有洗车设备、污水处理设施、调车信号设备。

（4）列检线：专门用于一般检查的停车线。

洗车线与列检线构成检车区，完成清洗、日常保养检修作业。

3）调度室和信号工区

停车库与正线车站之间列车进出频繁（由于有高峰、低谷、平峰不同时段不同数量用车且列车按规定每天需进行一次日常维护保养），因此，需要设置专门的调度室协调调度正线车站与车库之间的调车作业。由信号工区负责维护检修与列车出入库作业相关的信号设备，保障作业安全与高效，包括停车库与检修库之间的各种基地内部调车作业。

2．检修库

检修库专门用于车辆检修作业的车库，配有检修设备。

1）检修库种类

列检库：完成列车列检作业，可以在停车库列检线完成。

双月检库：完成列车双月检作业。

定修库：完成列车定修作业。

架修库：完成列车架修作业。

大修库：完成列车大修作业。

根据车辆检修修程、检修内容、车辆数，设计建设上述各检修库的线路，完成设备容量、人员配备等。

2）线路种类

车辆整修线：完成分解车体、喷丸除锈、结构整修、车体组装等作业的线路。

试车线：完成定修、架修、大修等修程的车辆进行试车检测的线路，为达到必要的运行速度，试车线需有一定的长度和平纵断面特点。

镟轮线：当轮对磨耗不对称（圆度、斜面不等）时，进行镟轮作业的线路。

检修线：设在各检修库内的线路。

其他线路：调车用牵出线以及与铁路的联络线、内燃机车线、材料线等。

3．运用管理部门

运用管理部门负责对车辆的运用实施调度、管理、组织工作。

4．管理与服务部门

管理与服务部门负责经营管理、生活服务、物资供应等业务，通常包括加工区（各种加工设备、厂房）、生活区（宿舍、食堂、浴室、俱乐部、托儿所等）和行政管理区。

（二）车辆段主要运用检修设施及设备

1．车辆段主要运用检修设施

车辆段运用检修设施主要有：停车列检库、洗车库、不落轮镟修库、静调库、双周检或三月检库、定临修库或临修库、大架修库、吹扫线、空压机站、内燃机车轨道车库、试车线以及设备维修车间、蓄电池检修库、救援办公室、备品备件库等。

2．车辆段主要运用检修设备

车辆段工艺设备主要有：数控不落轮机床、列车自动清洗机、驾车及转轨设备、内燃机车、起重运输设备、电源设备、专用工艺装备、机电检修检测设备、仪器仪表电器/电子检测设备、通用机电设备、清洗设备、转向架检修/检测设备以及救援设备等，具体见表1.6。

表 1.6　车辆段主要工艺设备

类别编号	设备类别		设备名称
1	数控不落轮机床		数控不落轮机床、遥控公铁两用车
2	列车自动清洗机		列车自动清洗机
3	驾车及转轨设备		地下固定式驾车机、移动式驾车机、浅坑移车台、公铁两用车
4	内燃机车		内燃调车机车
5	起重运输设备	起重机	电动双梁桥式机、电动单梁桥式机、电动单梁悬挂式起重机、伸缩臂悬挂式吊车
		汽车	救援指挥车、工程救援车、救援设备集成箱货车、工具汽车、载货汽车、大客车、轿车
		叉车、搬运车	蓄电池叉车、蓄电池搬运车、手动液压搬运车
6	电源设备	静调/周月检电源设备	静调/周检/月检/电源设备
		充放电设备	充电机、放电机、充放电电机配套设备
		稳压电源	直流稳压电源、交流稳压电源
7	专用工艺装备	车辆轮廓限界检测装置、线路设备限界检测装置、工艺转向架、转向架提升台、移动式液压升降平台、移动式车钩架托机、转向架转盘、移动式作业平台、移动式车体支座、单柱式校正液压机、吊具（转向架/空调/受电弓）	
8	机电检修检测设备	车门检测测试装置	车门密封检修台、可移动式车门测试装置
		受电弓检修测试装置	受电弓检修试验台、便携式受电弓测试仪
		空调检修测试装置	可移动式车辆空调测试装置、空调冷媒充放装置、空调机清洗槽
		气制动设备检修测试装置	空压机试验台、单元制动装置综合试验台、固定式单阀试验台、可移动式制动装置测试设备
		电机检修测试装置	电机检修试验装置、牵引电动机空载试验装置
		逆变器试验装置	可移动式 VVVF 试验装置、可移动式 SIV 试验装置
9	仪器仪表及电器/电子检测设备	仪器仪表	静调仪器仪表、月检库检测设备、接地兆欧表、示波器、单双臂两用电桥
		电器/电子检测装置	速度表及传感器试验台、压力表及传感器试验台、转速传感器试验台、电量传感器试验台、仪表检测及试验设备、主断路器试验装置、电器开关元件综合试验台、驾驶员控制器试验台、电子检修综合试验台、移动式耐压试验台、电热鼓风干燥箱、电热干燥器
10	通用机电设备	空压机	固定式空压机、移动式空压机
		金属机床设备	车床、铣床、刨床、摇臂钻床、立式钻床、磨床、带锯床、弓锯床、剪板机
		电气焊设备	电焊机、气焊/气割设备、焊接配套设备
		钳工设备	台式钻床、除尘式砂轮机、画线平台、压装设备、电动套丝机、弯管机
		通用机械	管道机械、磅秤、台秤、液压千斤顶、吸尘器、排风扇、升降梯
11	清洗设备		车下吹扫设备、高压喷射清洗机、构架清洗机、轮对清洗机、轴箱清洗机、轴承清洗机、超声波清洗机

续表

类别编号	设备类别		设备名称
12	转向架检修/检测设备	探伤设备	构架探伤设备、轮对探伤设备、轴承探伤设备
		拆装、压装设备	轴箱拆装机、轴箱压装机、退轮高压油装置、轮对压装机
		检测设备	构架检测平台及用工装、转向架静载试验机、轴承检测仪器设备、轴承检测平台、轴箱检测平台、轮对跑合试验台、轮对动平衡机
		机加工设备	数控轮对车床、数控立式车床、数控车轴车床
		组装设备	构架翻转机
		油漆设备	构架喷漆装置、喷雾净化装置
13	救援设备	车辆复位救援设备、扶正装置、牵引装置、气垫、剪扩钳、车轴推进器、轮对故障行走小车、轨道运输小车、发电及照明设备、人员防护装备、救援辅助设备	

三、综合维修基地及设备

（一）综合维修中心

综合维修中心主要由工建车间、机电车间、供电车间、通号车间和自动化车间等组成。

工建车间承担全线轨道、桥梁、路基、隧道、车站建筑、所有地铁地面建筑等建筑物、构筑物的检查、维修、保养工作。

供电车间承担全线变电所设备、接触网和高中压电缆线路及相关设备、电力监控设备、全线杂散电流防护设备的运营管理、巡检、维护保养、检修工作。

通号车间承担全线通信、信号系统、列车上通信广播设备和信号设备的运营管理、巡检、维护保养、检修工作。

机电车间承担全线各种机电系统及设备，包括环控系统空调设备、给排水系统（水泵、电机）、屏蔽门、防淹门、自动门、电梯及自动扶梯、各种小型运输车辆、抵押电气设备及线路等的运营管理、巡检、维护保养、检修工作。

自动化车间承担全线自动化系统及通用办公计算机系统的测试、维修保养工作，其中自动化系统包括自动售检票系统（AFC）、车站设备监控系统（BAS）、防火报警系统（FAS）以及门禁、综合监控系统。

各系统设备以及线路、隧道等建筑物的大修，宜结合城市轨道交通线网运营模式统筹考虑检修方式，现各城市轨道系统较多考虑社会化服务。

（二）综合维修基地主要工艺设备

综合维修基地的工艺设备种类繁多，涉及专业广，其主要工艺设备有：接触网作业车（检修车、架线车、放线车）、接触网检测车、钢轨打磨车、钢轨检测车、轨道平板（吊）车、钢轨机械、道床机械、工务仪器及探伤设备等，详见表 1.7。

表 1.7　综合维修基地主要工艺设备

类别编号	设备类别		设备名称
1	接触网设备	接触网作业车	接触网检修车、架线车、放线车
		接触网检测车	接触网检测车（可以和接触网检修车或轨道检修车组合）
2	工务设备	轻型轨道车	轻型轨道车
		轨道平板（吊）车	轨道平板车、平板吊车、轻型轨道平板车
		轨道打磨车	轨道打磨车
		轨道检测车	网轨检测车
		钢轨机械	钢轨机、焊轨机、弯轨机、钻孔机、液压拉轨器、轨缝调整器、钢轨涂油器
		道床机械	捣固机、起道机、扳道机、铁道螺钉电板手、液压方枕器
		工务仪器及探伤	钢轨探伤仪、焊缝探伤仪、轨距水平测量仪、经纬仪、水准仪

拓展知识

车辆检修制式和修程

目前各国城市轨道交通车辆检修采用两种制式，一种是厂修、段修分修制，另一种是厂修、段修合修制。

厂修、段修分修制，就是修建专门的车辆大修厂（不限于 1 个），它承担全线网各线车辆的大修任务。车辆的架修、定修及其以下的修理工作，由各线的车辆段承担。

厂修、段修合修制就是不设专门的车辆大修厂，车辆的大修均在车辆段内进行。

前一种制式用于线网规模较大的城市，具有一定的经济性。而对于线网规模不大的城市，采用厂修、段修合修制较为经济。

城市轨道交通车辆的检修规程通常分为列检、月检、定修、架修和厂修（又称大修）。根据修理规程的规定，各种修程包含的主要检修范围和内容如下。

（1）列检：对容易出现危及行车安全的各主要部件（如轮对、弹簧、转向架、受电弓、控制装置、空气制动装置、车钩及缓冲装置、蓄电池、车门风动开关装置、车体、车灯等）进行外观检查，对危及行车安全的故障及时进行重点修理。

（2）月检：对车辆外观和一般功能进行检查，即对车辆主要部件的技术状态进行外观检查和必要试验，对危及行车安全的故障进行全面修理。

（3）定修：主要是预防性的修理，需要驾车。对各大部件的技术状态和作用做较仔细检查，对检查发现的故障进行针对性修理，对车上的仪器和仪表进行校验，车辆组装后要经过静调和试车。

（4）架修：主要任务是检测和修理大型部件（如走行部、牵引电动机、传动装置等）；同时，经架车，对车辆各部件进行解体和全面检查、修理、试验，对计量的仪器、仪表进行校验，车体要重新油漆、标记，组装后进行静调和试车。

（5）厂修：全面恢复性修理。要求对车辆全面解体、检查、整形、修理和试验，要求完全恢复其性能，组装后要重新油漆、标记、静调和试车。总之，厂修后的车辆基本上要达到新车出厂水平。

城市轨道交通车辆的检修周期及检修时间标准参见表 1.8。

表 1.8 车辆日常维修和定期检修周期

类 别	检修种类	检修周期		检修时间（h）
		里程（万千米）	时间	
定期检修	厂修	100～120	10～12 年	35/32
	架修	50～60	5～6 年	20/18
	定修	12.5～15	1.5 年	8/6
日常维修	月检		1月	2/2
	列检		每天或双日	

注：（1）表中检修时间的分子为近期天数，分母为远期天数；
（2）表中检修时间是按部件互换修理确定的。

任务三 认知城市轨道交通车站

学习目标

（1）知道城市轨道交通车站的分类；
（2）了解城市轨道交通车站线路的分类及设置；
（3）掌握城市轨道交通车站建筑的基本构成；
（4）了解城市轨道交通车站各功能布置与设计，掌握站台层的设计。

学习任务

认知城市轨道交通车站：主要包括城市轨道交通车站的分类、车站线路的分类与设置、车站建（设施）的基本构成、车站功能的平面布置与设计、车站主要服务设施等。

工具设备

城市轨道交通车站仿真模型 1 套、某城市轨道交通车站布置图 1 套、多媒体设备课件、图片、示教板、计算机多媒体设备等。

教学环境

理实一体化教室或轨道交通综合实验室、某城市轨道交通车站现场。

基础知识

轨道交通系统中，车站是系统运行的主要设施，也是系统运营过程中不可缺少的组成部分。轨道交通系统车站的选址、布置、规模等对运营效果具有决定性的意义。作为旅客乘降的场所，城市轨道交通车站一般应设置在客流量大的集散点以及其他线路交会的地方，车站间的距离要根据实际需要确定。一般，市区车站间距应在 1km 左右，郊区在 2km 左右。

一、城市轨道交通车站概述

（一）车站的分类

城市轨道交通车站按其所处的位置、埋深、运营行知、结构横断面形式、站台形式和换乘方式不同可进行不同的分类。

1. 按车站与地面的相对位置分类

按车站与地面相对位置可分为地面车站、高架车站和地下车站。

2. 按车站埋深分类

按车站埋深可分为浅埋车站（轨顶至地面距离小于 15m）、中埋车站（轨顶至地表距离为 15～25m）和深埋车站（轨顶至地表距离大于 25m）。

3. 按车站的运营性质分类

（1）中间站（即一般站）：中间站仅供列车停靠和乘客上、下车使用，功能单一，是城市轨道交通网络中数量最多的车站。

（2）区域站（即折返站）：区域站是设在两种不同行车密度交界处的车站，设有折返线和折返设备。区域站兼有中间站的功能。

（3）换乘站：换乘站是位于两条及两条以上城市轨道交通线路交叉点上的车站。它除了具有中间站的功能外，更主要的是它还可以从一条线路上的车站通过换乘设施转换到另一条线路上。

（4）枢纽站：枢纽站位于城市轨道交通线路分岔的地方，可以接发两条线路上的列车。

（5）联运站：联运站是指车站内设有两种不同性质列车线路进行联运及客流换乘，它具有中间站和换乘站的双重功能。

（6）终点站：终点站是设在线路两端的车站，就列车上、下行而言，终点站也是起点站（或称始发站），设有可供列车全部折返的折返线和设备，也可供列车临时停留检修。当线路远期延长后，则此终点变为中间站。

各种车站分类如图 1.33 所示。

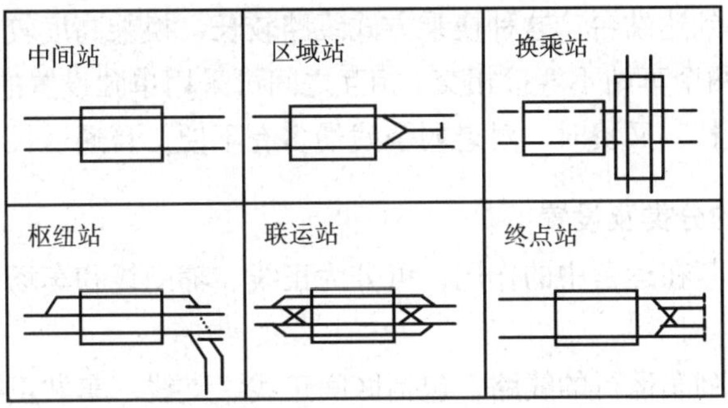

图 1.33　车站分类示意图

4. 按地下车站结构横断面形式分类

按地下车站结构横断面形式可分为矩形断面、拱形断面、圆形断面车站。

5. 按车站站台形式分类

（1）岛式车站：站台位于上、下行行车线路中间，这种站台布置形式称为岛式站台，具有岛式站台的车站称为岛式站台车站（简称岛式车站）。岛式车站是常用的一种车站形式，具有站台面积利用率高、能调剂客流、乘客中途改变乘车方向方便、车站管理集中、站台空间宽阔等优点，因此一般用于客流量较大的车站。

（2）侧式车站：站台位于上、下行行车线路的两侧，这种站台布置形式称为侧式站台，具有侧式站台的车站称为侧式站台车站（简称侧式车站）。侧式车站站台上、下行乘客可避免相互干扰、正线和站线间不设喇叭口，造价低，改建容易，但是，站台面积利用率低，不可调剂客流，中途改变方向须经过地道或天桥，车站管理分散，站台空间不及岛式宽阔。因此，侧式站台多用于两个方向客流较均匀（或流量不大）的车站及高架车站。

（3）岛、侧混合式车站：将岛式站台及侧式站台同设在一个车站内，具有这种站台形式的车站称为岛、侧混合式站台车站（简称岛、侧混合式车站）。岛、侧混合式车站主要用于两侧站台换乘或列车折返，可布置成一岛一侧式或一岛两侧式。

车站站台形式如图 1.34 所示。

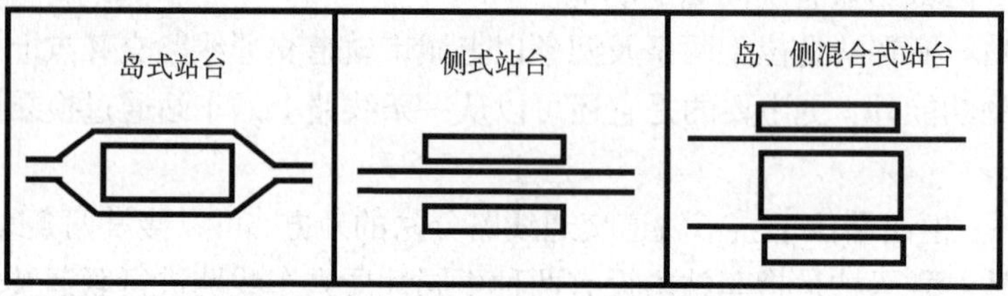

图 1.34　车站站台形式分类示意图

6. 按乘客换乘方式分类

（1）站台直接换乘：乘客在站台通过楼梯、自动扶梯等换乘到另一车站的站台。这种换乘方式线路短，换乘高度小，换乘时间短，换乘方便。

（2）站厅换乘：乘客由某车站站台经过楼梯、自动扶梯到达另一车站站厅付费区，再经过楼梯、自动扶梯到达站台。这种换乘方式线路较长，换乘高度较大，换乘时间较长。

（3）通道换乘：两个车站不直接相交，相互之间可采用单独设置的换乘通道进行换乘。这种换乘方式线路较长，又费时，对老弱孕残幼多有不便，且通道长，投资大。

（二）车站线路的分类及设置

城市轨道线路按其在运营中的作用，可分为正线、辅助线和车场线。

1. 正线

正线是指供载客列车运行的线路，包括区间正线、支线、车站正线及站线。

城市轨道交通正线是独立远行的线路，一般按双线设计，采用右侧行车制。大多数线路为全封闭。与其他交通线路相交处，一般采用立体交叉。在特殊条件下（如运营初期），两条线路或交通方式的运量均较小时，若经过计算，通过能力满足要求，也以可考虑采用平面交叉。

2. 辅助线

辅助线为空载列车提供折返、停放、检查、转线及出入段作业所需的线路。它包括折返线、临时停车线、渡线、车辆段出入线、联络线、试车线等。

1）折返线

城市轨道交通线路一般都比较长，全线的客流分布可能会不太均匀，这时可组织区段运行。区段运营是指列车根据运行交路的要求，在端点站与中间车站或中间站与中间站之间进行列车折返。因此，在这些提供折返作业的中间站上，需要为列车设置折返线。折返线的设置要能满足折返能力的要求。

折返线布置方式一般分为站前、站后折返两种：站前折返对正线行车有干扰并影响折返能力；站后折返不影响正线行车，折返能力大，设计时常采用。

折返线的有效长度按《设规》规定，宜为远期列车长度加 40m（不包括车挡长度）。

常见折返线的布置形式有如下几种。

（1）环线折返线：俗称灯泡线，如图 1.35 所示。

环形折返线是将端点折返作业转化为沿一个环形单线区段运行的作业，实质上取消了折返过程，变为区间运行，有利于列车运行速度发挥，消除因折返作业而形成的线路通过能力限制条件，是一种对提高运营效率有利的折返方法。

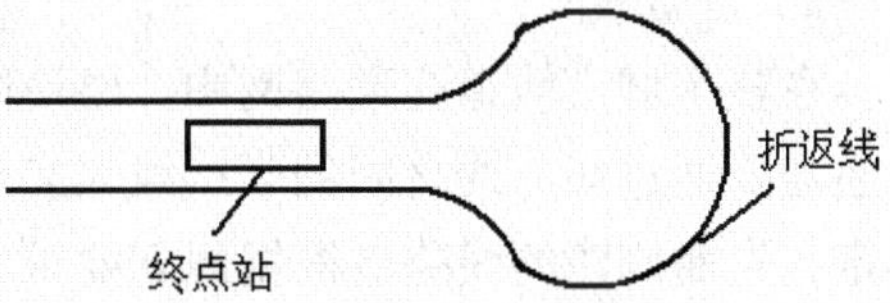

图 1.35　环形折返线

环线折返环线占地面积较大，尤其是在地下修建难度更大，投资高；环线折返丧失了一端停车维护保养检查的机动线路，对车辆技术和运行组织要求更高，线路机动性下降，一般只适用于线路较短、线路延伸可能性较小且该端点站又往往在地面的情况。

（2）尽头折返线：又可分为单线折返、双线折返和多线折返等不同布置方法，如图 1.36 所示。

利用尽端式折返的办法，弥补了环线折返的不足，使端点站既可有效组织折返（如双线折返可明显降低折返时间），又可备有停车线供故障停车、检修、夜间停车等作业使用。对于线路延伸也十分方便，比较适合地下结构的端点站以及线路较长或有延伸可能、土地不宜多占用的情况。

（3）利用渡线折返：在站前或站后设置渡线，用于完成折返作业的布置方式，如图 1.37 所示。

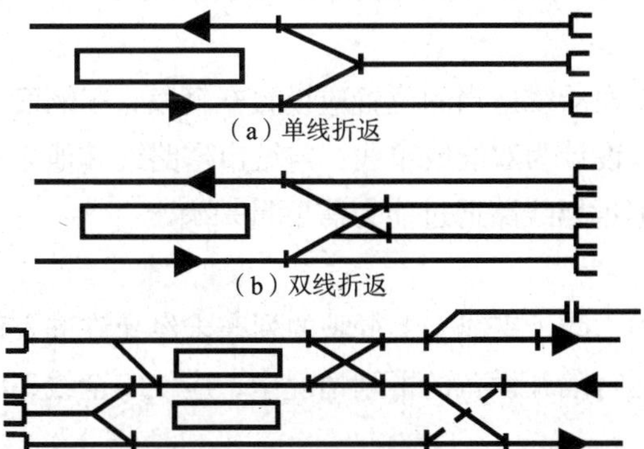

（a）单线折返
（b）双线折返
（c）多线折返

图 1.36　尽头式折返线

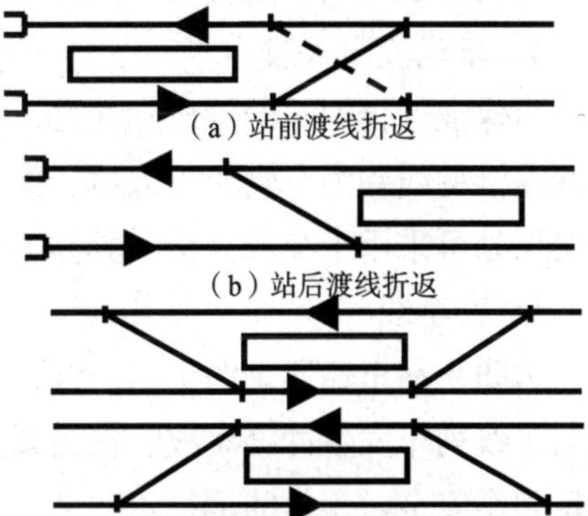

（a）站前渡线折返
（b）站后渡线折返
（c）区间站渡线折返

图 1.37　渡线折返

图 1.37（a）、（b）所示分别为站前和站后渡线折返，作为正常列车运行的折返，只适用于终端站。若采用站后折返，车站可用侧式站台，渡线短，节省折返时间；若采用站前折返，车站一般采用岛式站台，方便乘客候车。

利用渡线折返需要修建的线路量少，投资较少。然而，列车进出车站与折返作业有严重的干扰。尤其是在区间利用渡线进行区间列车折返，需占用正线进行作业，故对运营管理要求十分严格。且列车运行间隔时间受其制约需放大，导致线路通过能力下降，安全存在隐患。一般列车运行速度较高、运行间隔时间较短（即发车频率较高）、运量较大的线路不宜采用此类方法。

2）联络线

在整个城市轨道交通路网中，要使同种制式的线路可以实现列车过轨运行。这种过渡一般需要通过线与线之间的联络线来实现，如图 1.38 所示。联络线的位置应在路网规划中确定，先期修建的线路应根据规划要求，为后建线路预留联络线的设置条件。另外，为方便车辆及大型设备的运输，有条件的地方应设置地面铁路专用线。

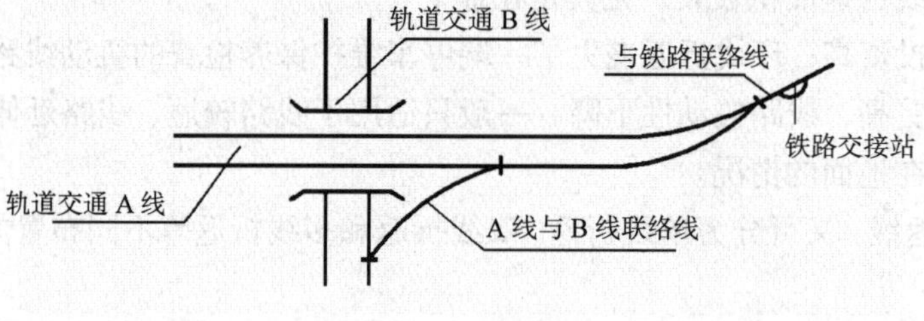

图 1.38　联络线

3）临时停车线及渡线

城市轨道交通线路由于运输量大，列车运行间隔一般较密。在线运营列车可能会发生故障。为不影响后续列车运行，设计上应能使故障列车及时退出运营正线。一般说来，在轨道交通线路沿线每隔 3～5 个车站的站端应加设渡线或车辆停放线。渡线的作用是使离开车辆段的故障列车能及时调头返回车辆段，停车线的作用则是临时停放事故列车。

4）车辆段出入线

为保证运行列车的停放和检修，在轨道交通沿线适当的位置应设置车辆段，车辆段与正线连接的线路为车辆段出入线，出入线可以设计为双线或单线，与城市道路或其他方式的交叉处可采用平交或立交，具体方案要根据远期线路通过能力需要量来确定。

5）安全线

为防止在车辆段（场）出入线、折返线和岔线（支线）上行驶的列车未经允许进入正线与正线列车发生冲突事故，在无其他列车运行隔开设备的下列情况中，应设安全线，以保证列车安全、正常的运行：

（1）当出入线上的列车在进入正线前需要一度停车，且停车信号机至警冲标之间小于列车制动距离时（如图 1.39 所示）；

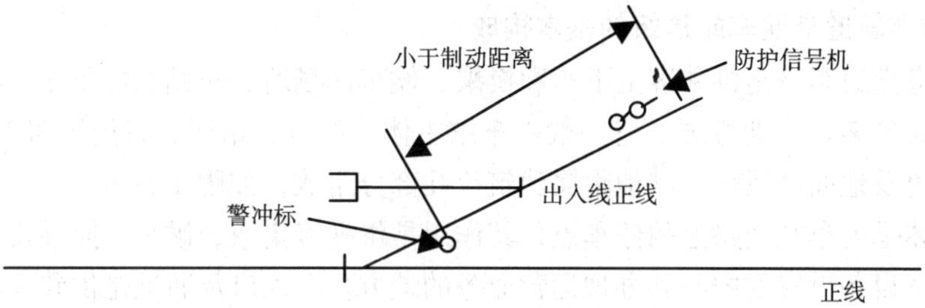

图 1.39 出入线接入正线形式

（2）折返线末端与正线接通时；

（3）当岔线（支线）与正线接轨时。

安全线为尽头线，有效长一般不少于 40m，如图 1.40 所示。

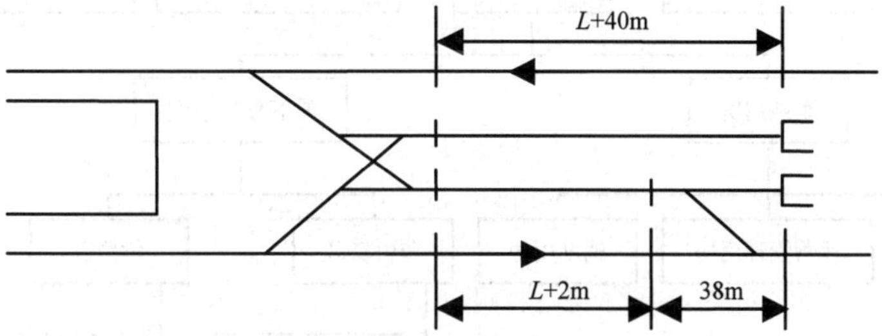

图 1.40 折返线末端接正线形式

3. 车场线

当一条线路长度超过 20km 时，在适当位置应增设停车场，车场线是场区作业线路，不载客，行车速度低，故线路标准只要能满足场区作业即可。

二、城市轨道交通车站建筑

（一）城市轨道交通车站设计原则

（1）最大限度吸引客流，要求设置位置合适，设备完善，服务水平高。

（2）按远期运量需求设计，一般是将通车后 10～15 年的高峰小时客流量作为设计客运需求量。个别车站可按极限运量需求（如体育场馆、火车站、广场等可能产生阵发性密集到发客流交通集散点附近）来设计。

（3）预留适当的能力余地，满足高峰时段密集到达（出发）需要，即超高峰时段的需要，并能应付远期运量波动的需要。

（4）减少占用地面面积，尽可能降低投资费用，满足施工条件限制（如能放地面，则不设在地下；车站设计以实用高效为主，装饰功能为辅等）。

（5）需进行多方案比选后，确定较优方案。

车站一般宜设在直线段上。

（二）城市轨道交通车站建筑的基本构成

城市轨道交通车站是供乘客上下车和换乘、候车的场所，车站功能复杂、涉及面广、设备及辅助设施多、专业性强。它一般由车站主体（站台、站厅、各类用房）、出入口及通道、通风道及地面通风亭、其他附属建筑等几部分组成，如图 1.41 所示。

车站主体是列车在线路上的停车点，其作用是供乘客集散、候车、换乘及上下车。它又是地铁运营设备设置的中心和办理运营业务的地方。出入口及通道是供乘客进、出车站的口部建筑设施。通风道及地面通风亭的作用是保证地下车站具有一个舒适的地下环境。对于地下车站，以上三部分必须具备。

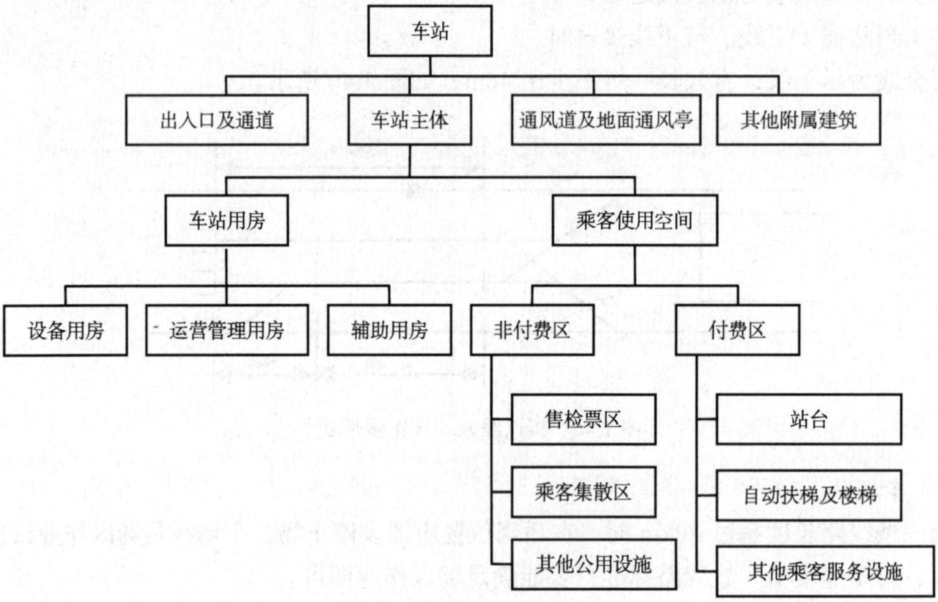

图 1.41　地铁车站建筑（设施）的基本构成

车站主体部分的功能空间由乘客使用空间、运营管理用房、设备用房与辅助用房这几部分组成。

（1）乘客使用空间：直接为乘客服务的场所，分为付费区和非付费区。非付费区是乘客正式进入车站前的活动区域，一般应有较宽敞的空间，根据需要可在这里设售检票设施、问讯、银行、公用电话、小卖部等设施。付费区包括站台、楼梯、自动扶梯、导向标志等。

乘客使用空间在车站建筑组成中占有很重要的位置，它是车站中的主体部分。乘客使用空间的布设位置对决定车站类型、总平面布局、车站平面、结构横断面形式、功能是否合理、面积利用率、人流路线组织等的设计有较大的影响。

（2）运营管理用房：为保证车站具有正常运营条件和营业秩序而设置的办公用房。由进行日常工作和管理的部门及人员使用，是直接或间接为列车运行和乘客服务的。主要包括站长室、行车值班室、业务室、广播室、会议室、保卫室、清扫员室等。运营管理用房与乘客关系密切，一般布设在邻近乘客使用空间的地方。

（3）设备用房：为保证列车正常运行、保证车站内具有良好环境条件以及在事故灾害情况下能够及时排除灾情的不可缺少的设备用房。

设备用房主要包括环控室、综合控制室、防灾中心、通信机械室、信号机械室、自动售检票室、变电所、泵房、冷冻站、机房、配电以及上述设备用房所属的值班室、工区用房、附属用房及设施等。技术设备用房是整个车站运营的心脏所在。由于这些用房与乘客没有直接联系，关系不太密切，所以一般可布设在离乘客较远的地方。

（4）辅助用房：为保证车站内部工作人员正常工作生活所设置的用房。直接供站内工作人员使用的，主要包括厕所、更衣室、休息室、茶水间、盥洗室、储藏室等。这些用房均设在站内工作人员使用的区域内。

（三）城市轨道交通车站功能布置与设计

1. 车站总体布局

城市轨道交通中，乘客在车站逗留时间较短，且没有行李积存与货物运输等业务。在中间站上，客流只有往返两个方向，因而乘客在站内活动形成的客流线及车站服务设施都比较简单。

车站总体布局应按照乘客进出车站的活动顺序，合理布置进出站的流线。流线宜简捷、顺畅，尽可能不相互干扰，为乘客创造便捷的乘降环境。乘客进、出站活动流线如图 1.42 所示。

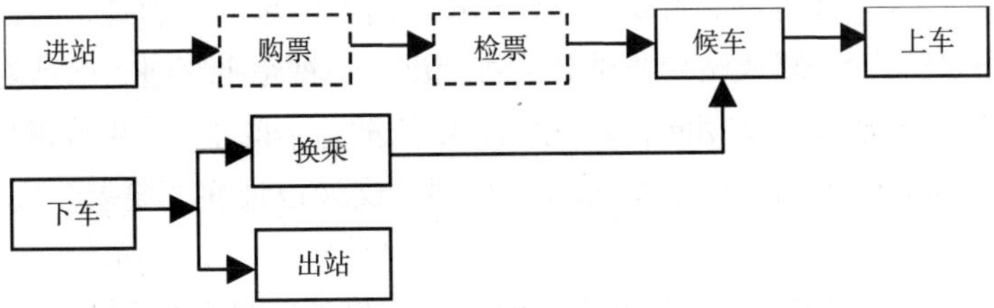

图 1.42　乘客进、出站活动流线示意图

车站平面布置原则如下：

（1）站厅层布置应区分明确，依据出入口的位置和数量、楼梯与扶梯的位置和数量、售检票系统的位置和数量以及换乘要求对客流进行合理的组织，避免和减少进出站客流的交叉，合理布置管理、设备用房，满足各系统的工艺要求。例如，站厅中部为公共厅，两侧为客运管理区、机电设备区。

（2）站台层布置需以车站上下行远期高峰小时设计客流量来计算站台宽度，根据线路走向及换乘要求确定站台形式，根据车站需要布置设备和管理用房区。

（3）车站出入口应设置于道路两边红线以外或城市广场周边，需具有标志性或可识别性，以利于吸引客流、方便乘客。有条件的出入口考虑地面人行过街的功能。出入口规模应满足远期预测客流量的通过能力，并考虑与其他交通的换乘或接驳大型钢轨建筑所引起的客流量。

（4）车站主要服务设施应包括自动扶梯、电梯、售票机、检票机、空调通风设施等。图 1.43 所示是某地铁站站厅层平面（部分）示意图。

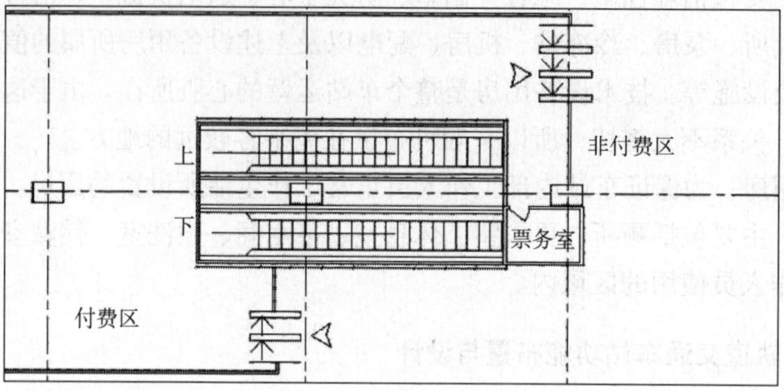

图 1.43　某地铁站站厅层（部分）示意图

2. 站厅

站厅根据功能要求可单独设置或成层设置，是上、下车乘客的售、检票和集散的公共空间，客流进、出车站的咽喉，其规模大小应与集散客流匹配，其位置选择应便于乘客进出站。

站厅设有售票、检票、问讯等为乘客服务的各种设施，站厅层的布置与车站类型、站台形式及布置密切相关。乘客进、出岛式站台车站，需要跨越行车轨道，站台和站厅就分别设置在两个不同的高度上。侧式站台车站分两种情况：一种是乘客进、出站需要跨越行车轨道，其站厅设置与岛式站台车站相同；另一种是乘客进、出车站不需要跨越行车轨道，站厅和站台可设在同一层，但分设两个站厅。站厅需按轨道交通设计规范要求合理规划防火分区。

站厅层布置如下：

（1）根据车站运营及合理组织客流线路的需要，将站厅划分成付费区和非付费区。付费区是指乘客需经购票、检票后方可进入的区域，由此可进入站台。非付费区乘客可以在本区域内自由通行。

设计上一般采用不锈钢管材和钢化玻璃分割带将付费区与非付费区分开。在两区分界线的交叉点上设置进、出站检票机。付费区内设有通往站台层的楼扶梯、残疾人电梯等，非付费区内设有售票、问讯、公用电话亭，个别车站设有小商铺，其设置位置应区别对待。与乘车活动直接关联的设施和用房（如售票、问讯），应设在客流线路附近。而与乘车活动无直接关联的设施和用房（如公用电话、银行），应充分利用站厅非付费区死角设置，这也是公用电话、银行需要的相对安静的环境。

售、检票口及栅栏的位置应合理设置，使进、出站客流的相互干扰减小到最低程度。

（2）楼梯宽度、自动扶梯数量既要满足平时客流集散需要，又要满足事故情况下紧急疏散的需要。出入口通道、售票口、检票口、楼电梯的通过能力应相互协调匹配。

（3）设于站厅两端的非付费区，宜用通道沟通。关于这点，岛式车站比较容易做到，侧式站台由于扶梯在两侧，两侧非付费区的连通难度较大。

（4）车站在满足集散的前提下要尽量控制公共区的规模，以降低造价。

地下车站站厅公共区应结合车站埋深、结构形式及建筑布置等综合因素进行空间设计。在满足乘客集散的前提下，尽量丰富地下车站的空间形式，减少地下建筑沉闷和压抑的感觉。

3. 站台层

站台是供乘客上、下车及候车的场所，站台长度和站台宽度是站台设计中要确定要素。

1）站台长度

站台长度为站台有效长度和有效长度以外的附加站台长度之和，是根据车站有效站台长度和站台层设备管理用房布置需要而确定的。

有效站台的长度是远期列车编组总长度与列车停站时的允许停车距离（不准确值）之和。有效站台长度满足乘客上、下车和列车停站的需要。由于列车采用的自动停车设备的先进程度不同、驾驶员操作熟练程度的差别，使得列车停车的理论位置与实际位置有一定的误差。

$$L_{站台}=L_{车}n_{编}+a$$

式中 $L_{站台}$——站台有效长，即站台全长扣除两端楼梯外侧长度，单位为m；

$L_{车}$——车辆全长，车辆两端车钩内侧（铰接分界点）间距离，单位为m；

$n_{编}$——高峰时段设计最大编组辆数；

a——列车停车安全余量，单位为m，一般需预留4m左右。

2）站台宽度

站台宽度应满足高峰时段客流候车、集散的需要。站台总宽度由站台乘降区计算宽度、柱宽、楼梯宽度及自动扶梯宽度组成。

（1）候车面积。根据高峰时段候车人数计算所需候车面积F，计算公式为

$$F=Pa\ (m^2)$$

式中 P——高峰时段同时到达站台候车的乘客数，单位为人；

a——每位乘客候车占用站台面积，单位为m^2/人，一般取0.33～0.75m^2/人。

（2）单侧站台宽度。根据列车长度及站台有效面积求单侧站台宽度

$$b_{单}=F/L_{计}+0.45\ (m)$$

式中 $b_{单}$——一个方向列车候车乘客所需站台宽度，单位为m；

$L_{计}$——列车计算长度，即列车全长减去车头至第一位车门和车尾到最末位车门距离（共计约7m）；

0.45——安全带宽度，单位为m。

（3）站台总宽度。侧式站台总宽度计算：

$$B_{侧}=b_{单}+b_0\ (m)$$

式中 $B_{侧}$——侧式站台总宽度，单位为m；

b_0——乘客纵向移动所需宽度，取2～3m。

岛式站台总宽度计算：

$$B_{侧}=2\times b_{单}+b_0\ (m)\ (b_0取3m)$$

（4）站台宽度确定。由于各站计算出的 B 值不一，所以站台宽度各不相同，为设计、建设及运行方便，一般确定为若干个等级宽度标准，如一等站统一用 14m，二等站用 10m，三等站用 8m 等。

3）站台高度

站台高度指站台到轨顶面的高度，与车型有关。站台平面与车辆车厢内地板尽量保持同一水平面（即高站台，若站台比车厢地板面低低，则为低站台）。我国生产的轻轨样车，车厢地板面到轨顶面的高度为 950mm，车辆第一踏面距轨面 650mm，所以站台高度 900mm 为高站台，650mm 或 400mm 为低站台。采用高站台时，考虑到由于车辆弹簧的挠度，在最大乘车效率时，车厢地板下沉的范围在 100mm 以内，故高站台高度宜低于车厢地板面 50～100mm。

4）轨道中心线与站台边缘距离

该值由车辆的建筑限界决定，还应考虑站台的施工误差（施工误差一般≤10m）。当车辆设在曲线上时，应适当加宽。

4. 车站设备管理用房

车站设备管理用房是为保证设备正常运行、改善站内环境、进行运营管理和为乘客服务而设置的，是车站的重要组成部分。

影响控制设备管理用房规模的主要因素有：运营管理模式、设备来源及数量、车站的规模及特征。例如 AFC 用房，按照车票编码、点钞按运营模式要求在现场或在异地的不同要求，用房面积有很大差别。环控机房或变电所设备，由于国产和进口设备尺寸差别大，相应用房规模也就不一样。同样的设备用房，影响因素很多，也很复杂。若设在平面布置很规范的区域内和设在平面极不规则的区域内，其用房规模也不一样。其中一个边界条件不清楚，就会导致车站规模、布置不同。为此，在开展车站建筑设计之前，一定要先完善运营管理模式，再确定车站设备。否则，车站各种设备和管理用房的规模只能按最不利的条件去设计预留，以便在任何情况下均能保证功能要求，这样将造成车站设备及管理用房的规模偏大。

各地轨道交通系统的运营管理模式不同，采用的设备规格及技术指标也不同，因此车站设备用房的构成、规模及布置也不尽相同，但差别不大，还是有一个大致的设计标准。

表 1.9 和表 1.10 所示为上海市轨道交通地下站的设备管理用房设置要求，可作为一般设计体参考，再结合各地不同的情况进行调整。

表 1.9　地下车站管理用房表

房 间 名 称	参考面积（m^2）	设 置 要 求
车控室	30	布置在站厅层，便于观察客流情况的位置
客服中心	6	
站长室	12	设在车控室旁，地坪与车控室平
警务室	12+15	靠近站厅层公共区
站务员室	4～5	设在站台层公共区
收款室	15	布置在管理区

续表

房间名称	参考面积（m^2）	设置要求
通信仪表室	12×2	宜设于车控室一端
交接班室	30	布置在管理区较安静的部位
更衣室	16	内部男女分隔由业主自定
男女公厕	15+18	设于非付费区
管理区厕所	8	仅考虑公厕远离管理区时设置
茶水	4	布置在管理区
屏蔽门管理室	20	设于站台层靠近车控室一端
清扫	4×2	站厅站台各设一个
垃圾堆放点	2	结合出入口公厕布置
检修及备品用房	15～20	有岔车站 30 m^2
驾驶室	10	仅设在折返站站台层靠近道岔区
列检室	10	仅设在折返站站台层靠近道岔区

表 1.10　地下车站设备用房表

房间名称	参考面积（m^2）	设置要求
通信设备室	90	近车控室布置，含通信机械 60 m^2，电源室 30 m^2，包括 FAS/BAS 电源
信号设备室	17/90	近车控室布置，一般车站为 17 m^2，集中站为 90 m^2（包括 1 间电缆引入间）
民用通信专用机房	90	包括公网覆盖、电源机房、网络维修
民用通信检修房	15	5 个站左右设一间
区间通风机房		根据工艺布置
环控机房		根据工艺布置
冷水机房		根据工艺布置
小通风机房		根据工艺布置
环控电控	48×2	靠近环控机房设置
牵引变电所	220	尽量设在站台层，运输通道通畅。牵引变混合所 320 m^2
降压变电所	140+25+10	尽量设在站台层，内设控制室 25 m^2，值班室 10 m^2
消防泵房	36	有水喷淋，带防污装置
污水泵房	18	靠近厕所位置
废水池	20	设置站台层最低端
烟烙烬	根据计算布置	保护半径 120m
配电室	8×4	站厅、站台各两间，靠近公共区，其中一间含 AFC 配电

5. 跨线设备及垂直交通

1）跨线设施

由于城市轨道交通列车的速度快、密度高，要求整个线路封闭程度较高。考虑乘客候车安全，侧式站台上、下行线间加防护栏杆隔开，所以有上、下行越线问题。岛式站台乘客进站也有越线问题，而且行人过街也同样有越线问题。

对地面站来说，除了客流量小的，一般均需设跨线设施。地面站的跨线设施可以是天桥或地道两种方案。天桥方案较经济，施工方便，对交通干扰少，应优先采用。

地下站跨线设施可以在地下站内解决。

高架站的跨线设施如在高架桥上再设天桥，对于乘客来说会加重负担，安全感差，又占用较多高架站台面积，增加高架站台结构的复杂性，提高了造价，也影响景观。因此，通常应该尽量利用高架桥面以下的结构空间解决跨线问题，也可以在解决高架站的垂直交通的同时解决跨线问题。但要注意避开道路的交会路，以满足道路上空的限高要求。

2）垂直交通

高架站和地下站与地面的联系必然通过垂直交通来疏导旅客，天桥或地道跨线设施也需要垂直交通。垂直交通的设计要求位置适宜、路线便捷、宽度合理通畅。

高架站的垂直交通布置通常有两种方式：一种为街道两侧布置垂直交通，经天桥进入高架车站，即天桥进出方式；另一种是利用桥下空间，由楼梯通向休息平台，再通向两侧高架站台或通向岛式站台，即桥下进出方式。

6. 车站主要服务设施

车站主要服务设施应包括自动扶梯、电梯、售票机、检票机、空调通风设施等。车站各主要设施的设计原则如下。

1）自动扶梯

（1）自动扶梯的设置要求应满足客流量及提升高度的需要。原则上从站台到站厅上行均应考虑采用自动扶梯，下行采用人行楼梯（高度超过 6m 时，下行应设自动扶梯）；出入口提升高度大于 6m 的设上行自动扶梯，提升高度大于 12m 的均设上、下行自动扶梯。个别重要车站的设置标准可酌情提高。

（2）自动扶梯的倾角为 30°，有效净宽为 1m，运输速度采用 0.65m/s，通过能力按 9600 人/h 计。

（3）自动扶梯踏步面以上最小净空不小于 2.3m。

（4）当自动扶梯横穿越楼层时，扶手带中心至开孔边沿的净距应不小于 0.5m，如果达不到标准应设防轧安全标志。

（5）当自动扶梯靠墙布置时，要求扶手带中心至墙壁装饰面的最小距离为 0.4m。

（6）两相对布置的自动扶梯工作点之间的距离一般不小于 24m，困难时不小于 16m。

（7）自动扶梯工作点至前面障碍物的距离不小于 8m。

（8）自动扶梯与人行楼梯相对布置时，自动扶梯工作点至楼梯第一级踏步距离不小于 12m。

（9）在布置自动扶梯时应考虑吊运空间及吊钩。出入口处自动扶梯下端应设置集水坑。

2）电梯

岛式车站应在站台层与站厅层之间设置一台残疾人用的电梯（兼作车站内部货运），该电梯不计入紧急疏散用；侧式站台则每个站台均设一部残疾人用电梯。

3）楼梯

（1）每个车站均应在付费区内至少设一座楼梯，其通过能力相当于一台自动扶梯，以便在自动扶梯不能运转时仍能保证站内乘客的疏散。

（2）车站应至少设一部供工作人员和消防人员使用的楼梯，该楼梯宜设在工作人员较集中的管理用房区内，楼梯宽度不得小于 1.2m，踏步尺寸建议采用 175mm×250mm。此梯宽度不计入紧急疏散楼梯宽度。

（3）设计标准。

踏步高：乘客使用为 150～160mm，工作人员使用为 160～175mm。

踏步宽：乘客使用为 280～320mm，工作人员使用为 250～280mm。

乘客使用的楼梯，其踏步尺寸原则上采用 150mm×300mm。

车站内公共区楼梯每个梯段的踏步级数应不小于 3 级，不大于 18 级。

楼梯休息平台宽：1200～1500mm。

楼梯宽度：单向楼梯净宽不小于 1800mm，双向楼梯净宽不小于 2400mm。

楼梯口部栏杆高：1100mm；楼梯梯段栏杆高：900mm。

楼梯台阶装饰面至上部障碍物的最小净空不小于 2300mm。

4）检票机

（1）进站检票机应设在售票处至站台的人流线路上，出站检票机应设在站台至出站通道的人流线路上。其数量应能满足远期超高峰小时客流的需要（1.1～1.25 系数）。

（2）检票口是付费区与非付费区的分界线，宜垂直人流方向设置。

（3）进、出站检票机应合理布置，既要方便管理，又要避免进、出站人流的交叉干扰。

（4）出站检票机布置应适当留有扩容的余地。

（5）出站检票机前应留有 8m 的缓冲距离。

5）售票机

（1）售票机的数量应预留远期超高峰小时客流的需要。

（2）售票机应设在客流不交叉，且干扰小的地方。售票机前应留有足够的空间，供乘客排队购票及通行。

（3）车站售票机宜沿进站客流方向纵向排列，并应结合车站不同的客流方向布置，不少于两处。

（4）售票机的布置应注意与出、入口通道及进站检票机保持适当的缓冲距离。

（5）售票机的布置应考虑在不影响乘客正常使用的条件下能进行检修，并留有足够的取款及检修空间。

6）通道，楼梯，自动扶梯，售、检票口的通过能力

通道，楼梯，自动扶梯，售、检票口的最大通过能力见表 1.11。

7）公用电话

在车站非付费区应安装公用电话，其数量则按各站具体情况而定。公用电话的布置应避免影响乘客进、出站。

8）站厅层的付费区与非付费区之间

站厅层的付费区与非付费区之间应设栏杆或透明栏板，高 1200mm（具体做法根据装修设计确定），并在适当位置设置双扇平开安全疏散口，宽 1500mm。

上面介绍的是地铁型的大运量轨道交通车站平面设计的一些要点，但轨道交通有很多

种类型，它们的运营和技术特点都有很大的区别。所以不同类型之间的布置，其简繁程度是有很大区别的，请读者注意这一特点。

表 1.11　车站各部位的最大通过能力（人/h）

名　称	通 行 工 况	每小时通过人数
1m 宽通道	单向通行	5000
	双向通行	4000
1m 宽楼梯	单向下行	4200
	单向上行	3700
1m 宽自动扶梯	双向混行	3200
	0.65m/s	9600
人工售票口		1200
自动售票口		300
人工检票口		2600

相关案例

[案例 1]　车站地面出入口设计

车站出入口是连通轨道交通车站与外界的建筑物，是乘客进出车站的通道。为吸引和方便疏散客流，车站出入口以分散布置为宜，通常一个车站设置 2～4 个出入口。随着轨道交通线网的不断扩展、城市内轨道交通车站出入口数量不断增加，它作为城市建筑的一部分，必然对城市景观和城市环境产生一定的影响。因此，车站出入口的设计除满足吸引、疏散乘客的需要外，还应满足城市规划和城市景观的要求，做到协调、美观、易于识别。其中，车站地面出入口的设计主要考虑以下三个因素：

（1）地面出入口位置的选择。地面出入口是乘客由地面进入车站或由车站上到地面的通道。其位置应满足城市规划及交通的要求，选择人流集中的地点，出入口应尽量与城市过街地道相结合，与地下商场、公共建筑楼群相连通，以方便乘客和过街行人。

（2）地面出入口的布置形式。地面出入口的形式应根据当地的气候、所处位置的特点等做成独建式（敞口、带顶棚，全封闭等）或合建式。一般采用三种形式："L"形、"T"形及"一"形。如图 1.44 所示，其中图 1.44（a）所示为在对角线位置各设一个"T"形出入口，此时，每个出入口的宽度可减小，这种设在人行道上的出入口一个车站不能小于 4 个。图 1.44（b）所示是车站偏离地面交叉口的情况，可利用地铁车站出入口兼行人过街地道作用，有时出入口还可伸入地面建筑物内。

（3）出入口通道的数目及宽度。地面出入口的通道的数目视客运量与地面条件而定。但应使出入口通过能力总和大于该站远期高峰流量。一般情况下，每一车站出入口不宜少于 4 处，分期修建及规模小的车站至少不能少于 2 处。站厅与站台的联络通道也要视情况而定，不得少于 2 处（岛式站台每端各 1 处，侧式站台每侧各 1 处）。

出入口及通道的宽度，由所需通过的客流量计算确定。单个通道或出入口宽度不少于 2m，通道净空高度在 2.5m 左右。

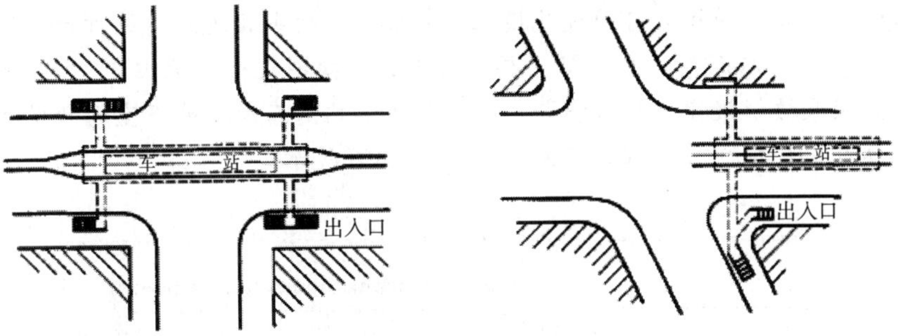

（a）车站在地面交叉口下　　　　（b）车站偏离地面交叉口

图 1.44　地面出入口的布置形式

[案例 2]　上海轨道交通 M8 线人民广场站车站工程简介

上海轨道交通 M8 线人民广场站车站工程，沿西藏中路布置于道路西侧，车站主体基本位于路侧人行道及绿化带中。车站北起九江路（过九江路），南至人民大道，车站主体平行于 1 号线人民广场站，紧贴老车站布置。车站北端头井位于精品商厦、音乐书店，南端头井位于人民大道路边。车站布置如图 1.45 所示。

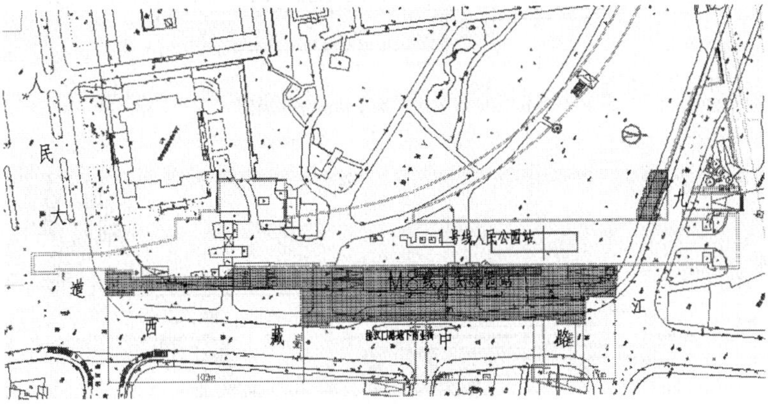

图 1.45　M8 线人民广场站总平面图

本站地理位置比较重要：车站地处人民广场地区，为上海市重要的文化、旅游、商业中心，车站西侧为人民公园，东侧为西藏中路，车站北端为精品商厦（需拆除），南端靠近城市规划展览馆。本站与 1 号线人民广场站紧贴布置，与 2 号线人民广场站成“L”形布置。

车站设计总长 316m，标准段宽度为 25.98m，为地下二层岛式车站。本工程除满足 M8 线正常过境客流外，与已建成的地铁 1、2 号线的换乘也是设计的重要内容，在上海市轨道交通总体规划设计中，人民广场地铁换乘枢纽是整个上海轨道交通网络中非常关键的一环，如何实现理想的换乘形式，是本次设计考虑的重点之一。本站与已建 1 号线人民广场站（地下二层车站）形成站厅平行换乘，与已建 2 号线人民广场站（地下三层车站）形成“L”形，两站间通过 1 号线车站形成付费区换乘。

本站站厅公共区西侧与 1 号线车站公共区一墙之隔，通过在侧墙上开 6 个 8m 宽门洞，与 1 号线公共区沟通，通过改动 1 号线公共区分割，使其付费区与本站付费区连通，非付费区与本站非付费区连通，从而形成付费区内换乘，因为 1、2 号线间有付费区内换乘楼梯，所以本站与 2 号线的换乘可通过此换乘楼梯实现。换乘客流到达站厅付费区后，可以自由选择 3 个车站，从而形成公用站厅层。考虑到原换乘楼梯仅承担 1、2 号线间换乘客流，应当扩大换乘楼梯规模，此工程与 1、2 号线车站间三角形地下空间开发共同实施，此项内容分属人民广场附属工程。车站布置如图 1.46 所示。

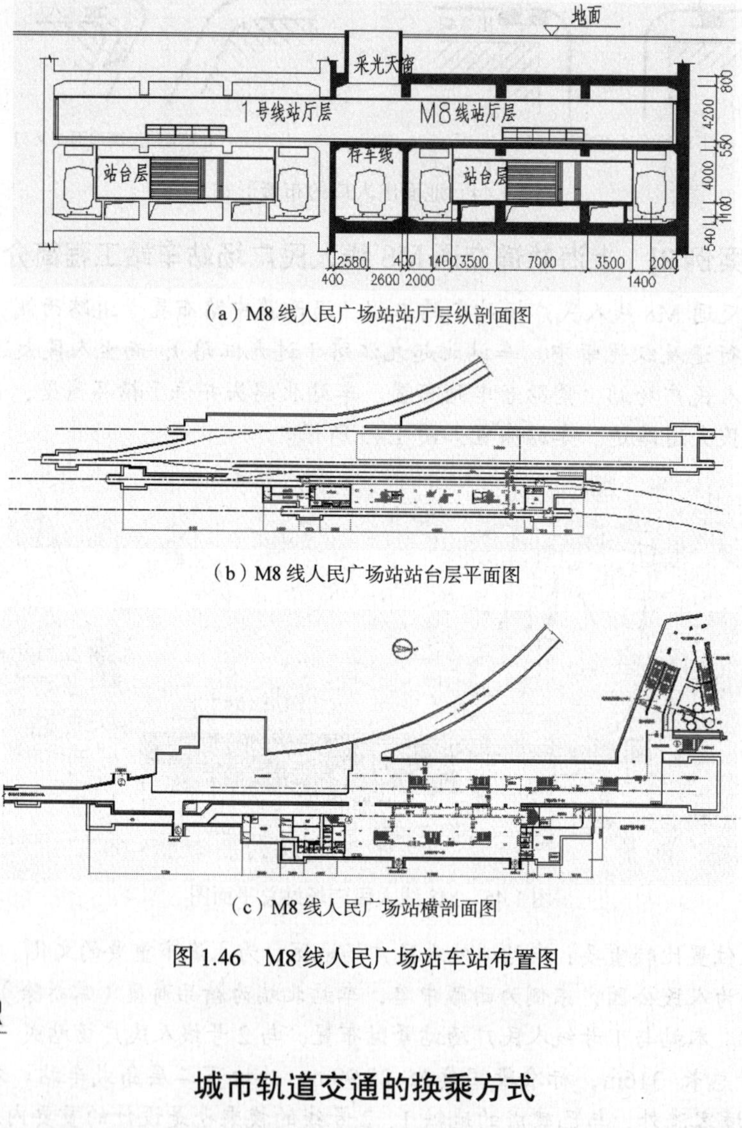

（a）M8 线人民广场站站厅层纵剖面图

（b）M8 线人民广场站站台层平面图

（c）M8 线人民广场站横剖面图

图 1.46　M8 线人民广场站车站布置图

拓展知识

城市轨道交通的换乘方式

城市轨道交通换乘站按照车站的布置方式可分为分离式、交叉式、整体式、综合式；而轨道交通之间的换乘方式又可分为同台换乘、节点换乘、通道换乘。

1. 同站换乘

换乘在同一个车站内完成，利用共同站厅层分至各轨道交通线路换乘，并且还可以为站台之间的直接换乘。换乘方式有：同平面站台换乘、上下平行站台换乘、相交站台的换乘。

1）同平面站台换乘

该换乘方式的车站可以是双岛式站台，如图 1.47（a）所示；也可以是岛侧式站台，如

图 1.47（b）所示。双线双岛式站台能满足同站台两条线两个方向的换乘。双线岛侧式站台仅提供两线一个方向的换乘。这两种布置形式的其他换乘方向还需要通过站厅层来换乘。

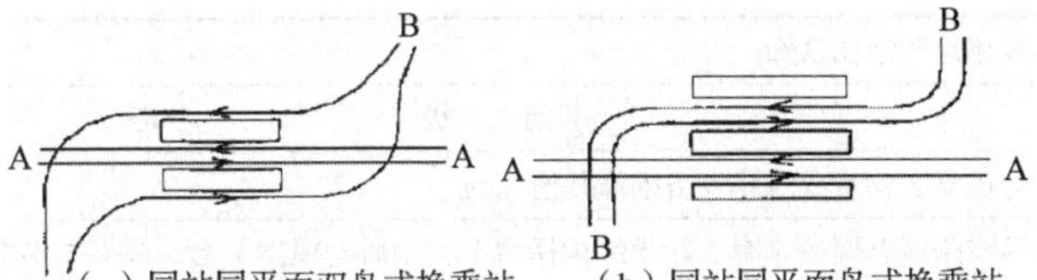

（a）同站同平面双岛式换乘站　（b）同站同平面岛式换乘站

图 1.47　同平面站台换乘

2）同站台上下平行换乘

换乘站为上下两层岛式站台，同一条线的上下行线均设在站台的同侧的换乘方式为同站台上下平行换乘。这种换乘方式能满足同站台两条线相同方向的换乘，另一个方向的换乘需要则通过一次上下楼梯来完成。

3）相交换乘

在两条线路交叉处，将两线隧道重叠部分的结构做出整体的结点，并采用楼梯将两座车站站台直接连通，乘客通过该楼梯进行换乘的方式为相交换乘。楼梯换乘方式依两线车站交叉位置，又有“十”、“T”、“L”三种布置形式。这三种形式在北京轨道交通环线与规划预留线之间采用较多。例如，西直门地铁站为“十”形，复兴门地铁站为“T”形，积水潭地铁站为“L”形等。

4）站厅层换乘

站厅层换乘为辅助换乘，当两条线路相交采用上下站台直接换乘有困难时，同站同平面换乘主客流能在站台上换乘，而非主客流的换乘需要通过站厅进行换乘。这是比较普遍的一种换乘形式。同平面站台换乘、上下平行站台换乘、相交站台的换乘都可以采取这种方式进行辅助换乘。

2. 通道换乘

通道换乘是指两个车站靠得很近，但又无法建造同一车站，因此换乘需要设置一条至多条专用通道，通道可以连接两个车站的付费区，也可以连接两个策划站的非付费区。这种换乘方式没有同站换乘方便，但是通过设置专用乘客通道也能给乘客提供明显的换乘方向。

3. 站外换乘

站外换乘是乘客在车站付费区以外进行换乘，实际上是没有专用换乘设施的换乘方式。采用站外换乘方式往往是无线网规划而造成的后遗症，不予推荐。

4. 组合式换乘

在换乘方式的实际应用中，往往采用两种或几种换乘方式组合，以达到完善换乘条件、方便乘客使用、降低工程造价的目的。例如，同站台换乘方式辅以站厅或通道换乘方式，使所用的换乘方向都能换乘；在岛式站台中两条线换乘方式，必须辅以站厅或通道换乘方式，可以减少预留工程量。上述组合的目的，都是从功能上考虑，不但要有足够的换乘通过能力，还要有较大的灵活性，以方便乘客，为工程实施降低难度。

任务四　城市轨道交通线路与车场设备的操作运用案例

【操作运用案例 1】　城市轨道交通线路总体结构认知

1. 实训项目教师工作活页

实训项目教师工作活页 NO：____

<table>
<tr><td>实训项目</td><td colspan="3">城市轨道交通线路总体结构认知</td></tr>
<tr><td>学 时</td><td colspan="1">2</td><td>班 级</td><td>略</td></tr>
<tr><td>实训场所</td><td colspan="3">线路设备综合仿真实验室或线路设备维修基地现场</td></tr>
<tr><td>工具设备</td><td colspan="3">城市轨道交通线路标志模型 1 套、轨道结构模型 1 套、盾构模型 1 套、高架槽形梁模型 1 套、多媒体设备课件、图片、示教板、计算机多媒体设备等</td></tr>
<tr><td rowspan="3">教学目标</td><td>专业能力</td><td colspan="2">（1）能说出城市轨道交通线路的平纵断面相关要素
（2）能说出城市轨道线路系统的组成
（3）能认识主要的线路标志
（4）能说出限界的分类，解释限界的作用和标准
（5）能说出区间隧道的施工方法和高架工程的结构
（6）能解释轨道各组成部分的作用</td></tr>
<tr><td>方法能力</td><td colspan="2">（1）能综合运用专业知识，通过利用专业书籍、多媒体课件和图片资料获得帮助信息
（2）能根据实训项目学习任务确定实训方案，从中学会表达及展示活动过程和成果</td></tr>
<tr><td>社会能力</td><td colspan="2">（1）能在实习训练活动中保持积极向上的学习态度
（2）能与小组成员和教师就学习中的问题进行交流和沟通
（3）能与他人共享学习资源的，具有较好的合作能力和团队协作精神</td></tr>
<tr><td>教学活动</td><td colspan="3">略（详见教学活动设计）</td></tr>
<tr><td>教学评价</td><td colspan="3">学生活动：① 以 5～7 人小组为单位开展实训活动，根据本组同学在实训过程中的能力表现及结果进行自评组内互评；② 根据其他小组同学在成果展示活动中的表现及结果进行互评
教师活动：① 教师组织学生开展评价活动和总结；② 对学生本实训项目单元成绩做出综合评价</td></tr>
<tr><td>教学资料</td><td colspan="3">（1）城市轨道交通运输设备教材
（2）城市轨道交通概论等参考书
（3）实训项目学生学习活页（附页）</td></tr>
<tr><td>指导教师</td><td></td><td>教学时间</td><td>年 月 日</td></tr>
</table>

2. 实训项目学生学习活页

实训项目学生学习活页 NO：____

实训项目 1 城市轨道交通线路总体结构认知

班级：________姓名：________学号：________时间：________

一、实训目标

1．专业能力目标

（1）能说出城市轨道交通线路的平纵断面相关要素；

（2）能说出城市轨道线路系统的组成；

（3）能认识主要的线路标志；

（4）能说出限界的分类，解释限界的作用和标准；

（5）能说出区间隧道的施工方法和高架工程的结构；

（6）能解释轨道各组成部分的作用。

续表

2. 方法能力目标

（1）能综合运用专业知识，通过利用专业书籍、多媒体课件和图片资料获得帮助信息；

（2）能根据实训项目学习任务确定实训方案，从中学会表达及展示活动过程和成果。

3. 社会能力目标

（1）在实习训练中保持积极向上的学习态度；

（2）能与小组成员和教师就学习中的问题进行交流和沟通；

（3）能与他人共享学习资源的，具有较好的合作能力和团队协作精神。

二、知识总结

1. 简要说出城市轨道交通线路的平纵断面相关要素。

2. 简要说出城市轨道交通线路系统的组成。

3. 简要说出城市轨道交通区间隧道的施工方法及其特点。

三、操作运用

1. 指认下图碎石道床轨道线路，并填出 1—5 号部件名称。

（1）____________________；（2）____________________；

（3）____________________；（4）____________________；

（5）____________________。

2. 试画出轨道交通线路横断面示意图，并在图上标注各组成部分。

续表

3. 根据车辆限界、设备限界和建筑限界的概念，分析三种限界的异同。

4. 画出高架槽型梁结构示意图，并在图上标注各组成部分。

四、实训小结

五、成绩评定

1. 学生评价

评价等级	A—优	B—良	C—中	D—及格	E—不及格
学生自评					
组内互评					
他组互评					

2. 教师评价

评价等级	A—优	B—良	C—中	D—及格	E—不及格
专业能力					
方法能力					
社会能力					
评价结果					

3. 综合评价

评价等级	A—优	B—良	C—中	D—及格	E—不及格
评价结果					

注：按照学生自评占10%、组内互评占10%、他组互评占20%、教师评价60%的比例计分。其中，A—100分，B—85分，C—75分，D—60分，E—50分。

4. 评价量规

等　级	行为表现描述
A	能圆满高效地完成实训任务的全部内容
B	能顺利完成实训任务的全部内容
C	能完成实训任务的全部内容，但需要一些帮助和指导
D	自己只能完成实训任务的部分内容，但在现场的指导下，已经能完成任务的全部内容
E	不能完成实训任务的全部内容

【教学案例2】　城市轨道交通车站建筑结构认知

1. 实训项目教师工作活页

实训项目教师工作活页　　NO：______

<table>
<tr><td>实训项目</td><td colspan="4">城市轨道交通车站建筑结构认知</td></tr>
<tr><td>学　时</td><td colspan="2">2</td><td>班　级</td><td>略</td></tr>
<tr><td>实训场所</td><td colspan="4">城市轨道交通综合仿真实验室或某城市轨道交通车站现场</td></tr>
<tr><td>工具设备</td><td colspan="4">城市轨道交通车站仿真模型 1 套、某城市轨道交通车站布置图 1 套、多媒体设备课件、图片、示教板、计算机多媒体设备等</td></tr>
<tr><td rowspan="3">教学目标</td><td>专业能力</td><td colspan="3">（1）能说出车站按运营性质和站台形式的分类
（2）能说出车站线路的分类及布置方式
（3）能画出城市轨道交通车站建筑（设施）组成示意图
（4）能灵活运用车站平面布置原则
（5）能合理布置车站主要服务设施
（6）能绘制乘客进、出站活动流线</td></tr>
<tr><td>方法能力</td><td colspan="3">（1）能综合运用专业知识，通过利用专业书籍、多媒体课件和图片资料获得帮助信息
（2）能根据实训项目学习任务确定实训方案，从中学会表达及展示活动过程和成果</td></tr>
<tr><td>社会能力</td><td colspan="3">（1）能在实习训练活动中保持积极向上的学习态度
（2）能与小组成员和教师就学习中的问题进行交流和沟通
（3）能与他人共享学习资源的，具有较好的合作能力和团队协作精神</td></tr>
<tr><td>教学活动</td><td colspan="4">略（详见教学活动设计）</td></tr>
<tr><td>教学评价</td><td colspan="4">学生活动：① 以 5～7 人小组为单位开展实训活动，根据本组同学在实训过程中的能力表现及结果进行自评组内互评；② 根据其他小组同学在成果展示活动中的表现及结果进行互评
教师活动：① 教师组织学生开展评价活动和总结；② 对学生本实训项目单元成绩做出综合评价</td></tr>
<tr><td>教学资料</td><td colspan="4">（1）城市轨道交通运输设备教材
（2）城市轨道交通概论等参考书
（3）实训项目学生学习活页（附页）</td></tr>
<tr><td>指导教师</td><td colspan="2"></td><td>教学时间</td><td>年　　月　　日</td></tr>
</table>

2. 实训项目学生学习活页

实训项目学生学习活页　　NO：______

实训项目 2　　城市轨道交通车站建筑结构认知

班级：__________姓名：__________学号：__________时间：__________

一、实训目标

1. 专业能力目标

（1）能说出车站按运营性质和站台形式的分类；

（2）能说出车站线路的分类及布置方式；

（3）能画出城市轨道交通车站建筑（设施）组成示意图；

（4）能灵活运用车站平面布置原则；

（5）能合理布置车站主要服务设施；

（6）能绘制乘客进、出站活动流线。

续表

2．方法能力目标

（1）能综合运用专业知识，通过利用专业书籍、多媒体课件和图片资料获得帮助信息；

（2）能根据实训项目学习任务确定实训方案，从中学会表达及展示活动过程和成果。

3．社会能力目标

（1）在实习训练中保持积极向上的学习态度；

（2）能与小组成员和教师就学习中的问题进行交流和沟通；

（3）能与他人共享学习资源的，具有较好的合作能力和团队协作精神。

二、知识总结

1．简要说出城市轨道交通车站和车站线路的分类。

2．简要说出城市轨道交通车站建筑的主要构成。

3．简要说出城市轨道交通车站站厅层和站台层的平面布置原则。

三、操作运用

1．指认下图某车站站厅平面图的车站设施，并填出1—6号设施名称。

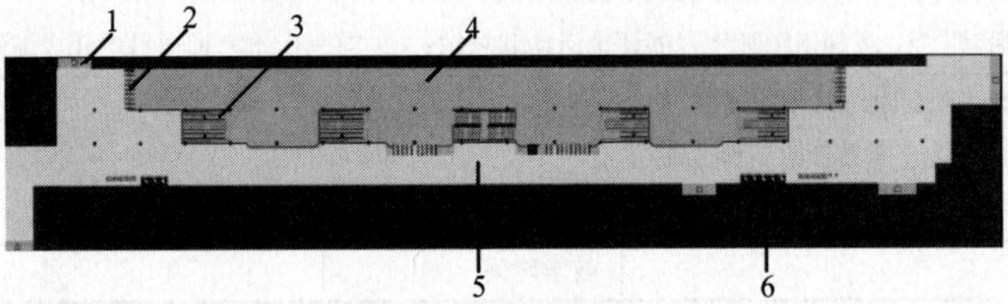

（1）______________________；　　（2）______________________；

（3）______________________；　　（4）______________________；

（5）______________________；　　（6）______________________。

2．试画出岛式站台与侧式站台示意图并比较其特点。

3．车站站台长度、宽度如何计算？站台高度、轨道中心到站台边缘距离如何计算？

4．试画出旅客应急疏散线路图，并写出旅客出站流线。

续表

5. 试分别绘制站厅层、站台层平面示意图，在图上标出各功能分区、主要设施和客流流向图。

四、实训小结

____

____

____

五、成绩评定

1. 学生评价

评价等级	A—优	B—良	C—中	D—及格	E—不及格
学生自评					
组内互评					
他组互评					

2. 教师评价

评价等级	A—优	B—良	C—中	D—及格	E—不及格
专业能力					
方法能力					
社会能力					
评价结果					

3. 综合评价

评价等级	A—优	B—良	C—中	D—及格	E—不及格
评价结果					

注：按照学生自评占10%、组内互评占10%、他组互评占20%、教师评价60%的比例计分。其中，A—100分，B—85分，C—75分，D—60分，E—50分来折算。

4. 评价量规

等 级	行为表现描述
A	能圆满高效地完成实训任务的全部内容
B	能顺利完成实训任务的全部内容
C	能完成实训任务的全部内容，但需要一些帮助和指导
D	自己只能完成实训任务的部分内容，但在现场的指导下，已经能完成任务的全部内容
E	不能完成实训任务的全部内容

思考与练习

1. 什么是线路的平面？由哪几部分组成？
2. 什么是坡道的坡段长度和坡度？

3. 什么是竖曲线？其设置应避开哪些地方？
4. 城市轨道交通线路敷设方式有哪几种？
5. 城市轨道线路由哪几部分组成？各部分分别有什么作用？
6. 城市轨道交通限界有哪几种？
7. 城市轨道线路隧道施工方法有哪几种？各适用于什么地段？
8. 城市轨道线路高架结构一般有哪几种结构形式？
9. 高架桥的墩台有哪几种形式？
10. 什么是车辆基地？车辆基地的基本功能是什么？
11. 车辆段的作用是什么？通常由哪几部分组成？
12. 综合维修基地主要工艺设备有哪些？
13. 按运营特点城市轨道交通车站分为哪几类？
14. 试画出岛式站台与侧式站台示意图，并比较其特点。
15. 城市轨道交通车站线路分为哪几类？
16. 车站平面布置的基本原则是什么？
17. 车站主体部分由哪几部分组成？各部分的功能分别有哪些？
18. 车站跨线设备及垂直交通的设计要求是什么？

项目二　城市轨道交通车辆与牵引设备

城市轨道交通车辆与牵引设备是城市轨道交通运营的主要技术装备，是城市轨道交通设备的重要组成部分。城市轨道交通车辆是城市轨道交通运载旅客的工具，通过车辆的运送，能充分体现出城市轨道交通安全可靠、快速正点、便捷舒适及绿色环保的特点。城市轨道交通车辆与牵引设备在城市轨道交通系统中有着至关重要的地位。

城市轨道交通车辆与牵引设备主要包括城市轨道交通车辆、电力牵引系统、供电、照明以及轨道交通触网设备等。

任务一　认知城市轨道交通车辆

学习目标

（1）了解城市轨道交通车辆的类型；

（2）了解城市轨道交通车辆的组成；

（3）了解城市轨道交通车辆主要技术参数；

（4）了解城市轨道交通车辆总体结构和车门的类型；

（5）了解车辆转向架、车钩缓冲装置、制动系统。

学习任务

认知城市轨道交通车辆机械部分，包括车辆总体、车门、转向架、车钩缓冲装置、制动系统等设备。

工具设备

城市轨道交通车辆仿真模型、轮对装置模型、车辆转向架、车钩缓冲装置、制动系统实物或模型、图片及仿真三维立体图多媒体课件。

教学环境

轨道交通车辆理实一体化教室，车辆维修基地或现场。

基础知识

城市轨道交通车辆是城市轨道交通工程中最关键的机电设备，其选型和技术参数不仅是界定线路技术标准的基础，是确定系统运营管理模式和维修方式的基本条件，而且还是系统设备选型和确定设备规模的重要依据。

一、城市轨道交通车辆的组成

（一）车辆类型

建设部于 1999 年颁布的《城市快速轨道交通工程项目建设标准（试行本）》中对城市轨道交通车辆选型要求和发展现状提出了 A、B、C 型车的概念，主要按车体宽度不同进行分类。《地铁车辆通用技术条件》（GB 7928—2003）中对用于地铁运营车辆的技术规格也有相应规定。

城市轨道交通车辆运行普遍采用动车组的编组形式，所以城市轨道交通车辆有动车和拖车之分。我国推荐的轻轨电动车辆有 3 种形式：4 轴动车、6 轴单铰接式和 8 轴双铰接式车。

各类车型主要技术规格见表 2.1

表 2.1 各类车型主要技术规格

序号	项 目 名 称		A 型车	B 型车	C 型车		
			四轴车	四轴车	四轴车	六轴车	八轴车
1	车辆基本长度（m）		22	19	18.9	22.3	29.5
2	车辆基本宽度（m）		3	2.8	2.6		
3	车辆高度（m）	受流器车（m）（加空调/无空调）	3.8/3.6	3.8/3.6	3.7/3.25		
		受电弓车（m）（落弓高度）	3.8	3.8	3.7		
		受电弓工作高度（m）	3.9～5.6				
4	车内净高（m）		2.10～2.15				
5	地板面高（m）		1.1		0.95		
6	车辆定距（m）		15.7	12.6	11	7.2	
7	固定轴距（m）		2.2～2.5	2.1～2.2	1.8～1.9		
8	车轮直径（m）		φ840		φ760		
9	车门数（每侧）（个）		5	4	4	4	5
10	车门宽度（m）		≥1.3				
11	车门高度（m）		≥1.8				
12	定员人数（人）	单司机室车	295	230	200	240	315
		无司机室车	310	245	210	250	325
13	车辆轴重（t）		≤16	≤14	≤11		
14	站立人员标准	定员（人/m^2）	6				
		超员（人/m^2）	9				
15	最高运行速度（km/h）		≥80		≥70		
16	启动平均加速度（m/s^2）		≥0.9		≥0.85		
17	常用制动减速度（m/s^2）		1.0		1.1		
18	紧急制动减速度（m/s^2）		1.2		1.3		
19	噪声 [dB(A)]	司机室内	≤80		≤70		
		客室内	≤83		≤75		
		车外	80～85(站台)		≤82		

注：（1）车辆详细技术条件，可参照 GB7928—2003《地铁车辆通用技术条件》和 CJ/T5021—95《轻轨交通车辆通用技术条件》；

（2）C 型车未包括低地板车。

（二）车辆组成

车辆类型不同其技术参数不同，但其基本结构类似，一般由以下几部分组成。

1. 车体

车体分为有司机室车体和无司机室车体两种。它主要是容纳乘客和司机驾驶的地方，是安装与连接其他设备和部件的基础。车体均采用整体承载的钢结构或轻金属结构，以便在达到满足强度、刚度要求的同时最大限度地减轻自重。它由车顶、底架、端墙、侧墙、车窗、车门等部分组成。

2. 转向架

转向架是车辆的走行装置，安装于车体与轨道之间，用于牵引（对动力转向架而言）和引导车辆沿轨道行驶，承受并传递车体与轨道之间的各种载荷并缓和其动力作用。它一般由构架、轮对轴箱装置、弹簧悬挂装置和制动装置等组成。

3. 车辆连接装置

车辆连接装置包括车钩缓冲装置和贯通道，车钩是连接车辆使其编组成列车，并传递纵向力的装置。在车钩的后部通常装设缓冲装置，缓和车辆之间的纵向冲击。通过车钩还可将车辆之间的电路和空气管路进行连接。贯通道是车辆与车辆之间的客室连接通道。

4. 制动装置

制动装置是保证列车运行安全所必不可少的装置。不管是动车还是拖车都设有制动装置，以保证运行中的列车按需要减速或在规定的距离内停车。

5. 受流装置

通过接触导线（接触网）或导电轨（第 3 轨）将电流引入动车的装置称为受流装置。

受流装置又称为受流器，按其受流方式，可分为以下 5 种形式。

（1）杆形受流器：外形为两根平行杆，上部有两个受电轨（导线）。

（2）弓形受流器：形状如◻，属上部受流，弓可升可降，其接触有一根导线，下面由导轨构成电路。

（3）侧面受流器：在车顶的侧面受流，又称为“旁弓”。

（4）轨道式受流器：从底部导电轨受流，又称为第 3 轨受流，空间可得到充分利用，多用于速度较高的隧道列车运行。

（5）受电弓受流器：属上部受流，形状如▽，弓可升可降。

6. 车辆设备

车辆设备包括服务于乘客的设备和服务于车辆运行的设备。服务乘客的设备有照明、广播、通风、取暖、空调、座椅、吊环、扶手等；服务于车辆运行的设备一般不占车内空间。吊挂于车底的有蓄电池箱、斩波器、逆变器、继电器箱、主控制箱、接触器箱、空气压缩机组和储风缸等，安装于车顶的有空调单元和受电弓等。

7. 车辆电气系统

车辆电气系统包括车辆上的各种电气设备及其控制电路。按其作用和功能可分为主电路系统、辅助电路系统和电子与控制电路系统 3 个部分。

如图 2.1 所示是广州地铁 2 号线车辆总体结构图。

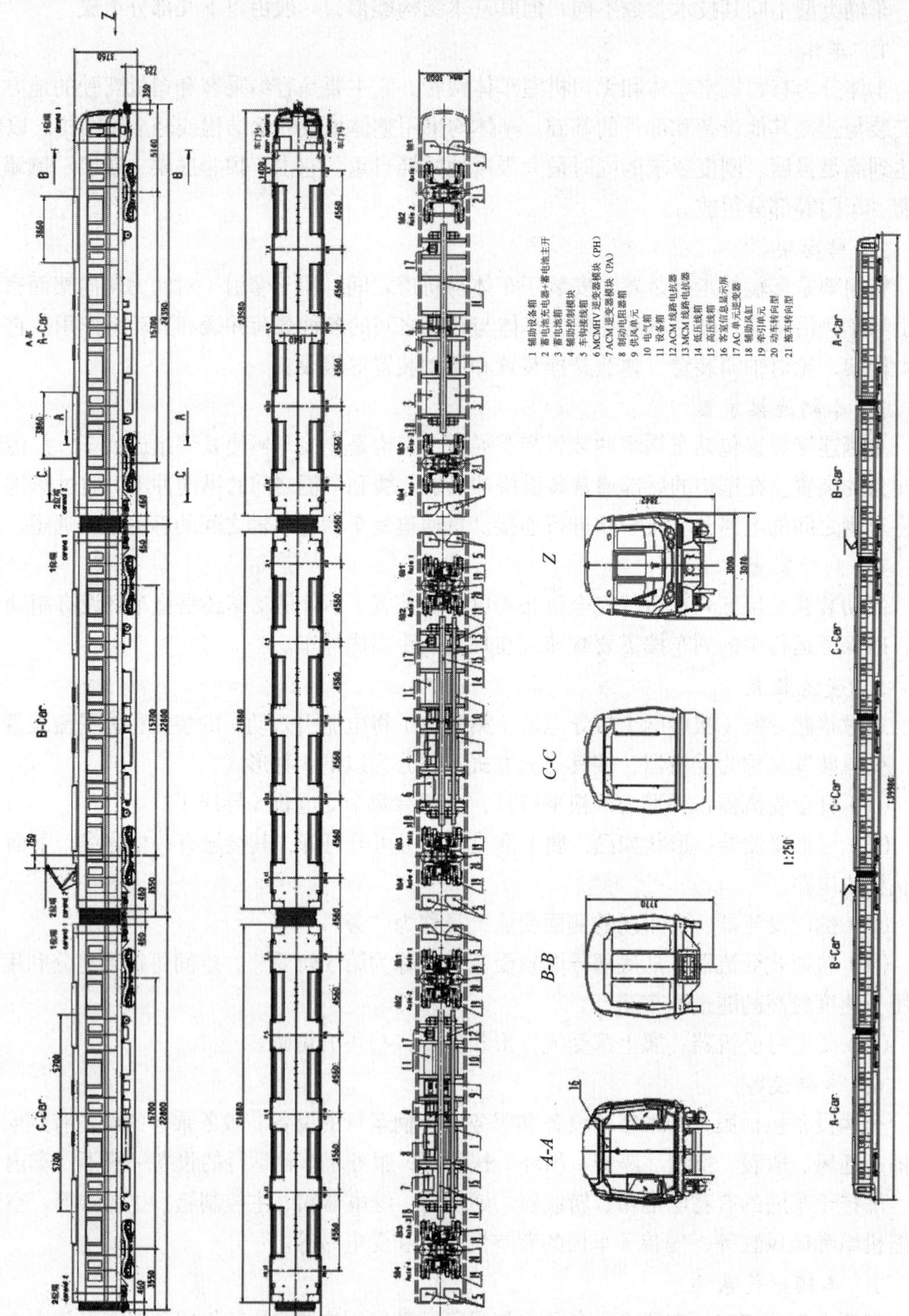

图 2.1　广州地铁 2 号线车辆总体结构图

二、城市轨道交通车辆的主要技术参数

车辆技术参数是概括地介绍车辆技术规格的某些指标，是从总体上表征车辆性能及结构的一些参数，一般可分为性能参数与主要尺寸两大类。

（一）车辆性能参数

1. 自重、载重

自重指车辆整备状态下的本身结构及设备组成的全部质量；载重指正常情况下车辆允许的最大装载质量。以吨（t）为单位。

2. 最高运行速度

最高运行速度是指车辆设计时按照安全及结构强度等条件所决定的车辆最高行驶速度；并要求连续以该速度运行时车辆具有足够良好的运行性能。

3. 轴重

轴重是指按车轴形式以及在某个运行速度范围内，车轴允许负担（包括轮对自身的质量）的最大质量。轴重的选择与线路、桥梁及车辆走行部的设计有关。

4. 通过最小曲线半径

通过最小曲线半径是指配用某种形式转向架的车辆在站场或厂、段内调车时所能安全通过的最小曲线半径。当车辆在此曲线区段上行驶时不得出现脱轨、倾覆等危及行车安全的事故，也不允许转向架与车体底架或车下其他悬挂物相碰撞。

5. 轴配置或轴列式

轴配置或轴列式是指用数字或字母表示车辆走行部结构特点的方式。例如 4 轴动车，两台动力转向架，则轴配置记为 B—B；6 轴单铰轻轨车辆的两端为动力转向架，中间为非动力铰接转向架，其轴配置记为 B—2—B。

6. 制动形式

制动形式是指车辆获得制动力的方式，有摩擦制动、再生制动、电阻制动及磁轨制动等多种形式。

7. 启动平均加速度

启动平均加速度是指在平直线路上，列车载荷为额定定员，自牵引电动机取得电流开始，至启动过程结束（即转入其自然特性时），该速度值被全过程经历的时间所除的商。

8. 制动平均减速度

制动平均减速度是指在平直线路上，列车载荷为额定定员，自制动指令发出至列车完全停止的全过程，相应的制动初始速度（一般取最高运行速度）被全过程经历的时间所除的商。

9. 冲击率

冲击率是指由于工况改变引起的列车中各车辆所受到的纵向冲击。它用于说明车辆本身电气及制动控制系统所应达到的冲动限制。一般用加速度变化率来衡量，以 m/s^3 为

单位。

10. 列车平稳性指标

车辆平稳性是评定旅客舒适程度的主要依据，反映了车辆振动对人体感受的影响。因此评定平稳性的方法主要以人的感觉疲劳程度为依据，通常以平稳性指标表示。

我国主要用斯佩林公式来计算平稳性指标 W，W 值越大，说明车辆的平稳性越差，并规定地铁、轻轨车辆运行的平稳性指标应小于 2.5。

斯佩林公式计算方法如下：

$$W = 0.896\sqrt[10]{\frac{j^3}{f}F(f)}$$

式中 j——振动加速度，单位为 cm/s^2；

f——振动频率，单位为 Hz；

$F(f)$——与频率有关的修正公式，反映人体对不同方向和频率振动的敏感度。

（二）车辆的主要尺寸

1. 车辆长度

车辆长度是指车辆处于自由状态，车钩呈锁闭状态时，两端车钩连接面之间的距离。区别于车体长度的概念，车体长度指不包含牵引缓冲装置或折棚的车体结构的长度。

2. 车辆最大宽度

车辆最大宽度是指车体横断面上最宽部分的尺寸。

3. 车辆最大高度

车辆最大高度是指车辆顶部最高点与钢轨顶面之间的距离。通常应说明与最高点相关的结构，如有无空调、受电弓的状态等。

4. 车辆定距

车辆定距是指同一车辆的两转向架回转中心之间的距离。

5. 固定轴距

固定轴距是指同一转向架的两车轴中心线之间的距离。

6. 车钩中心线距离钢轨面高度

车钩中心线距离钢轨面高度简称车钩高，以 H^{+10}_{0} 表示，它是指车钩连接面中点（铁路车钩是指钩舌外侧面的中心线）至轨面的高度。取新造或修竣后空车的数值。列车中各车辆的车钩高基本一致，是保证车辆正确连挂、列车运行中正常传递牵引力及不会发生脱钩事故所必需的。

7. 地板面高度

地板面高度是指车辆地板面与钢轨顶面之间的距离。地板面高度与车钩高一样，指新造或修竣后空车的数值。

三、车体

（一）车体类型及特征

车体支撑在转向架上，其底架下部及车顶上部安装大量机电设备，构成了车辆的总体，是轨道交通车辆最重要的部件之一。

1. 车体作用与分类

车体是容纳乘客和司机驾驶（对于有司机室的车辆）的部分，又是安装和连接其他设备及组件的基础。

按照车体所使用材料可分为碳素钢车体、铝合金车体和不锈钢车体三种。

按照车体结构有无司机室可分为带司机室车体和无司机室车体两种。

按照车体尺寸可分为 A 型车车体、B 型车车体和 C 型车车体，如广州地铁 1、2 号线及深圳地铁车辆采用了 A 型车；广州地铁 3、4 号线和天津滨海轻轨采用了 B 型车。

按照车体结构工艺不同可分为一体化结构和模块化结构，如广州地铁 1 号线车辆采用的是一体化结构，而 2 号线采用的则是模块化结构。

2. 车体的基本特征

（1）结构设计多样化。城市轨道交通车辆一般为电动车组，有单节、双节、三节式等，有头车（及带有司机室的车辆）和中间车，以及动车与拖车之分，其车体结构也就有其多样性。

（2）内部设备简单化。由于城市轨道交通车辆是服务于城市内的公共交通，乘客数量多，旅行时间短，上、下车频繁，所以车内设置的座位数量少、车门数量多而且开度大，服务于乘客的车内设备简单。

（3）车体结构轻量化。对于车体承载结构，一般采用大型中空截面挤压铝型材、高强度复合材料或不锈钢等，采用整体承载筒形车体结构，车辆的其他辅助设施也尽量采用轻型材料和轻量化结构。

（4）车体设计人性化。通常车体的结构采用防火设计，材料须经过阻燃处理。车辆的隔音和降噪有严格要求，以最大限度降低噪声对乘客和沿线居民的影响。

（5）车辆外观美观化。由于城轨车辆用于城市内交通，车辆外观造型和色彩必须考虑城市文化、环境美化，与城市景观相协调。

（二）车体结构

城市轨道交通车辆的车体采用由底架、侧墙、端墙（驾驶室）、车顶四大部分组成的封闭筒形薄壳整体承载结构。

1. 底架

车辆车体底架由各种纵向和横向梁组成长方形构架。车底架是车体的基础，它承受上部车体及载装物的全部重量，并通过上、下心盘将重量传给走形部。钢制车体底架如图 2.2 所示，其中 2 个刚性端梁可安装防爬装置，枕梁固定在底架上用于连接转向架。

1—端梁；2—枕梁；3—边梁；4—横梁；5—牵引缓冲梁

图 2.2 钢制车体底架结构图

铝合金车体底架设计呈上拱形，在空载状态下车体中央位置最大上挠度为 10mm，在满载时地板面保持水平。不锈钢车体底架的底架型材与边梁利用过渡连接板实现点焊连接。底架边梁采用 4mm SUS301L-HT 材料，以提高底架的整体强度和刚度。

2. 侧墙

钢制车体和不锈钢车体侧墙由边梁、立柱、窗立柱、横梁和墙板等零部件组成。在车门周围设有门边立柱和横梁进行补强，如图 2.3 所示。

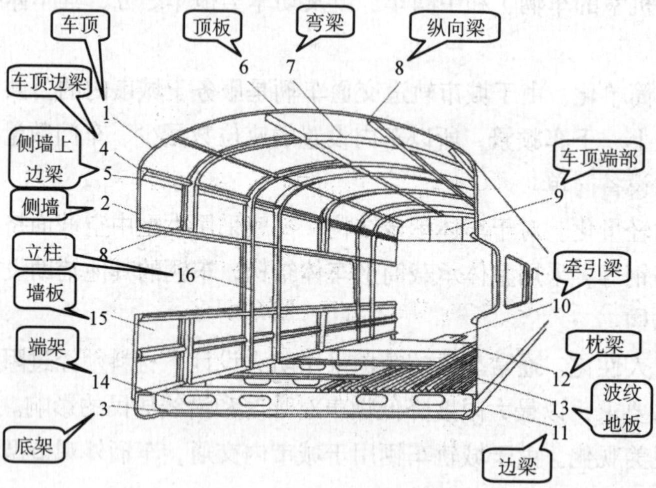

图 2.3 钢制车体承载结构

3. 端墙

城市轨道交通车辆驾驶室端墙设有端门，在端门两侧设有立柱进行补强，其他结构基本与侧墙结构类似。端墙设贯通道，端板安装在两侧墙板和车顶之间，用于贯通道连接。

4. 车顶

钢制车体的车顶由边梁、弯梁、纵向梁、顶板和车顶端部组成。

不锈钢车体的车顶由波纹顶板、车顶弯梁、车顶边梁、侧顶板、空调机组平台等几部分组成。车顶采用波纹顶板无纵向梁结构，机组平台由纵梁、弯梁、顶板点焊组成部件。

铝合金车体的车顶，两侧小圆弧部分采用形状复杂的中空挤压铝型材，中部采用大圆弧部分带有纵向梁加强杆件的挤压成形的车顶板，其长度与车顶等长。

（三）客室车内设备

车辆客室由车门、车窗、座椅和挡风板、扶手栏杆、安全锤、灭火器、排水管罩等组成。

1. 客室座椅

城市轨道交通车辆客室座椅一般采用靠侧墙纵向布置于两侧车门间，如图 2.4 所示；也有车型客室设有横向座椅，如图 2.5 所示。

图 2.4 纵向布置座椅

图 2.5 横向布置座椅

2. 立柱、扶手

为了让站立乘客扶稳，一般在客室内设有立柱、纵向扶手和吊环等设施，如图 2.6 所示为有吊环等车内设施的某地铁车辆客室视图。

图 2.6 有吊环等车内设施客室内布置

3. 客室车窗

客室侧门之间设有车窗，其结构有单层玻璃、双层玻璃之分，也有有楣窗与无楣窗之分，以及连续式与分连续式之分。例如，上海地铁 1 号线就是有楣窗、有窗框的结构，而广州地铁 1 号线就是无楣窗、有窗框的结构，它们都是采用氯丁橡胶条固定在车体上。香港机场快速线、深圳地铁采用连续式车窗。

4. 贯通道

贯通道处于车辆与车辆的连接部。

5. 消防设施

每个客室必须设置灭火器、安全锤等消防设施，放置在规定的地方。例如，上海地铁直流车每个客室设置两个灭火器，放置在两端控制柜下部，每个客室设置两个安全锤放置在两侧顶内，并有明显标志，以便紧急时使用。

（四）司机室设置

司机室主要设备与列车操纵有关，设备布置应方便司机操纵列车和提供舒适的工作环境。带司机室车辆位于列车前端部，前端设有紧急疏散梯等设施。

司机室内设备布置各有差异，但一般遵循一定的规律，如正司机台放在右侧，副司机台放在左侧，在与客室的隔墙上设有隔门，左右侧各设有一扇侧门，前端一般设有紧急疏散门，司机座椅与地板固定，可前后及上下调整，前端挡风玻璃设有电阻加热丝加热装置、刮雨器和遮光板。

图 2.7　西安地铁 2 号线司机室

在司机室内，正司机台是比较复杂的部件，在该台上设有牵引和制动手柄、相关仪器、指示灯、各种按钮和显示屏等。驾驶室前车窗玻璃为高强度的挡风玻璃，正驾驶室前车窗玻璃内埋有电加热丝，以供加热除霜去雾，另外在玻璃外侧还设有刮雨器。如图 2.7 所示为西安地铁 2 号线司机室。

（五）空调通风设备

空调系统的作用就是确保车内有一个舒适的环境温度、湿度和充足的新鲜空气。一般城轨车辆每车的车顶都安装有两个车顶一体式空调单元。位于 1 位端的空调单元称为空调单元 1，位于 2 位端的空调单元称为空调单元 2。如图 2.8 所示为广州地铁 2 号线车辆空调单元布置图。

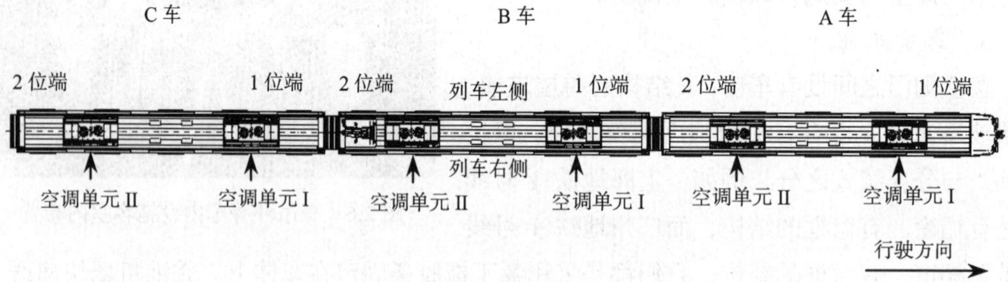

图 2.8　广州地铁 2 号线车辆空调单元布置图

（六）车灯

车辆的灯光按处所一般可分为司机室灯光、中间车辆灯光和其他灯光；按工作性质可分为指示灯和照明灯。

1．带司机室车辆灯光

在每列车司机室车辆的前端都有照明灯和指示灯，如图 2.9 所示，司机室内部也有照明灯等，司机室灯由 110V 直流或蓄电池供电。

（1）车端灯。带有 2 个强度水平（暗或亮）的 2 个白色的头灯、2 个红色的尾灯、2 个白色的运行灯、2 个红色的运行灯。

（2）车内顶灯。司机室内的天棚灯包括两个荧光管 TL18W，在 DC 110V 主电压下工作。灯的开关是一个在司机桌上的旋钮开关（05S03）。在紧急情况下它也工作。

（3）阅读灯。阅读灯是用于司机桌的照明，它是一个柱形的荧光灯 TL 6W，带有一个 24V DC/6W 的镇流器。它安装在司机显示器上面，自身带有开关。

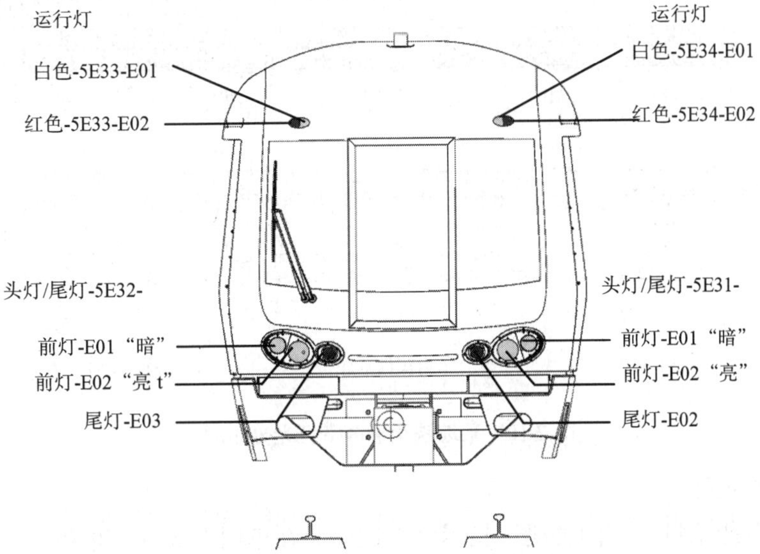

图 2.9　司机室车辆前端车灯

2. 中间车辆灯光

中间车辆的日光灯由 DC/DC 变换器供电，照明应由 110V 直流列车线经逆变器镇流器进行供电。

1）车外指示灯

在每辆车侧面各有一个车外指示灯，在下列情况下点亮：

橙色灯亮——该车有任一个侧门没有关上；

绿色灯亮——该车所有的制动已缓解；

蓝色灯亮——已施加停车制动；

红色灯亮——已施加电-压缩空气缺陷制动；

白色灯亮——自动控制系统 ATC 被切除（仅 A 车有）。

2）客室照明

车辆客室的左侧和右侧一般都有一排照明，通过司机室中的开关进行控制。如果电源有故障，A 车中的 6 个紧急照明灯和 B 车和 C 车中的 7 个紧急照明灯将投入使用。如图 2.10 所示为某地铁车辆客室灯具布置图。

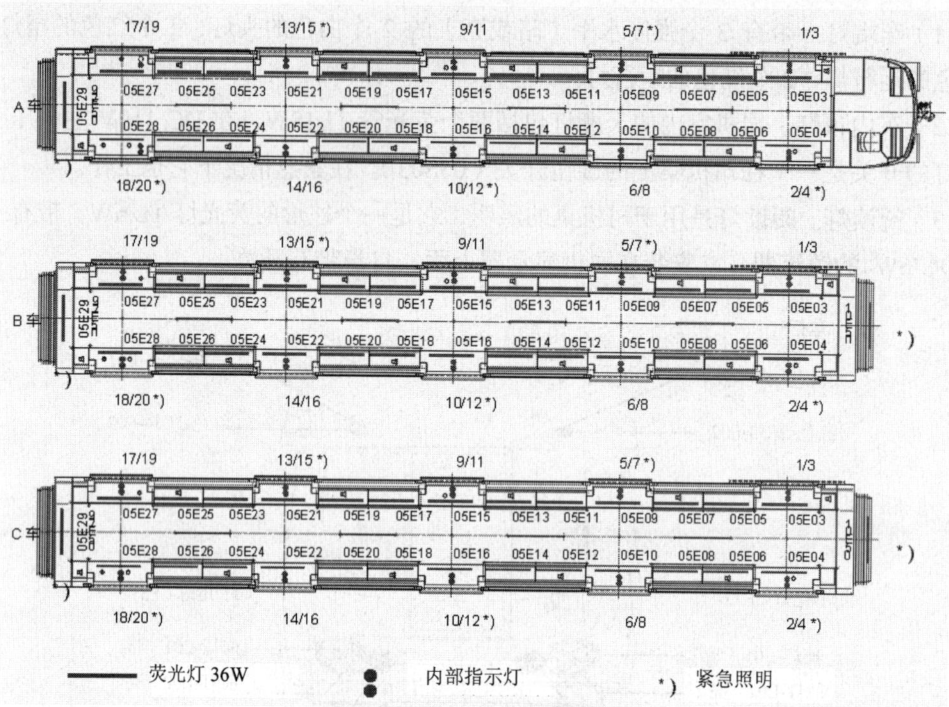

图 2.10　某地铁车辆客室灯光分布图

3）车门指示灯

“门打开”指示灯与“门关闭”指示灯一起安装在车门上部的侧顶板里。不同车型车辆对于相应的车门使用相同的信号名称，如图 2.11、图 2.12 所示。

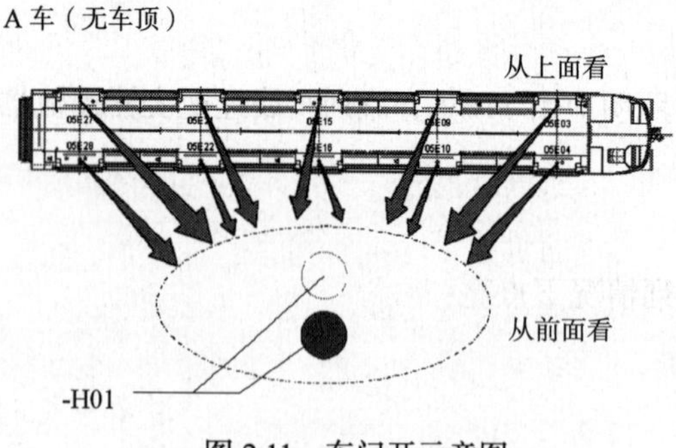

图 2.11　车门开示意图

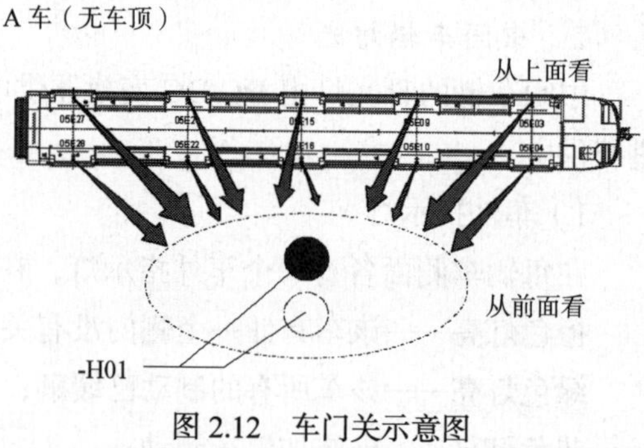

图 2.12　车门关示意图

4）乘客信息设备

为了方便乘客知悉列车信息，一般客室安装了扬声器和显示屏，可以广播和显示站名等信息。如图 2.13 所示为北京地铁 10 号线线路示意图。

四、车门结构

城市轨道交通车辆的车门按方便乘客，尽量缩短乘客上、下车时间和满足列车运行密度的要求设计。

图 2.13 北京地铁 10 号线线路示意图

（一）车门的特点

（1）有足够的有效宽度（一般为 1300～1400mm）。

（2）车门均匀分布，以方便乘客的上、下车。

（3）有足够数量的车门（一般 4～5 对/辆）。

（4）车门附近有足够的空间和面积，方便上、下车乘客的周转。

（5）确保乘客的安全。

（二）车门的分类

城市轨道交通车辆的车门种类较多，主要分类如下。

1. *按驱动方式分*

1）电控风动门

电控风动门由压缩空气驱动传动气缸，再通过机械传动系统和电气控制系统完成车门的开关动作。机械传动系统的作用是将传动气缸活塞杆运动传递至车门，使车门动作。电气控制系统包括气动门控制、再开门控制、车门动作监视和列车控制电路连锁等。

车门的电气控制系统一般采用电子控制技术，可根据乘客和司机的不同要求编制程序修改操作过程，自动监控装置具有全方位监控车门的系统、自动故障报警和记录等功能。为了防止车门夹伤乘客，现代自动车门还具有防夹功能，根据欧洲标准规定，在关门时的最大挤夹力应小于 250N。

2）电传动门

电气驱动车门由电动机、传动装置（轴、磁性离合器、皮带轮和齿形皮带）、控制器、闭锁装置和紧急开门装置组成。齿形皮带与两个门翼相固定，闭锁和解锁所需的扭矩由电动机提供。另一种电气驱动装置为电动机通过一根左右同步的螺杆和球面支承螺母驱动滚珠摆动导向件和与其固定的门翼。

2. *按开启方式分*

1）内藏钳入式对开侧移门

开关车门时门翼在车辆侧墙的外墙与内护板之间的夹层内移动，传动装置设于车厢内侧车门的顶部，装有导轮的门翼可在导轨上移动并与传动装置的钢丝绳或皮带相连接，借助气缸或电动机驱动传动机构，从而使钢丝绳或皮带带动门翼动作。车门机械装置如图 2.14 所示。每扇门叶的顶部装有四个尼龙轮，吊嵌在 C 字形的导轨内，只要准确地调整好尼龙轮与导轨的间隙，就可使门叶平稳地灵活滑动。尼龙轮（上轮）与导轨的间隙一般在车两端的车门为 0.3mm，而在中间的车门为 0.5mm。

北京地铁车辆的车门就采用了这种形式的车门，其有效开度为 1900mm×1200mm。司机可操纵按钮通过电气控制系统实现对列车所有车门的同步动作，也可对没关好的车门单独进行再关门控制。它由机械传动系统和电气控制系统组成。机械传动系统包括传动气缸、传动系统和电磁阀等；电气控制系统包括控制电路、信号监视电路等。气动门的风源由总风缸通过总风管供给，总风管的压缩空气压力经减压阀减至 0.5MPa，通过支管截断塞门、电磁阀（常开阀或常闭阀）充至传动气缸内，推动活塞运动，再经钢丝绳、导轮、滚轮、导轨组成的机械传动部分使门动作。双向对开拉门开门时间为 2～3s，关门时间为 3～4s，门移动有快、慢两挡速度，通过双重活塞双向作用式传动气缸来实现，门翼快速运动时挤夹力为 740N，慢速运动时挤夹力为 320N。

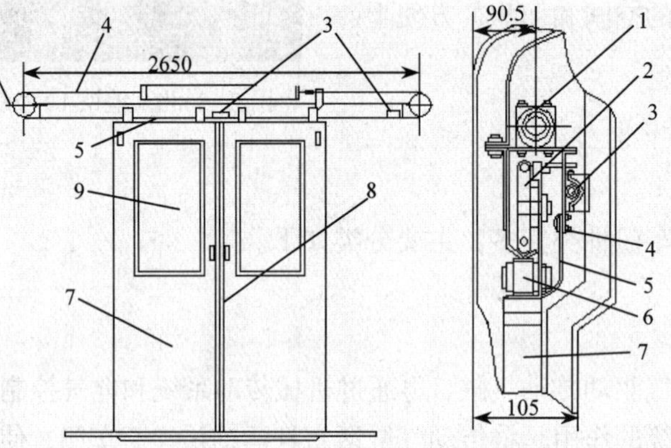

1—气缸；2—滚轮；3—行程开关；4—钢丝绳；5—导轨；
6—小滚轮；7—门页；8—橡胶密封条；9—车门玻璃；10—定滑轮

图 2.14 内藏钳入式对开侧移门

2）外侧移门

外侧移门与内藏钳入式对开侧移门的区别仅在于开关车门时，门翼均处于侧墙的外侧，车门驱动机构工作原理与内藏钳入式对开侧移门相同。其结构如图 2.15 所示。

3）塞拉门

车门上端的传动机构和导轨使得车门开启状态时门翼贴靠在侧墙的外侧，车门在关闭状态时，门翼外表面与车体外墙成一平面，不仅外表美观，且有利于在高速行驶时减少空气阻力，车门不会因空气产生涡流产生噪声，也便于自动洗车装置对车体的清洗。在车门的上方设有门翼导轨，气缸（或螺杆）带动连杆机构使门翼沿着导轨滑移。其结构如图 2.16 所示。

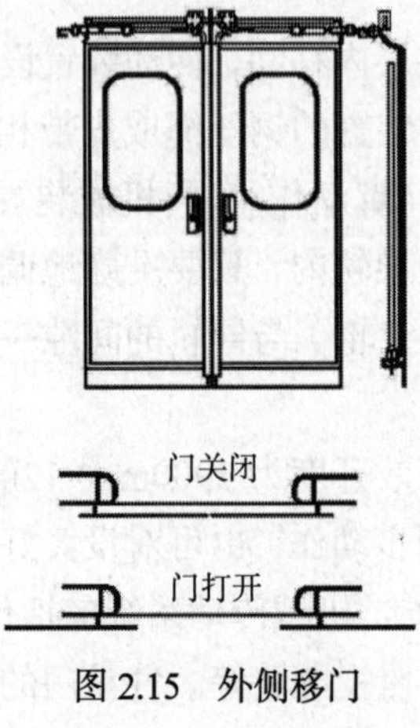

图 2.15 外侧移门

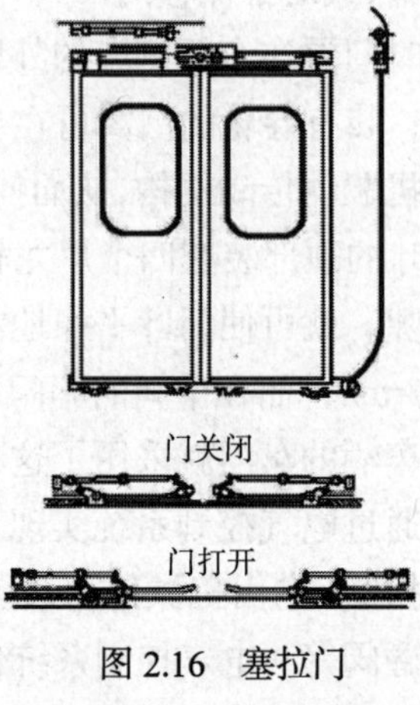

图 2.16 塞拉门

4）外摆式车门

外摆式车门开门时通过转轴和摆杆使车门向外摆出并贴靠在车体外墙板上，门关闭后门翼外表面与车体外墙成一平面。这种车门结构特点为开门时具有较大的门翼摆动空间，如图 2.17 所示。

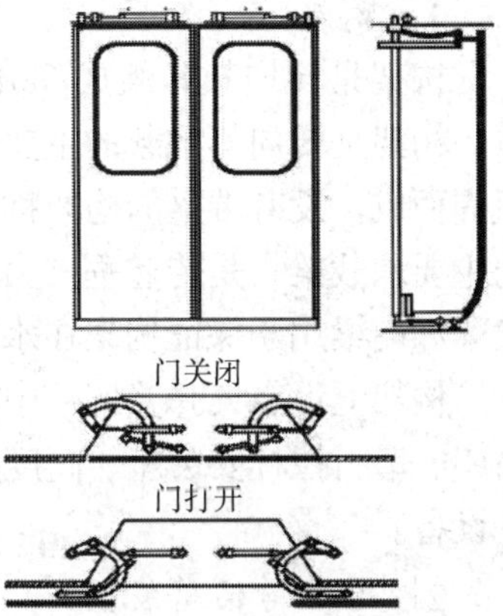

图 2.17　外摆式车门

广州地铁 1 号线和上海地铁 1、2 号线车辆采用内藏钳入式对开侧移门，采用电控气动控制系统。在每节车两侧各设置了五组车门。每组车门由气动系统、机械传动系统、门叶、导轨等组成，并受专门的车门电气控制系统控制。另外，上海地铁 3 号线（Alstom）车辆采用电控塞拉门，广州地铁 2 号线车辆采用外侧移门。

3. 按用途的不同分

1）客室车门

客室车门供乘客正常情况下上、下车使用。

2）紧急疏散门

列车在隧道内运行一旦发生火灾或其他危险性事故时，必须疏散车上的乘客。这时司机可打开设在前后 A 车端墙中间的紧急疏散门，引导乘客通过紧急疏散门走向路基中央，然后向两端的车站疏散。其结构如图 2.18 所示。

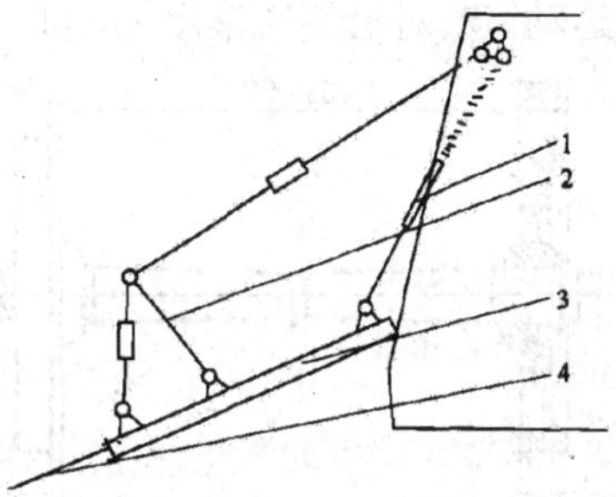

1—弹簧杆；2—连杆；3—安全疏散梯；4—伸缩杆

图 2.18　紧急疏散门结构示意图

紧急疏散门为可伸缩的套节式踏级板，两侧设有扶手栏杆，中间铝合金踏板上涂有防滑漆，故乘客在上面行走时不会滑跌。其门锁在驾驶室内或室外都可开启，一旦门锁开启，车门能自动倒向路基，并且还有缓冲器，不致使倒下的加速度过大，而使疏散门装置损坏。

3）司机室车门

在司机室两侧墙上各有一扇单叶的内藏式滑动移门，其结构与客室车门类似，只是没有气动装置，用人工开关，以供司机上下车。

在司机室背墙中间有一通客室的通道门，是供司机走入客室的通道。在客室一侧没有开门把手，乘客是不能开启这扇门的。但在其上方有一红色紧急拉手，其用途是当乘客发现司机因突发急病时，可用紧急拉手开启通道门对司机进行抢救。

五、车辆转向架

车辆走行部——转向架是支承车体重量、传递各种作用力及引导车辆沿轨道方向运行的一种装置。转向架的结构、性能直接影响车辆的运行可靠性、动力性能和行车安全，是车辆最重要的组成部件之一。

（一）转向架的组成

转向架一般由构架、轮对与轴箱装置、弹簧减振装置、制动装置、牵引电动机与齿轮变速传动装置等部分组成。

1. 构架

构架是转向架各组成部分的安装基础，通过构架把转向架的组成部件组合成一个整体，构架是转向架承载的主要部件。构架主要由左、右侧梁，一根或几根横梁及前后端梁组焊而成。没有端梁的构架称为开口式构架；有端梁的构架称为封闭式构架。侧梁是构架的主要承载梁，是传递垂向力、纵向力和横向力的主要构件，侧梁还用于确定轮对位置。横梁和端梁用于保证构架在水平面内的刚度，使两轴平行并承托牵引电动机等。

构架上设空气弹簧座、中心座安装座、轴箱吊框、电动机安装座、齿轮箱吊座、制动吊座、牵引拉杆安装座、高度控制阀座、抗侧滚扭杆座、减振器座和止挡等，用于安装相关设备。

2. 轮对与轴箱装置

轴箱与轴承装置是连接构架和轮对的活动关节，使轮对的滚动转化为车体沿着轨道的直线运动。轮对沿钢轨滚动的同时，除承受车辆的重量外，还传递轮轨之间的其他作用力，包括牵引力和制动力。

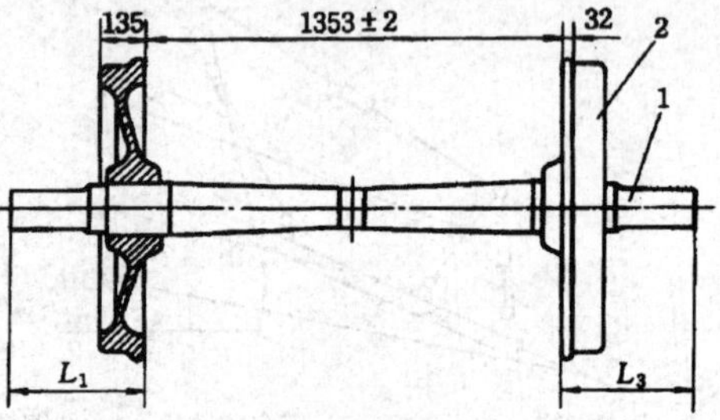

1—车轴；2—车轮

图 2.19 轮对

1）轮对

轮对是由一根车轴和两个同型号车轮通过过盈配合组装而成的，如图 2.19 所示。轮对引导车辆沿钢轨运动，同时还承受着车辆与钢轨之间的载荷。

轮对的内侧距是保证车辆运行安全的一个重要参数。我国地铁采用与铁路通用的1 435 mm标准轨距。

（1）车轴：绝大多数的车轴为圆截面实心轴。而采用空心车轴结构就可以减少轮对质量，从而降低车辆的簧下质量，一般空心车轴比实心车轴可减轻 20%～40%的质量。

（2）车轮：车轮的结构、形状、尺寸、材质是多样的。按结构可分为整体轮和轮箍轮两种，如图 2.20 所示。整体轮按其材质可分为辗钢轮和铸钢轮等。轮箍轮又可分为铸钢辐板轮心、辗钢辐板轮心以及铸钢辐条轮心的车轮。为降低噪声，减小簧下质量，还有橡胶弹性车轮、消声轮等。

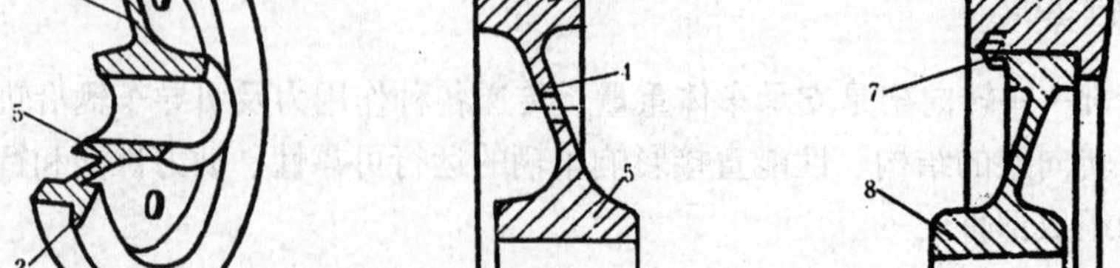

整体轮　　轮箍轮

1—踏面；2—轮缘；3—轮辋；4—辐板；5—轮毂；6—轮箍；7—扣环；8—轮心

图 2.20 车轮

我国城轨车辆普遍采用整体辗钢轮。整体辗钢轮由踏面、轮缘、辐板和轮毂组成。车轮与钢轨的接触面称为踏面，轮对踏面具有一定的斜度，所以称为锥型踏面，如图 2.21（a）所示。除了锥型踏面外，还有磨耗型踏面，如图 2.21（b）所示。

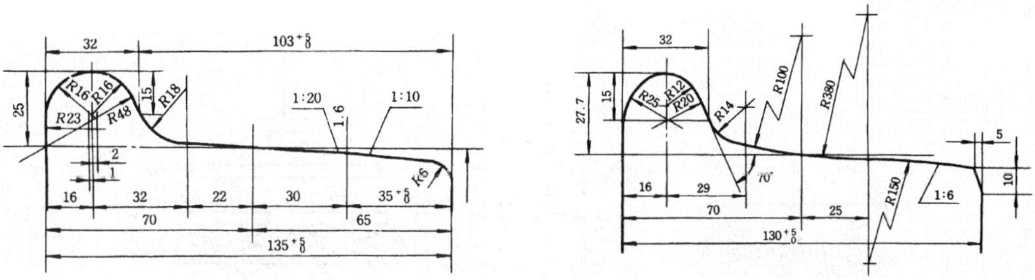

（a）锥型踏面；　　（b）磨耗型踏面

图 2.21　车轮轮缘踏面外形

2）轴承轴箱装置

轴承与轴箱的组合体称为轴承轴箱装置，主要有滑动轴承和滚动轴承两种。滚动轴承有圆柱滚动轴承、圆锥滚动轴承、球面滚动轴承等几种。图 2.22 所示为北京地铁八通线圆柱滚动轴承轴箱装置，轴承基本结构是由外圈、内圈、滚子、保持架等组成的。

3）轴箱定位

约束轮对与轴箱之间相对运动的机构称为轴箱定位装置，它对转向架的横向动力性能、抑制蛇行运动具有决定性作用。常见的定位装置的结构形式有拉板式定位、拉杆式定位、转臂式定位、层叠式橡胶弹簧定位、导柱定位等。我国较多采用层叠式橡胶弹簧轴箱定位。

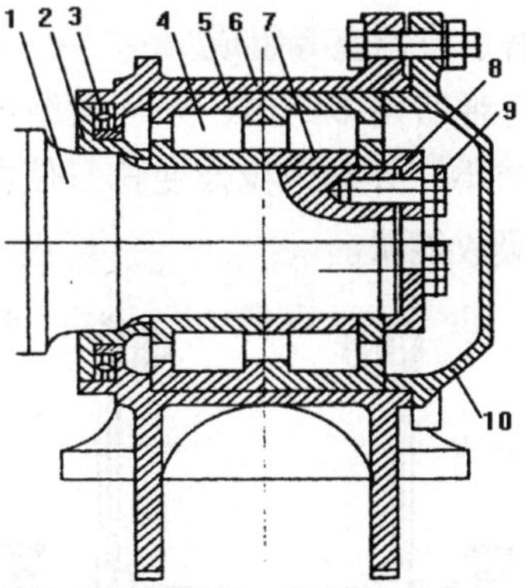

1—车轴；2—防尘挡圈 ；3—密封 ；4—圆柱滚子 ；5—轴承外圈 ；6—轴箱；7—轴承内圈；8—内圈压板；9—螺栓；10—轴箱盖

图 2.22　圆柱滚动轴承轴箱装置

3. 弹簧减振装置

弹簧减振装置也称为弹性悬挂装置，包括弹簧、减振器及定位装置等。为保证轮对与构架、转向架与车体之间连接，减少线路不平顺和轮对运动对车体的影响，在轮对与构架、转向架与车体之间装设有弹性悬挂装置，前者称为轴箱悬挂装置，后者称为中央悬挂装置，也可称为一系悬挂装置和二系悬挂装置。二系悬挂有轴箱悬挂装置和中央悬挂装置，轴箱悬挂装置设置在转向架构架与轴箱之间，中央悬挂装置设置在底架与转向架构架之间。

弹簧减振装置可分为三类：第一类是主要起缓冲作用的弹簧装置，如中央弹簧、轴箱弹簧和橡胶垫等；第二类是主要起衰减振动作用的减振装置，如垂向、横向减振器等；第三类是主要起弹性约束作用的定位装置，如轴箱定位装置、心盘与构架之间的纵、横向缓冲止挡等。

1）弹簧

（1）螺旋弹簧：在车辆上常采用组合弹簧，即并联、串联或串并联，如图 2.23 所示。一般城市轨道交通车辆采用的二系弹簧减振装置（即空气弹簧装置和轴箱弹簧减振装置）就是彼此相互串联。

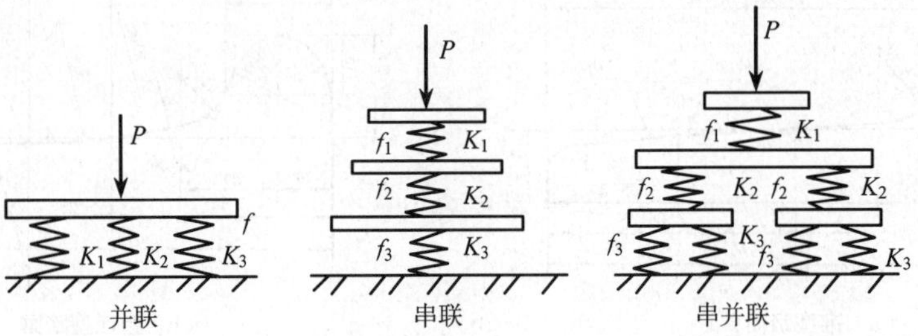

图 2.23 弹簧系统布置

（2）扭杆弹簧和环弹簧：扭杆弹簧不同于螺旋弹簧，扭杆弹簧比螺旋弹簧质量小。如图 2.24 所示，扭杆弹簧为一根直杆，它的一端固装在支座上，另一端与杠杆刚性连接，杆的转动支点为轴承，杠杆受力而转动引起杆的扭转变形；力 P 撤除时杠杆回转，杆的扭转变形消失。车辆抗侧滚扭杆就是利用了扭杆弹簧的原理，如图 2.25 所示，它由扭臂、扭杆、固定杆、支承座等组成。

环弹簧由多组内、外环簧组成，彼此以锥面相互接触，当受到轴向载荷后，内环受压缩变小，外环受拉伸变长，使内环与外环的锥面产生轴向变形，同时内、外环摩擦面做功吸收能量。

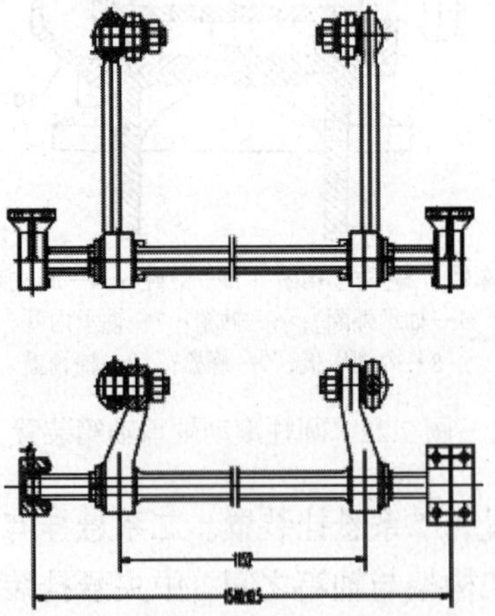

图 2.24 抗侧滚扭杆装置图

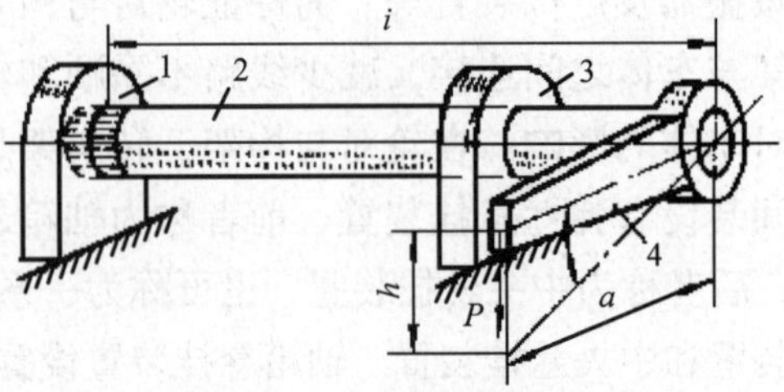

图 2.25 扭杆弹簧简图

（3）橡胶弹性元件：橡胶元件橡胶弹性模量比金属小得多，衰减高频振动和隔音效果好。橡胶元件常用于转向架弹簧减振装置和轴箱定位装置、钢弹簧支承面上的橡胶缓冲垫以及各种衬套、止挡等。

（4）空气弹簧：转向架一般采用空气弹簧作为二系悬挂装置。空气弹簧悬挂系统使得转向架的结构简化易于维护，空气弹簧还具有良好的吸收高频振动和隔音性能。空气弹簧悬挂系统主要由空气弹簧、附加空气室、高度控制阀、差压阀及滤尘器等组成。

（5）减振元件：减振器与弹簧一起构成弹簧减振装置。减振器按阻力特性可分为常阻力和变阻力两种减振器；按安装位置可分为轴箱减振器和中央减振器；按减振方向可分为垂向、横向和纵向减振器；按结构特点又可分为摩擦减振器和液压（又称油压）减振器。城市轨道交通车辆一般都使用液压减振器，液压减振器主要由活塞、进油阀、缸端密封、上下联结环、油缸、储油筒及防尘罩等部分组成，减振器内部还充有专用油液。图 2.26 所示为液压减振器。

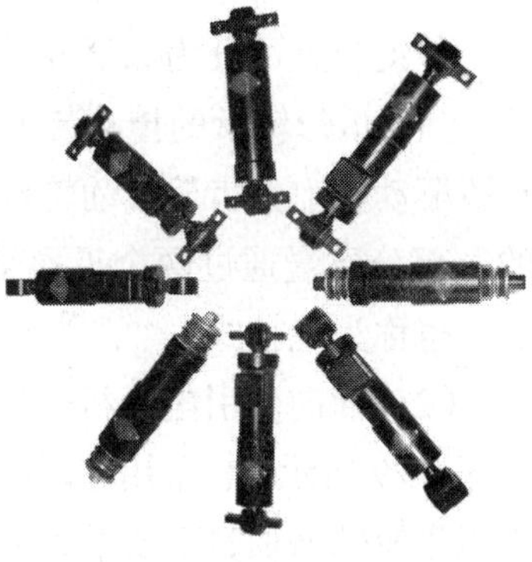

图 2.26 液压减振器

4. 牵引电动机与齿轮变速传动装置

牵引电动机与齿轮变速传动装置是动力转向架所特有的一套装置，转向架通过它使牵引电动机的扭矩转化为轮对或车轮上的转矩，利用轮轨之间的黏着作用，驱动车辆沿着轨道运行。

1）中央牵引装置

图 2.27 所示是一种典型中央牵引装置，长春客车厂设计的地铁无摇枕转向架就采用了这种结构的中央牵引装置。

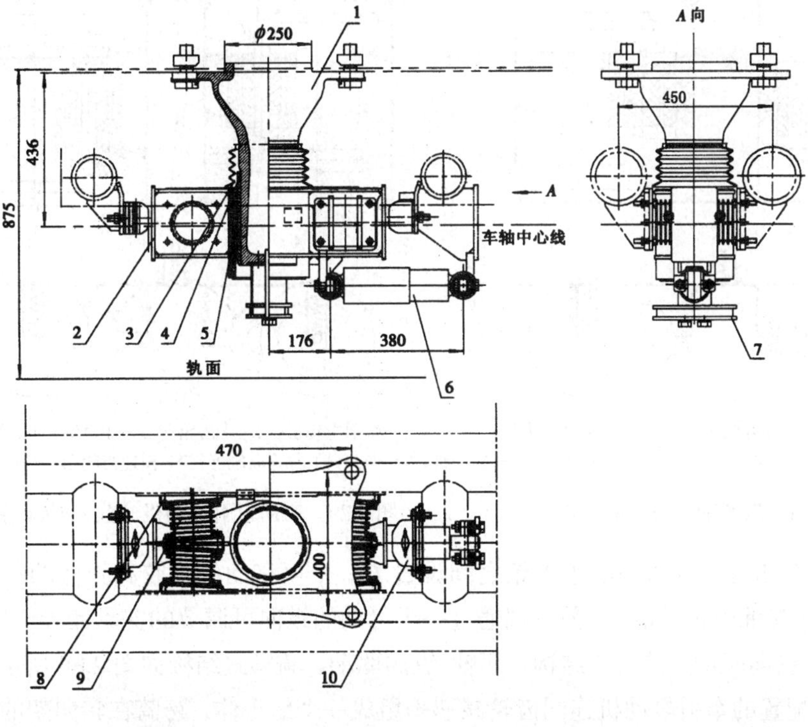

1—中心销；2—牵引梁；3—防尘罩；4—衬套；5—中心销套；6—横向油压减振器；
7—空气弹簧异常上升止挡；8—安装板；9—牵引叠层橡胶；10—横向缓冲橡胶

图 2.27 中央牵引装置

2）横向油压减振器和横向缓冲橡胶

横向油压减振器安装在牵引梁与构架之间。在构架纵向梁上设有非线性的横向缓冲橡胶，它与牵引梁两端面间隙为 10mm 左右。

3）传动装置

动力转向架无论采用直流牵引电动机还是交流牵引电动机，均通过机械减速装置，再利用轮轨的黏着作用，驱动车辆沿着钢轨运行。

传动装置可分为如下 6 种结构形式。

（1）爪形轴承的传动装置。爪形轴承的传动装置如图 2.28 所示。它是直接利用牵引电动机驱动轴上的齿轮带动轮对轴传递扭矩，电机驱动轴与轮对轴呈平行配置，牵引电动机的一部分质量通过两个爪形轴承支承于轮对轴上，另一部分质量通过弹簧支承于构架梁上，也称为抱轴式。

（2）横向牵引电动机-空心轴传动装置。该传动装置将牵引电动机支承于构架横梁，如图 2.29 所示，它采用电动机空心轴和高弹性联轴器驱动齿轮减速箱，解决了电动机直接支承于轮轴增加簧下质量和传动件过小的扭转弹性常导致集电器过载的问题。牵引电动机质量全部由转向架构架承担，这是一种典型的架悬式（全悬挂）结构，由于电动机采用空心轴，所以又称为电动机空心轴式结构。

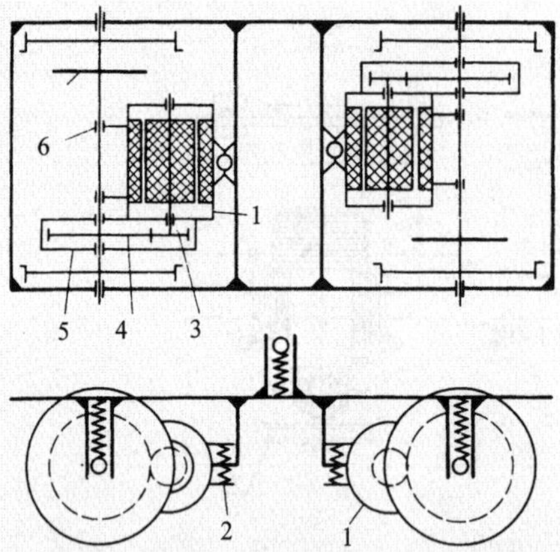

1—牵引电动机；2—电机弹性悬挂；3—驱动小齿轮；4—车轴上大齿轮；5—减速齿轮箱；6—爪形轴承；7—制动盘

图 2.28 爪形轴承的传动装置

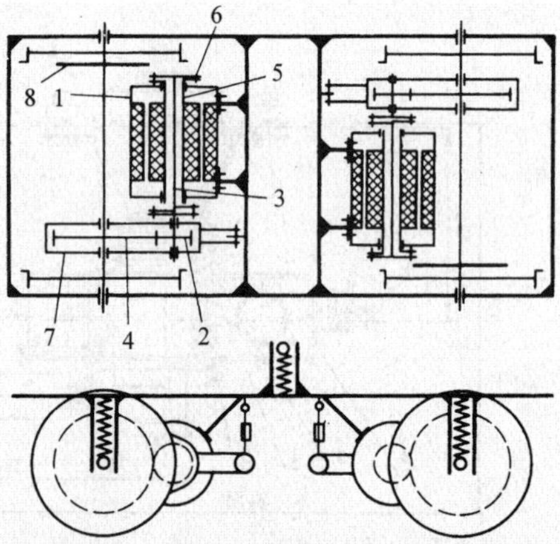

1—牵引电动机；2—小齿轮； 3—驱动轴；4—大齿轮；5—空心轴；6—联轴器；7—减速齿轮箱；8—制动盘

图 2.29 横向牵引电动机-空心轴传动装置

在空心电枢和齿轮减速箱的小齿轮之间设置了一个可移动的橡胶高弹性的钢片联轴器。减速箱一端支承于轮对轴上，另一端通过一个可动的纵向可调节的支承铰接于构架上。

（3）两轴-纵向驱动、骑马式结构。两轴-纵向驱动、骑马式结构如图 2.30 所示。沿转向架运动方向配置的牵引电动机连同齿轮减速箱组成一个组合体，跨骑在转向架的两轮对上，牵引电动机的两侧与带有法兰的减速箱组成一个自承载的组合体，牵引电动机驱动轴经齿轮减速后，借助于空心轴和橡胶联轴器与轮对轴弹性连接。

（4）全弹性结构的两轴-纵向驱动。全弹性结构的两轴-纵向驱动装置如图 2.31 所示。牵引电动机完全弹性地固定于转向架构架的横梁上，电动机驱动轴经减速齿轮驱动万向接头空心轴，再经橡胶连杆联轴器将扭矩传递给轮对。由于电动机重量由构架全部承担，所以又称为架悬式结构。而轮对采用空心轴，所以又称为轮对空心轴式结构。

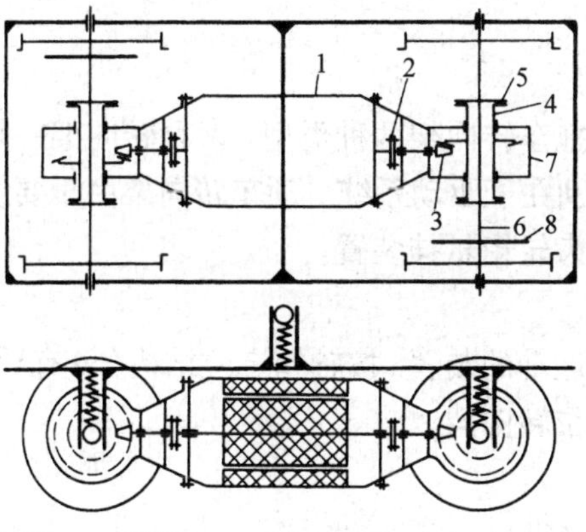

1—牵引电动机；2—联轴器；3—驱动伞齿轮；4—空心轴；5—橡胶联轴器；6—轮轴；7—减速箱；8—制动盘

图 2.30 两轴-纵向驱动、骑马式结构

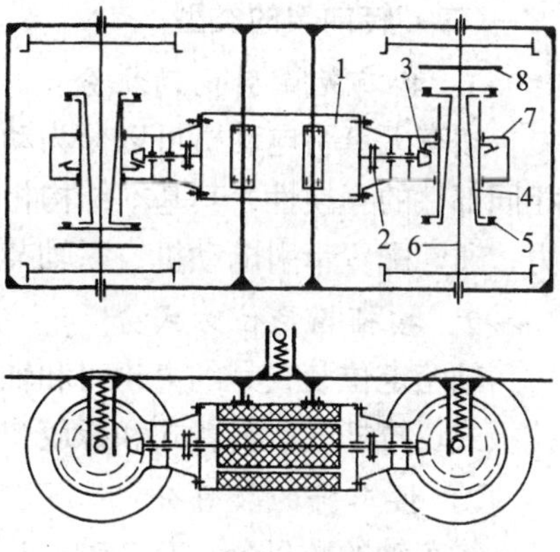

1—牵引电动机；2—联轴节；3—驱动伞齿轮；4—万向接头空心轴；5—联轴器；6—轮轴；7—减速箱；8—制动盘

图 2.31 全弹性结构的两轴-纵向驱动装置

（5）牵引电动机对角配置的单独轴-纵向驱动。两牵引电动机对角悬挂于转向架构架的两横梁上，电动机与齿轮传动装置之间扭矩的传递经由连杆轴实现，如图 2.32 所示。齿轮减速箱一端弹性悬挂于构架的端梁，另一端抱在轮对车轴上。转向架上两套电动机及其传动装置独立地配置，各自驱动一轮对。

（6）牵引电动机置于车体上的驱动装置。电动机驱动轴经万向联轴节将扭矩传递给置于转向架上的减速装置，从而使轮对转动。由于牵引电动机质量由车体全部承担，所以称为体悬式。

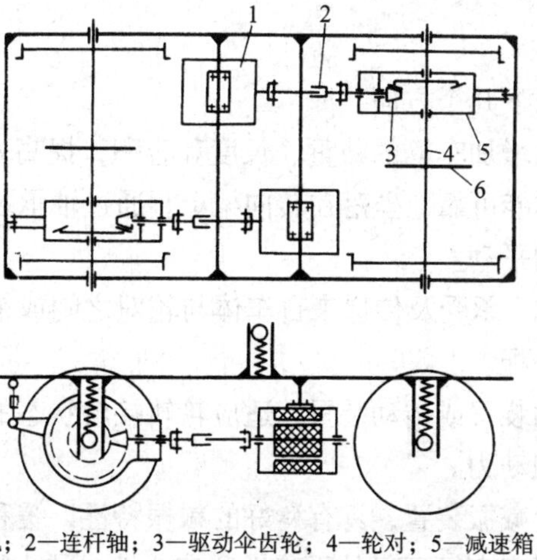

1—牵引电动机；2—连杆轴；3—驱动伞齿轮；4—轮对；5—减速箱；6—制动盘

图 2.32 对角配置单独轴-纵向驱动

5. 制动装置

为对运行中的列车进行调速或使其在规定的距离内停车，必须安装制动装置，其基础制动装置吊挂于构架上，它的作用是使制动缸的空气压力转化为闸瓦压向车轮的力，从而产生制动作用。

（二）转向架的类型

1. 按有无牵引电动机分

按有无牵引电动机可以分为动车转向架和拖车转向架两种类型。两种转向架一般满足相同部件的互换性，其基本结构相同，主要区别在于驱动系统。动车转向架由于要提高动力，通常配置牵引电动机、联轴节、齿轮箱、齿轮箱悬挂装置。

2. 按轴箱定位方式分

轴箱定位装置是约束轮对和轴箱之间相对运动的装置。按轴箱定位结构分，有导柱式、拉板式、拉杆式、转臂式和橡胶弹簧式轴箱定位转向架。

3. 按车轴的数目分

按车轴的数目分，有 2 轴、3 轴和多轴转向架。

4. 按转向架结构形式分

按转向架结构形式分，有构架式和侧架式。

5. 按悬挂结构分

按二系悬挂结构分，有摇动台、无摇动台及无摇枕结构转向架等；按二系悬挂弹簧形式分，有椭圆弹簧、圆弹簧及空气弹簧悬挂转向架等。

6. 按车轴的轴型分

按车轴的轴型分，有 B、C、D、E 四种轴型转向架。

一般，城市轨道交通车辆转向架采用二轴构架式转向架，并普遍采用无摇枕结构。其主要特点为：一系悬挂主要有金属螺旋弹簧、人字形（或称八字型）和锥形金属橡胶弹簧三种结构；二系悬挂主要由空气囊加橡胶金属叠层弹簧构成。

（三）转向架的作用

转向架作用主要有以下几个方面：

（1）采用转向架可以增加车辆的载重、长度和容积，提高列车运行速度。

（2）正常运行时车体能可靠地坐落在转向架上，通过轴承装置使车轮沿着钢轨的滚动转化为车体沿线路运动的平动。

（3）转向架支撑车体，承受及传递来自车体与轮对之间或钢轨与车体之间的各种载荷及作用力，使轴重均匀分配。

（4）转向架安装制动装置或传动装置，适应轮轨接触状态的变化，充分利用轮轨之间的黏着，传递牵引力和制动力。

（5）转向架安装弹簧减振装置，具有良好的减振特性，缓和车辆和线路之间的相互作用，减小振动和冲击，提高车辆运行的平稳性和安全性，减小噪声。

（6）保证车辆客室地板面与站台面的高度相协调，方便旅客的乘降。

六、车钩缓冲装置

车钩缓冲装置是电动列车各车辆之间的连接装置，是城市轨道交通车辆最基本和最重要的部件之一。

（一）车钩缓冲装置的组成

车钩缓冲装置由车钩钩头、缓冲装置、对中装置和钩尾冲击座等部分组成。

1. 车钩

城市轨道交通车辆用车钩基本上可分为自动车钩、半自动车钩和半永久性牵引杆三种。

1）自动车钩

自动车钩位于列车端部，其电气和风路连接装置都组装在钩头上。

（1）密接式车钩。密接式车钩缓冲装置如图 2.33 所示。它主要由车钩钩头、橡胶缓冲器、风管连接器、电气连接器等几部分组成。

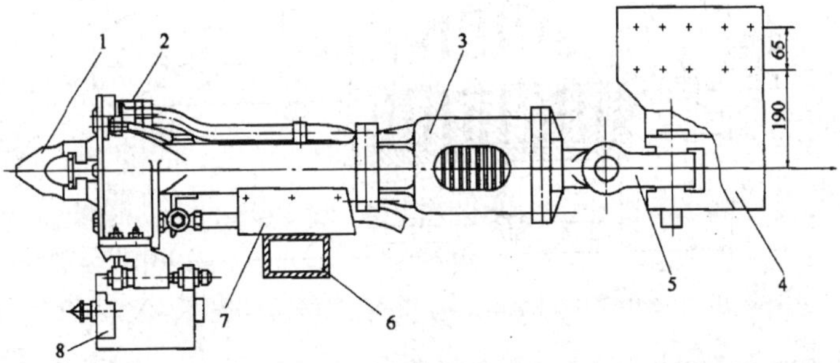

1—密接式车钩钩头；2—风管连接器；3—橡胶缓冲器；
4—冲击座；5—十字头；6—托梁；7—磨耗板；8—电气连接器

图 2.33　密接式车钩缓冲装置结构示意图

（2）Scharfenberg 密接式车钩。Scharfenberg 密接式车钩缓冲装置由车钩钩头、橡胶缓冲器、风管连接器、电气连接器和风动解钩系统等几部分组成。

2）半自动车钩

半自动车钩用于两编组单元之间的车辆连挂。半自动车钩可自动实现列车单元之间的机械连接和风管连接，电气连接只能手动。解钩时机械和气路部分可自动，也可手动，但不能在司机室集中控制。在半自动车钩上设有贯通道支撑座，用于车辆运行过程和解钩之后支承贯通道。

3）半永久性牵引杆

半永久性牵引杆用于同一单元内车辆之间的编组。每个半永久牵引杆上设有贯通道支承座，用于车辆运行过程和解钩之后支承贯通道。半永久牵引杆只是将两车的连接方式由车钩连接改为牵引杆连接，风管和电气的连接只能依靠手动连接，如图 2.34 所示。

2. 缓冲装置

缓冲装置是车辆牵引连挂装置的重要组成部分，主要用于传递和缓和纵向冲击力。

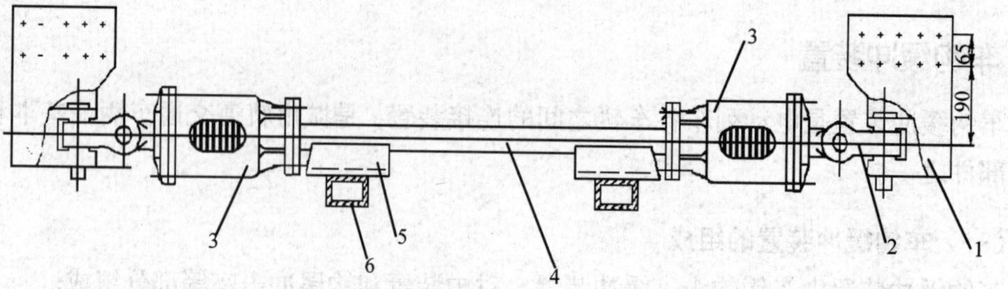

1—连接座；2—十字头；3—缓冲器；4—牵引杆；5—磨耗板；6—车钩托梁

图 2.34 半永久牵引杆

1）层叠式橡胶金属片缓冲器

层叠式橡胶金属片缓冲器由橡胶金属片、前从板、牵引杆、缓冲器后盖、滑套、缓冲器体和后从板构成，如图 2.35 所示。

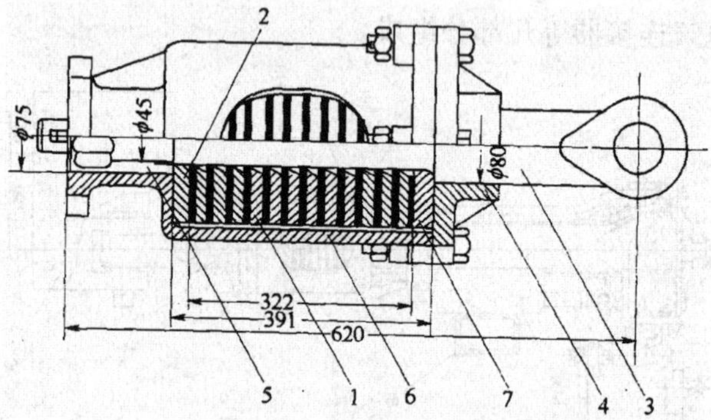

1—橡胶金属片；2—前从板；3—牵引杆；4—缓冲器后盖；5—滑套；6—缓冲器体；7—后从板

图 2.35 层叠式橡胶金属片缓冲器

2）环弹簧缓冲器

环弹簧缓冲器由弹簧盒、弹簧前后从板、外环弹簧（共 7 片）、内环弹簧（5 片内环弹簧、1 片开口环弹簧和 2 片半环弹簧）、端盖、球形支座、牵引杆等构成，如图 2.36 所示。

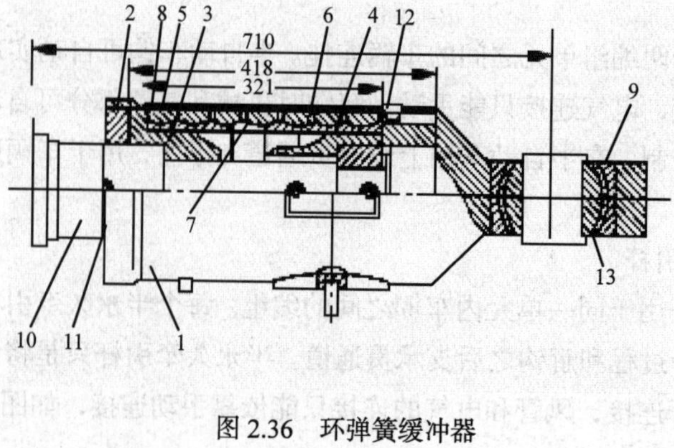

图 2.36 环弹簧缓冲器

1—弹簧盒；2—端盖；3—弹簧前从板；4—弹簧后从板；5—外环弹簧；6—内环弹簧；
7—开口弹簧；8—半环弹簧；9—球形支座；10—牵引杆；11—标记环；12—预紧螺母；13—橡胶嵌块

3）环形橡胶缓冲器

环形橡胶缓冲器的结构由牵引杆、缓冲器体、环形橡胶弹簧等组成，如图 2.37 所示。

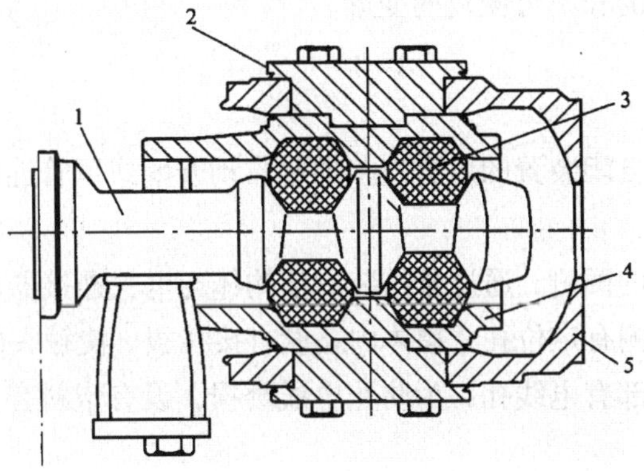

1—牵引杆；2—安装座；3—环形橡胶弹簧；4—缓冲器体；5—支撑座

图 2.37　环形橡胶缓冲器

4）弹性胶泥缓冲器

缓冲器由牵引杆、弹簧盒、内半筒、端盖和弹性胶泥芯子等组成，如图 2.38 所示。

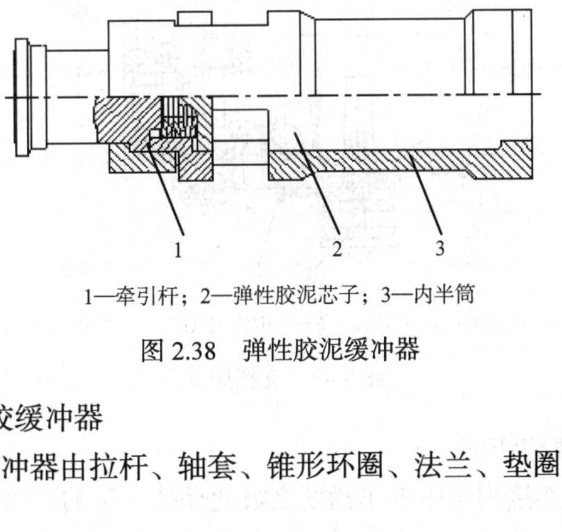

1—牵引杆；2—弹性胶泥芯子；3—内半筒

图 2.38　弹性胶泥缓冲器

5）带变形管的橡胶缓冲器

带变形管的橡胶缓冲器由拉杆、轴套、锥形环圈、法兰、垫圈、橡胶弹簧及变形管组成，如图 2.39 所示。

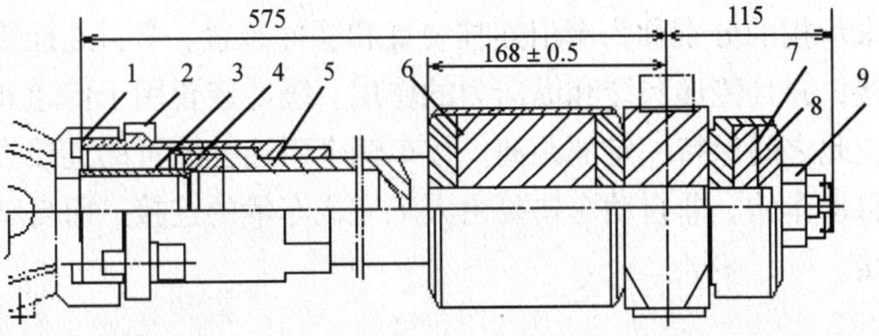

1—轴套；2—法兰；3—变形管；4—锥形环圈；5—拉杆；
6—橡胶弹簧；7—橡胶弹簧；8—垫圈；9—螺母

图 2.39　带变形管的橡胶缓冲器

6）可压溃变形管

可压溃变形管可作为车钩缓冲装置的重要部件，用于吸收车辆冲击能量。当两列车相撞时，将会产生可恢复的和不可恢复的变形。

3. 附属装置

1）风管连接器

风管连接器有不带自闭装置的风管连接器和自动开闭式风管连接器两种。

2）电气连接器

通常设于机械钩头的两侧，通过悬吊装置使钩体与电气连接器成弹性连接。箱体的一侧有一个定位销，对称侧有定位孔，箱体内还设有接线板，使触头的引线和从车上来的引入线对应相连；在它后部有电线孔，为防止电线磨损，设有塑料套。

3）车钩对中装置

如图 2.40 所示，在缓冲器的尾部下方左、右各设有一个对中气缸，它的活塞头部安有一个水平滚轮，当气缸充气活塞向外伸出时，能自动嵌入固定在球铰座下方的一块呈桃形凸轮板左、右的两个缺口内，使车钩缓冲装置的中心线与车体中心线在一个垂直平面内，以便使一个车钩钩头对准对方车钩的钩坑。

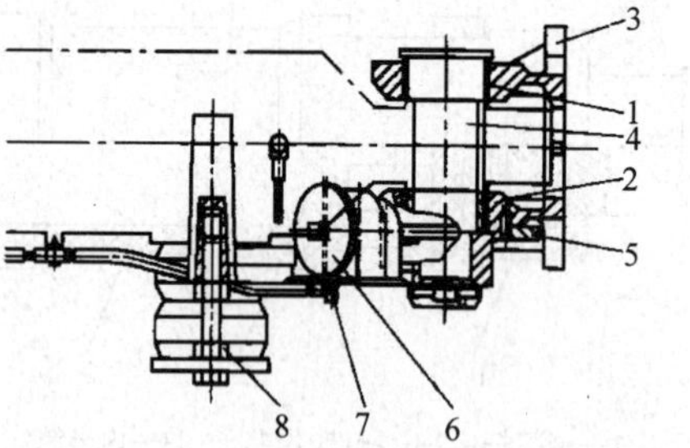

1，2—轴套；3—安装座；4—中心销；5—凸轮盘；6—对中作用气缸；7—活接式气接头；8—垂向支撑橡胶弹簧

图 2.40 支撑座图

（二）车钩缓冲装置的作用

车钩缓冲装置用于连接列车中各车辆使之彼此保持一定的距离，并且传递和缓和列车在运行中或在调车时所产生的纵向力或冲击力。由同一装置来承担的称为牵引缓冲装置；而由不同的装置来承担的分别称为牵引连挂装置和缓冲装置。牵引连挂装置用于保证车辆和车辆的彼此连接，并且传递和缓和纵向力的作用。缓冲装置用于传递和缓和压缩力的作用，并且使车辆彼此之间保持一定的距离。按车辆牵引连挂装置的连接方法的不同，可分为非自动车钩和自动车钩。非自动车钩要由人工完成车辆的连接，而自动车钩则不需要人参与就能实现连接。

七、制动系统

制动是指人为地使列车减速或阻止其加速的过程，使列车减速或阻止其加速的力称为制动力。制动系统是用于实现和控制列车动能转换的一整套装置。

（一）制动装置

制动装置包括两个部分：制动控制装置和制动执行装置。制动控制装置由制动信号发生与传输装置和控制装置组成，有空气制动机、电空制动机、手制动机等种类。制动执行装置就是基础制动装置，主要有闸瓦制动装置、盘形制动装置、磁轨制动等形式。

（二）制动方式

1. 摩擦制动和电制动

1）摩擦制动

常用的摩擦制动方式主要有闸瓦制动、盘形制动和磁轨制动。通过摩擦副的摩擦将列车的运动动能转变为热能，逸散于大气，从而产生制动作用。

（1）闸瓦制动：如图2.41所示，又称为踏面制动，是一种最常用的制动方式。制动时闸瓦压紧车轮，轮、瓦间发生摩擦，将列车的运动动能通过轮、瓦间的摩擦转变为热能，逸散于空气中。

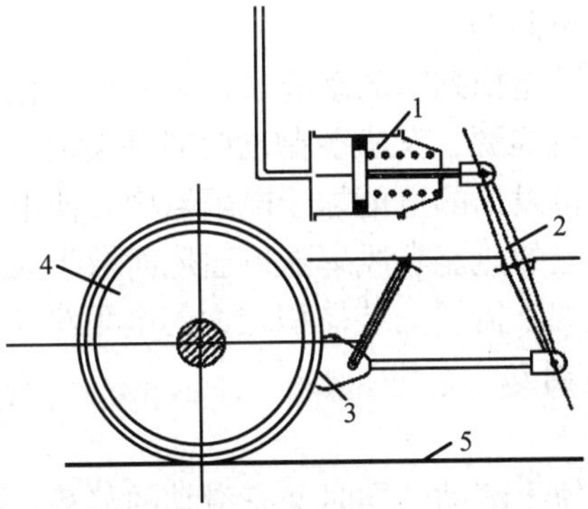

1—制动缸；2—基础制动装置；3—闸瓦；4—车轮；5—钢轨

图2.41　闸瓦制动

（2）盘形制动：如图2.42所示，有轴盘式和轮盘式之分。一般采用轴盘式，当轮对中间由于牵引电动机等设备使制动盘安装发生困难时，可采用轮盘式。制动时，制动缸通过制动夹钳使闸片夹紧制动盘，闸片与制动盘间产生摩擦，把列车的动能转变为热能，热能通过制动盘与闸片逸散于大气。

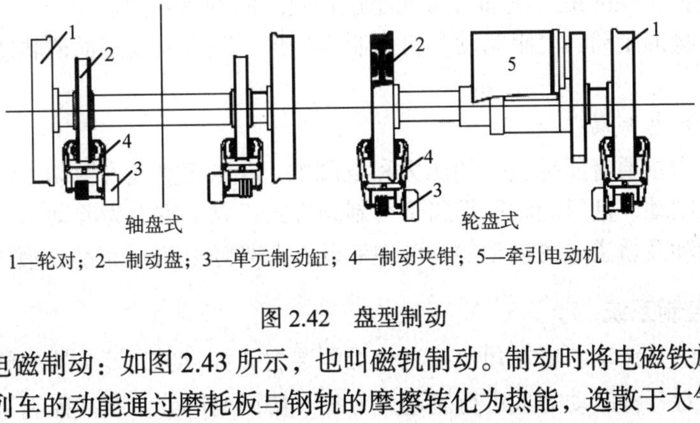

1—轮对；2—制动盘；3—单元制动缸；4—制动夹钳；5—牵引电动机

图2.42　盘型制动

（3）轨道电磁制动：如图2.43所示，也叫磁轨制动。制动时将电磁铁放下，使磨耗板与钢轨吸住，列车的动能通过磨耗板与钢轨的摩擦转化为热能，逸散于大气。轨道电磁制动能得到较大的制动力，因此常被用做紧急制动时的一种补充制动手段。

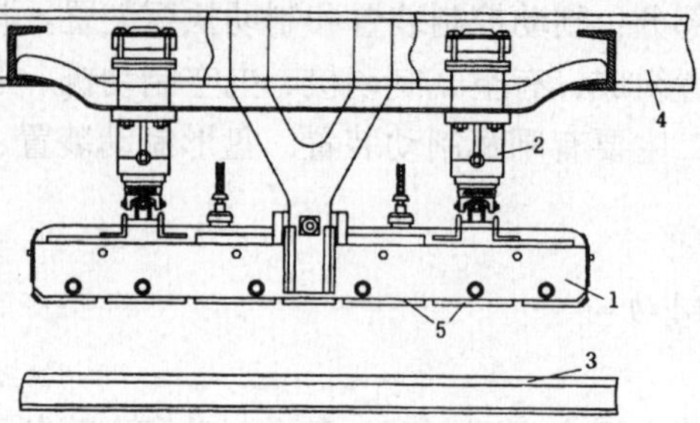

1—.电磁铁；2—升降风缸；3—钢轨；4—转向架构架侧梁；5—磨耗板

图 2.43 磁轨制动

2）动力制动

动力制动也称电制动。列车制动时，将牵引电动机变为发电机，使动能转化为电能。动力制动主要有再生制动和电阻制动。

（1）再生制动：再生制动是把列车的动能通过电动机转化为电能后，再使电能反馈回电网。显然这种方式既能节约能源，又减少制动时对环境的污染，并且基本上无磨耗。

（2）电阻制动：将发电机发出的电能加于电阻器中，使电阻器发热，即电能转变为热能，也称能耗制动。电阻器上的热能靠风扇强迫通风而散于大气中。电阻制动一般能提供较稳定的制动力，但车辆底架下需要安装体积较大的电阻箱。

2. 黏着制动与非黏着制动

1）黏着制动

列车制动时，车轮在钢轨上滚动的同时又有滑动的趋势，这种状态称为黏着状态。黏着状态下车轮与钢轨间的最大水平作用力称为黏着力。制动时，可能实现的最大制动力不会超过黏着力。黏着力与轮轨间垂直载荷的比值，称为黏着系数。依靠黏着滚动的车轮与钢轨黏着点之间的黏着力来实现车辆的制动称为黏着制动。

2）非黏着制动（黏着外制动）

列车制动时，制动力的提供不再依靠轮轨之间的黏着力，而由其他方式提供，这样制动力的大小不受黏着力限制，这种制动方式称为非黏着制动。非黏着制动的制动力不是从轮轨之间获取的，实现的最大制动力可能超过轮轨之间的黏着力。

闸瓦制动、盘形制动、电阻制动和再生制动均属于黏着制动；而磁轨制动则属于非黏着制动。

3. 气制动和电制动

制动的源动力主要有压缩空气的压力和电磁力。以压缩空气为源动力的制动方式称为气制动，如闸瓦制动、盘形制动等都属于气制动方式；以电磁力为源动力的制动方式称为电制动，动力制动及轨道电磁制动等均为电制动；此外还有机械制动、液压制动等方式。

（三）制动控制系统

制动控制系统是制动装置在司机或其他控制装置（如 ATC 等）的控制下，产生、传递制动信号，并对各种制动方式进行制动力分配、协调的部分。制动控制系统主要有空气制动控制系统和电控制动控制系统两大类。当以压力空气作为制动信号传递和制动力控制的介质时，该制动装置称为空气制动控制系统，又称为空气制动机。以电气信号来传递制动信号的制动控制系统，称为电气指令式制动控制系统，其制动力的提供可以是压力空气、电磁力、液压等方式。

1. 空气制动机

空气制动机分为直通空气制动机、自动空气制动机和直通自动空气制动机。

1）直通空气制动机

直通空气制动机结构如图 2.44 所示。

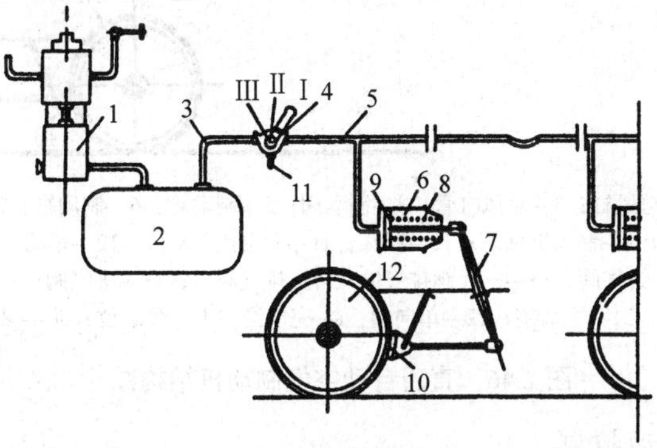

Ⅰ—缓解位；Ⅱ—保压位；Ⅲ—制动位；1—空气压缩机；2—总风缸；3—总风缸管；4—制动阀；5—制动管；6—制动缸；7—基础制动装置；8—缓解弹簧；9—制动缸活塞；10—闸瓦；11—制动阀 EX 口；12—车轮

图 2.44　直通空气制动机结构示意图

2）自动空气制动机

自动空气制动机结构如图 2.45 所示。自动空气制动机在直通空气制动机的基础上增加了三个部件：在总风缸与制动阀之间增加了给气阀；在每节车辆的制动管与制动缸之间增加了三通阀和副风缸。

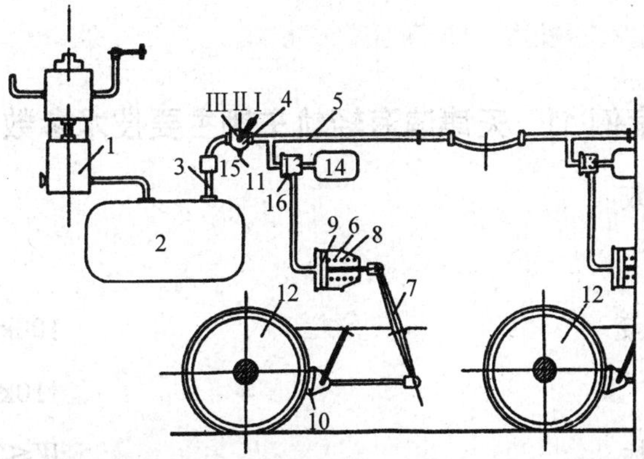

Ⅰ—缓解位；Ⅱ—保压位；Ⅲ—制动位；1—空气压缩机；2—总风缸；3—总风缸管；4—制动阀；5—制动管；6—制动缸；7—基础制动装置；8—制动缸缓解弹簧；9—制动缸活塞；10—闸瓦；11—制动阀 EX 口；12—车轮；13—三通阀；14—副风缸；15—给气阀；16—三通阀排气口

图 2.45　自动空气制动机结构图

3）直通自动空气制动机

直通自动空气制动机结构如图 2.46 所示。

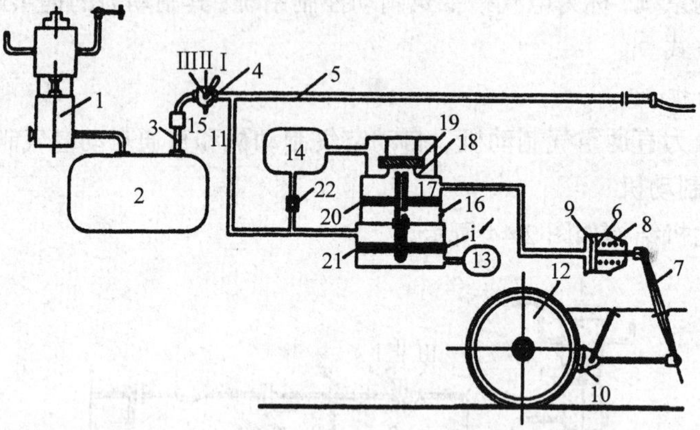

1—空气压缩机；2—总风缸；3—总风缸管；4—制动阀；5—制动管；6—制动缸；7—基础制动装置；8—制动缸缓解弹簧；9—制动缸活塞；10—闸瓦；11—制动阀 EX 口；12—车轮； 13—定压风缸；14—副风缸； 15—给气阀；16—三通阀排气口；17—排气阀口；18—进气阀口；19—进排气阀；20—制动缸压力活塞；21—主活塞；22—单向阀；i—充气沟；Ⅰ—缓解位；Ⅱ—保压位；Ⅲ—制动位

图 2.46 直通自动空气制动机结构图

2. 电气指令式制动控制

以压缩空气作为制动源动力的电气指令式制动控制系统称为电空气制动机。电空气制动机在各车辆都设有制动、缓解电空阀，通过设置于驾驶室的制动控制器使电空阀得、失电，最后控制制动缸的充、排气而实现列车的制动或缓解。

城市轨道交通车辆除了空气制动外，一般还有动力制动等其他制动方式与之配合，其制动控制系统必须能较好地协调各种制动方式的制动力大小和施加时机，因而制动控制系统也较复杂，一般由计算机系统来完成制动力的匹配协调。

相关案例

[案例 1] 天津滨海轻轨车辆主要技术参数

（一）主要性能参数

1. 速度

最高运行速度 100km/h

构造速度 110km/h

2. 车辆平稳性指标 $W \leqslant 2.5$

经过 150000km 运行后，平稳性指标应在 2.5～2.75

3. 列车载客容量

工 况	定 义	乘 客 数		列车乘客数
		Mcp 车	T 车	
AW0	无乘客（空载）	0	0	0
AW1	座客载荷	54	62	232
AW2	定员载荷（6 人/m^2）	190	210	800
AW3	超员载荷（9 人/m^2）	240	266	1012

4. 列车在平直线路上紧急制动距离

（1）对 AW0～AW2 载荷条件制动距离 ≤350m（制动初速度为 100km/h）

（2）对 AW3 载荷条件制动距离 ≤370m（制动初速度为 100km/h）

5. 列车牵引功率 2×4×200kW=1600kW

6. 轴重 ≤14t

7. 车辆重量

定 义	乘客载荷 (t)		车辆重量 (t)		列车重量 (t)
	Mcp	T	Mcp	T	
空载（AW0）	0	0	36	32	136
座客载荷（AW1）	3.24	3.72	39.24	35.72	149.92
定员载荷（AW2）	11.4	12.6	47.4	44.6	184
超员载荷（AW3）	14.40	15.96	50.40	47.96	196.72

（二）车辆主要尺寸

（1）车辆长度（车钩连接面之间长度）

T 车 19520mm

Mcp 车（车头前端面距一位转向架中心 3700 mm） 20020mm

4 辆编组列车长度: 79080mm

（2）车辆最大宽度 2800mm

（3）车辆高度（新轮，不含受电弓，空调机组） 3700mm

空调机组最上面距轨面 3800mm

Mcp 车受电弓落弓时高度 3820mm

受电弓工作范围 175～1600mm

受电弓最大升起高度 1700mm

（4）车辆内中心高度（客室内净空高度） 2100mm

客室内乘客站立区最小高度 1850mm

（5）AW0 载荷下空气弹簧充气和新轮状态时 1100mm

（6）转向架中心距 12600mm

（7）转向架固定轴距 2300mm

（8）转向架非弹簧承载部分最低点离轨面最小距离 60mm

（9）车钩中心线距轨面高度 660+10mm

（10）车轮直径

新轮 840mm
半磨耗轮 805mm
磨耗轮 770mm
（11）轮对内侧距（在空载情况下） 1353±2mm
（12）客室侧门
侧门数量 6 对/辆
侧门开宽度 1300mm
侧门开启时，门槛顶面以上高度 1850mm
（13）司机室侧门
侧门净开度 560mm
侧门开启时，门槛顶面以上高度 1850mm
（14）贯通道
贯通道宽度 1300mm
贯通道高度 1900mm
（15）牵引座安装面距轨面高度 895mm

天津滨海轻轨车辆如图 2.47 所示。

图 2.47 天津滨海轻轨车辆

[案例 2] 转 K4 型车辆转向架

转 K4 型转向架是株洲车辆厂与 ABC-NACO 公司联合在原型摆动式转向架基础上进行改进设计的新型快速转向架，如图 2.48 所示。其主要特点有：结构上属于铸钢三大件式转向架，悬挂系统为二系的摇枕弹簧和一系的摆动机构的组合，垂向、横向都具有两级刚度特性，大大增加了车辆的横向柔性，降低了轮轨间的磨耗，提高了车辆的运行品质。

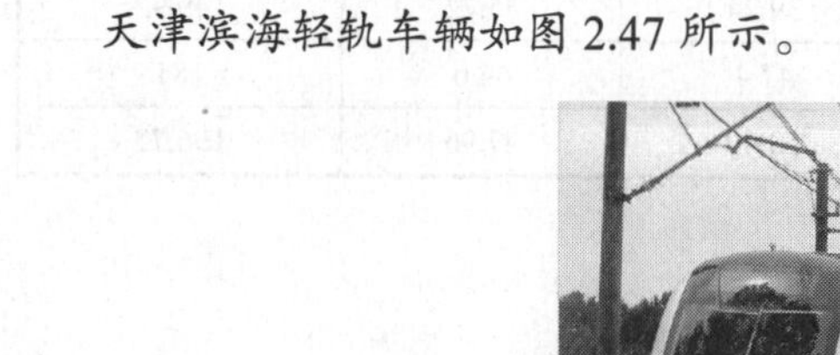

图 2.48 转 K4 型车辆转向架

主要技术参数如下。

自重：4.15t，轴重：21t；
构造速度：120km/h；

制动倍率：6.48；

心盘载荷：37.6t；

固定轴距：1750mm；

两旁承中心距：1520mm；

心盘面自由高：705mm；

空/重车弹簧静挠度：18.5/63mm；

通过最小曲线半径：100m。

[案例 3]　城市轨道交通车辆应急通风窗

在城市轨道交通车辆中，直流传动车辆的客室每侧均匀布置四扇楣窗式车窗，车窗的大小为 1540mm×880mm。装有中空双层玻璃，具有隔热、隔音功能。直流车辆的客室车窗上部 1/3 为可向内旋转开启的应急通风窗（如图 2.49 所示），以备通风设备发生故障时开启，实施紧急自然通风。应急通风窗装有锁紧机构，要用方孔钥匙才能开启，即必须由乘务员操作，乘客不得随意打开。窗下部分为固定式车窗玻璃，用环型氯丁橡胶条嵌入装配在侧墙内，双层玻璃的内侧四周还安放吸湿剂。由于应急通风窗使用的概率极低，况且在事故状态下由蓄电池供电的事故通风装置能维持 45min，所以交流传动车在设计时就将其取消了，交流传动车的车窗是一整块大玻璃。

图 2.49　应急通风窗

任务二　认知城市轨道交通电力牵引系统

学习目标

（1）知道城市轨道交通车辆电气牵引系统构成；

（2）知道城市轨道交通车辆电气传动控制方式；

（3）了解城市轨道交通车辆受流设备；

（4）了解城市轨道交通车辆牵引电动机的类型及特点；

（5）了解城市轨道交通列车控制系统。

学习任务

认知城市轨道交通电力牵引系统设备，包括城市轨道交通车辆电气牵引系统结构、轨道交通车辆电气传动控制方式、受流设备、列车控制系统等。

工具设备

城市轨道交通牵引交流、直流、线性电动机实物模型，仿真列车控制系统装置，受电弓，集电靴模型，多媒体设备课件，图片，示教板，计算机多媒体设备等。

教学环境

理实一体化教室或列车运行控制仿真实验室。

基础知识

城市轨道交通车辆通常是由电力驱动的，驱动城市轨道交通车辆的电能来自牵引变电所，经顶部的接触网或路轨侧面的第三轨，送到动车上面或侧面的受流器。牵引电动机装在动车下的转向架上。各车辆之间一般有门直接贯通，最前面的首车前端多数也有门，危急时可以打开。司机通过首车中的司机室控制设备，对整列车辆进行多机重联驾驶。在行车组织部门的指挥下，根据信号及列车运行图在全封闭或部分封闭的专用轨道线上有序运行。

一、城市轨道交通车辆电气牵引传动系统

（一）城市轨道交通车辆电气牵引传动系统构成

城市轨道交通车辆作为运送旅客的运输工具，必须具有良好的牵引、制动性能，能快速启动和停止，以确保安全、准时和快捷。城市轨道交通通常以列车编组形式运行，一列城市轨道交通车辆一般由 3～8 节动车和拖车组成，也可以是全动列车编组，依据客流而定，通常称为电动列车。带有牵引动力装置的车辆称为动车，无牵引动力装置的车辆则称为拖车。动车分为有受力弓的动车（Mp）和无受力弓的动车（M）；拖车分为有驾驶室的动车（Tc）和无驾驶室的动车（T）。

目前，国内比较常见的几种编组方式有 3 节、4 节、6 节和 8 节编组。如图 2.50 所示为常见的列车编组示意图。

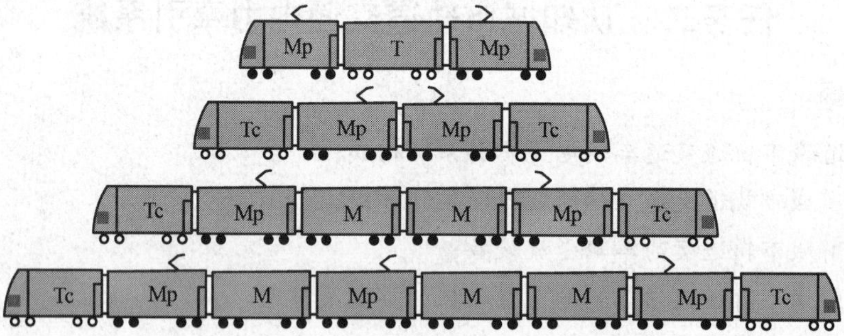

图 2.50　常见的列车编组示意图

不同城市电动列车编组方式有所不同。目前国内列车编组中车型表示方法还采用 A、B、C 等字母来表示，其中 A 代表带司机室的拖车；B 代表带受电弓的动车；C 代表不带受电弓的动车。同时连接方式用“–”表示自动车钩，“=”表示半自动车钩，“*”或“+”表示半永久性牵引杆。

城市轨道交通车辆电气牵引系统主要包括受流设备和各种电气牵引设备及其控制电路。牵引电动机是城市轨道交通车辆得以实现牵引及电制动的动力机械设备。车辆电气牵

引有直流电气牵引系统和交流电气牵引系统。直流电气牵引系统采用直流牵引电动机。牵引控制方式从凸轮变阻调速发展到斩波调阻变速，控制简单方便，但也存在着质量大、体积大、维修量大和能耗大等缺点。随着电子技术的发展，直流电气牵引系统的控制方式发展为斩波调压变速方式。交流电力牵引系统采用异步电动机和直线电动机两种。在牵引传动系统中，交流电动机相对于直流电动机有许多优点：结构简单可靠、无电刷和换向器、体积小、质量小、维修方便、转速高、功率大、能自动防滑等，在城市轨道交通中广泛应用。城市轨道交通车辆交流牵引一般采用交流三相异步电动机作为牵引动力。

（二）牵引传动系统的工作原理

驱动地铁车辆的电能来自牵引变电所，由受流设备经隧道顶部的接触网或路轨侧面的第三轨，将电源引入牵引系统，通过逆变电路进行调频调压变换，供牵引电动机启动、加速；滤波电路平抑逆变和斩波造成的电网电压电流的波动，减少谐波。电气制动时，还采用再生制动，牵引电动机改接为发电机，把车辆的动能转变为电能反馈回电网，供给其他牵引运行中的地铁车辆使用，当不能进行再生制动时，通过制动斩波器，将电能消耗在制动电阻上，转化为热能散发。

二、城市轨道交通车辆电气传动及控制方式

城市轨道交通车辆的牵引动力来自牵引电动机。牵引电动机悬挂在车辆转向架或车轴上，并借传动装置驱动车辆前进。在启动、牵引及制动等各种工况，都是通过电气传动控制系统改变牵引电动机的转速来实现车辆调速的目的。动车中的牵引电动机将电能转变为机械能，驱动列车运行并控制运行速度。

传统技术模式的地铁车辆是依靠轮轨间黏着作用来发挥牵引及制动力，但由于物理黏着的限制，其加、减速度性能和爬坡能力都受到了制约。传统的地铁车辆存在着全天候运行特性较差、运行时机械振动和噪声较大、车辆结构轻量化和小型化相对困难等缺点。随着城市轨道交通技术的发展，直线电机车辆应运而生。与传统轮轨车辆的最大区别在于牵引传动系统，直线电动机车辆是利用单边式直线感应电动机作为地铁（或轻轨）车辆的驱动。这种驱动方式中，车辆的车轮仅起支撑承载作用，而推进力是由直线感应电动机产生的。由于是非黏着的驱动，所以直线电动机车辆具有动力性能优良、实现径向转向架、横断面结构的小型化、降低振动和噪声、安全性和可靠性良好等优点。

目前城市轨道交通车辆采用的牵引电动机有旋转电动机和线性电动机两大类。城市轨道交通车辆牵引传动控制方式如图 2.51 所示。

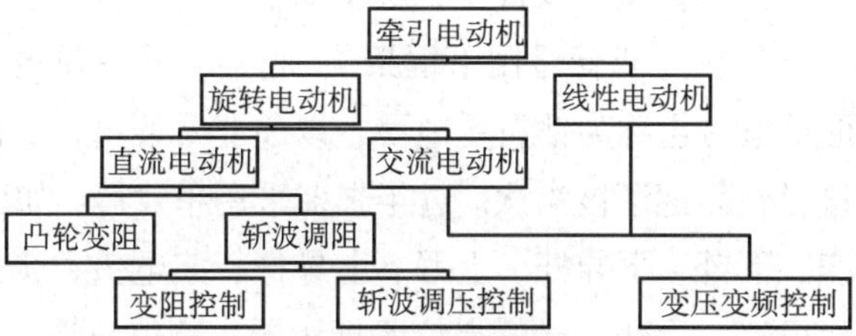

图 2.51　城市轨道车辆牵引传动控制方式

三、受流设备

城市轨道交通车辆通过受流器与导线滑动接触，从供电电网吸收电能。受流设备将外部电源引入车辆电源系统，是列车接受供电的重要设备。

（一）受流器的形式

城市轨道交通车辆受流器有受电弓、旁弓和第三轨受电器等形式。我国常用的馈电方式有接触网和接触轨两种形式，城市轨道交通车辆基本采用直流 1500V 和直流 750V 供电。北京地铁为直流 750V，上海、广州、深圳地铁均采用直流 1500V。

根据线路供电方式的不同，列车受流器通常有受电弓和集电靴两种形式。直流 1500V 供电采用架空线接触网式，车辆采用受电弓受流（如图 2.52 所示），由于 1500V 供电方式的电流小而线路降压低，接触网方式可以实现长距离供电，受线路变化影响较小，并且能适应列车高速行驶的需要，较多的城市轨道交通线路采用接触网与受电弓受流方式。直流 750V 供电方式一般采用第三轨受电（如图 2.53 所示），在车辆的转向架上，装有集电靴，其接触方式分为上部受流和下部受流。上部受流即车载受流器的滑块，与第三供电轨上部接触滑行，如北京地铁 13 号线；下部受流即车载受流器的滑块，与第三供电轨下部接触滑行，如武汉轻轨。

图 2.52　接触网–受电弓馈受电模式

图 2.53　第三轨–集电靴馈受电模式

（二）受电弓

1. 受电弓的结构

受电弓从结构上可分为单臂型和双臂型；从驱动上可分为气动型和电动型。两种受电弓均由滑板、上框架、下臂杆（双臂弓用下框架）、底架、升弓弹簧、传动气缸、支持绝缘子等部件组成。菱形受电弓也称为钻石受电弓，以前非常普遍，后由于维护成本较高以及容易在故障时拉断接触网而逐渐被淘汰。近年来多采用单臂弓，如图 2.54 所示。单臂弓的组成部件主要有底座、下臂、下导杆、上臂、上导杆、集电头、张紧弹簧、气压升弓装置、导电桥线机构、阻尼器、弓托、最低点位置指示器、高位止挡。

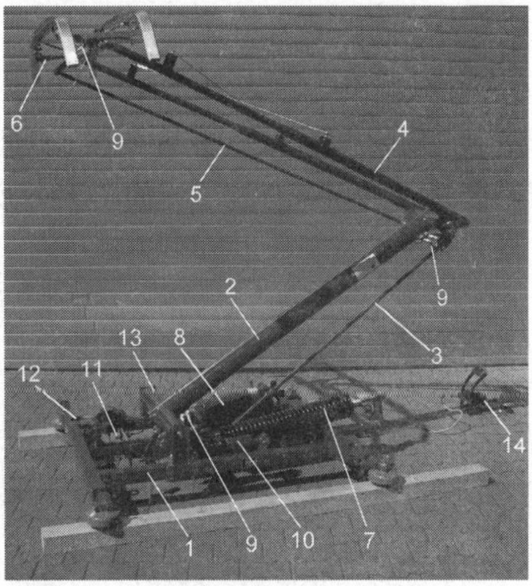

1—底部框架 ；2—下臂；3—下导杆； 4—上臂；5—上导杆；6—集电头；7—主张力弹簧；8—气压升弓装置；
9—导电桥线机构；10—阻尼器；11—弓托 ；12—最低点位置指示器； 13—高位止挡；14—吊钩闭锁器

图 2.54　受电弓的构成

2. 受电弓主要部件的作用

（1）底部框架：底部框架由方形管或型钢焊接而成，用于支撑整个框架，底部框架上还安装有铜接线排与连接列车主电源电缆。并通过轴承与下部撑杆相连。

（2）绝缘子：绝缘子安装在底部框架上，用于支撑底部框架，并将车体与受电弓隔离。绝缘子要求具有良好的电气绝缘性和机械性能，一般常用瓷或玻璃纤维聚酯压制而成。

（3）下部框架：由下部撑杆和下部导向杆组成。下部撑杆由无缝冷拉钢管焊接而成。在下部撑杆上安装有接线板、主张力弹簧连杆、缓冲器冲击块、上部导向杆的轴承支座及驱动气缸的安装支座。下部导向杆由钢管制成，其长度可改变。通过改变下部导向杆长度来调节受电弓最低位置。下部导向杆上还安装有受电弓高位止挡，止挡决定受电弓最大升起高度。

（4）上部框架：上部框架由上部撑杆和上部导向杆组成。上部撑杆由锥形角钢管焊接而成，包括铰链及斜支撑杆。斜支撑杆使上部撑杆具有侧向稳定性。上部导向杆长度可改变，安装了集电头。

（5）集电头：集电头是受电弓与接触网接触的部分，主要由滑板、转轴、弓角、弹簧盒组成。由轻金属制成的弓角可以防止在接触网分叉处接触导线进入滑板底下，避免刮弓事故的发生。滑板由电石磨碳制成的接触部件及由轻金属制成的支撑物组成。弹簧盒中装有螺旋压缩弹簧，可为集电头在垂直方向提供一定的自由度。

（6）主张力弹簧：主张力弹簧安装在下部撑杆上，按轴向布置。通过调节螺栓可改变弹簧连杆的有效长度，使受电弓在整个工作范围内有一个恒定的接触力。

（7）传动气缸：传动气缸安装在受电弓底部框架上，通过活塞杆和在下部撑轴上的杆来使受电弓动作。升弓和落弓速度可通过节流阀来调节。

（三）集电靴

1. 集电靴的结构

集电靴由绝缘底座、调整支架、调整丝槽、手动回退工具插入位置、气动回退装置、拉簧压力系统、集电靴止挡、调整螺栓等部件构成，如图 2.55 所示。

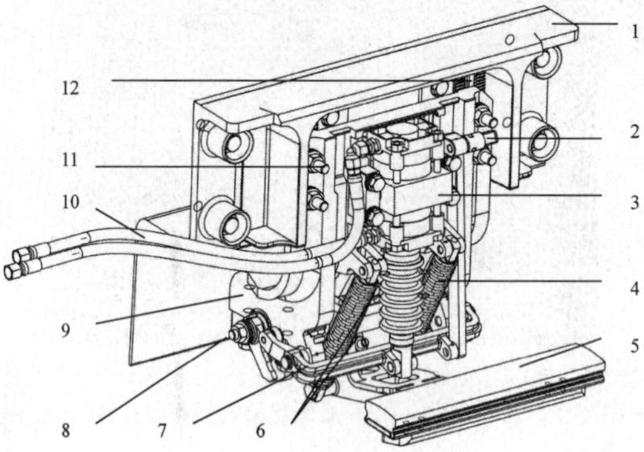

1—绝缘底座；2—手动回退工具插入位置；3—气动回退装置；4—拉簧压力系统；5—碳滑板；6—集电靴止挡；7—回退柄；8—臂轴；9—调整支架；10—气管；11—调整螺栓；12—调整丝槽

图 2.55　集电靴结构总图

2. 集电靴主要部件的作用

（1）调整支架：通过调整螺栓可以整体调整集电靴高度，主要是调整臂轴的高度。

（2）调整丝槽：调整丝槽共有 20 个槽，每个丝槽距离为 4mm，调整范围为 80mm，这主要是针对列车轮对磨耗设计的，因为轮对磨耗范围一般是 80mm，当列车轮对有磨耗时，可以通过调整集电靴在丝槽上的位置来调整集电靴臂轴的高度，保证臂轴高度为 183±4mm。

（3）手动回退工具插入位置：通过在手动回退工具插入位置插入绝缘棒可以实现集电靴手动升降靴。

（4）拉簧压力系统：用于保持集电靴升靴所需的力。

（5）集电靴止挡：集电靴止挡有升靴止挡和降靴止挡，集电靴止挡主要是调整集电靴升降靴的极限高度。集电靴升靴止挡有刚性止挡和橡胶止挡，刚性止挡起主要的止挡作用，橡胶止挡主要起缓冲作用，因为受流臂很长，所以橡胶止挡最好高于刚性止挡 5mm。

图 2.56　集电靴供风单元箱

（6）气动回退装置：气动回退装置主要由集电靴气缸和回退柄组成，气动控制集电靴升降。

（7）集电靴供风单元箱：主要由两个二位五通的脉冲电磁阀、一个过滤减压阀及五个截断赛门集成在一个阀板上组成，图 2.56 所示为集电靴供风单元箱。

四、牵引电动机

牵引电动机是城市轨道交通车辆得以实现牵引及电制动的动力机械。牵引电动机悬挂在车辆转向架或车轴上，并借传动装置驱动车辆前进，牵引电动机在结构上必须考虑传动和悬挂两个方面的问题。牵引电动机的安装尺寸受到很大的限制，如径向尺寸受到轮径限制，轴向尺寸受到轨距限制，故其结构必须紧凑。为此，牵引电动机都采用较高等级的绝缘材料和性能较好的导磁材料。车辆运行时，钢轨对车辆的一切动力影响都会传给牵引电动机，使牵引电动机承受很大的冲击和振动。因此，要求牵引电动机的零部件必须具备较高的机械强度。牵引电动机的使用环境恶劣，它挂在车体下面，很容易受潮、受污、受热度和湿度的影响，因此牵引电动机的绝缘材料和绝缘结构应具有较好的防尘、防潮能力并要求有良好的通风条件。

牵引电动机分旋转电动机和直线电动机两大类。旋转电动机有直流电动机和交流电动机。线性电动机即直线牵引电动机，是异步感应电动机的简称。

（一）直流电动机

1. 直流电动机的构成

直流牵引电动机主要由静止的定子和旋转的转子两大部分组成，如图 2.57 所示。

图 2.57　直流牵引电动机

定子的作用是产生磁路和作为电动机的机械支撑。定子由主磁极、换向极、电刷装置、机座、端盖和轴承等部件组成。

转子是实现能量转换的主要部件。转子由电枢铁芯、电枢绕组、换向器和转轴等部件组成，用于产生感应电势和电磁力矩。

主磁极包括主极铁芯和激磁线圈。主磁极通常由钢板叠成，可降低电枢旋转时齿和槽相对磁场移动产生的磁场脉震在极靴表面的涡流损耗。

主极铁芯分为极芯和极靴，极靴与电枢表面间的缝隙是不均匀的。

换向极由极芯和换向线圈组成，换向极的作用是产生换向磁场，用来改善电动机的换向。电枢铁芯是电动机磁路的一部分，是承受电磁力作用的部件。电枢绕组镶嵌在电枢铁芯的槽中，电枢线圈按一定的规律和换向器连接起来构成电枢绕组。电枢绕组由许多绕组元件组成，分单匝元件和多匝元件。电动机旋转时，绕组元件将受到很大的离心力作用。

换向器由许多相互绝缘的换向片组合而成，作用是将电枢绕组中产生的交流电势转换为电刷间的直流电势。在电动机运行时，换向器既要通过很大的电流，又承受着各种机械应力。换向器的好坏直接影响电动机工作性能。电刷装置由电刷、刷握、刷握架和刷杆组成，安装在电动机换向器端，其作用是使转动的电枢绕组与外电路连接起来。

2. 直流电动机的特点

直流牵引电动机的调速有两种基本形式：变阻控制和斩波调压控制。

（1）变阻控制：通过调节串入电动机回路以改变直流牵引电动机端电压来达到调速目的。它主要有凸轮控制和斩波调阻控制两种方式。

凸轮控制通过转动凸轮，使有关接触器接入或切除启动电阻来改变电阻值，以达到调节牵引电动机端电压的目的。

斩波调阻控制将晶闸管等功能元件组成的斩波器（CH）作为电子开关，与启动电阻R并联，通过CH定频调宽或定宽调频控制方式，调节接入主回路的电阻值来改变牵引电动机端电压。

（2）斩波调压控制：通过接在电网与牵引电动机之间斩波器的导通与关断来改变牵引电动机端电压，实现调速。

使用大功率门极可关断晶闸管（GTO），利用晶闸管的导通与关断把直流电压转换成方波，可调整直流电动机端电压。这种调压变速方式的主要优点是GTO取消了换流装置，体积和质量减小，可实现无级调整，使车辆平稳启动和制动。同时可以将车辆动能转化的电能存储在电抗器，再反馈到电网，节省能量。电动机的电流波动小，可提高黏着力。

直流牵引电动机的励磁方式是指对主磁极励磁绕组的供电方式。按励磁绕组和电枢绕组连接方式不同，可分为他励、串励和复励等。例如，直流串励牵引电动机的励磁绕组和电枢绕组串联。

直流串励牵引电动机由于具有牵引需要的“牛马”特性、启动性能好、调速范围宽、过载能力强、功力利用充分、控制简单等优点，曾经作为城市轨道交通各种车辆的主要牵引动力被广泛应用。

换向器的存在是直流牵引电动机的缺点之一。由于直流牵引电动机必须设置换向器，导致直流牵引电动机在高压大功率时换向困难、工作可靠性差、结构相对复杂、制造成本高、维修工作量大。由于城市轨道交通车辆启动和制动频繁，使车辆动能转化为电能消耗在电阻上，浪费能量。

图2.58 异步牵引电动机

（二）交流电动机

1. 交流电动机的构成

城市轨道交通车辆交流牵引通常采用异步电动机，如图2.58所示。

三相笼式异步牵引电动机主要由固定部分的定子和旋转部分的转子两大部分组成。定子和转子之间有一很小的间隙，称为气隙。定子的两端还有端盖。

1）定子

异步牵引电动机的定子由定子铁芯、定子绕组和机座三部分构成。

定子铁芯的作用：作为电动机中磁路的一部分和放置定子绕组。为了减少旋转磁场在铁芯中引起的损耗，铁芯一般用导磁性良好的电工硅钢片叠成。

定子绕组的作用：主要是产生感应电势，通过电流以实现机电能量转换。

机座的作用：主要是固定和支撑定子铁芯，要求有足够的机械强度和刚度。

2）转子

异步牵引电动机的转子由转子铁芯、转子绕组和轴承等部分构成。

转子铁芯的作用：作为电动机中磁路的一部分，一般由硅钢片叠成。铁芯安装在轴承上。转子铁芯上开有槽，供放置浇注转子绕组使用。

转子绕组的作用：主要是产生感应电流电势，流过电流和产生电磁转矩，其结构外形常为鼠笼式。

异步牵引电动机的转子绕组不需要外界电源供电，可以自行闭合而构成短路绕组，工艺简单。每个转子槽中插入一根导条，在伸出铁芯两端的槽口处用两个端环分别把所有导条连接起来。

3）气隙

与其他电动机一样，异步电动机的定子和转子之间必须有一个气隙。

异步电动机的气隙很小。气隙的大小对异步电动机性能有较大影响。一方面，为了降低电动机的空载电流和提高电动机功率因数，气隙应尽可能小；另一方面，为装配方便和运行可靠，以及削弱磁场脉振所引起的附加损耗等，气隙又应稍大点才更有利。

2. 交流电动机的特点

交流电动机没有换向器，构造简单，运行可靠，效率较高，维护很少，价格低廉；转子坚固，定子绕组沿圆周均匀分布，电动机体积小，能获得较大的单位重量功率；其机械特性较硬，具有较好的防空转性能，使黏着利用提高；且微电子技术的发展使异步电动机的调压变频调速得以顺利实现。

随着电力电子技术的发展，可以通过具有变压变频（VVVF）控制的逆变装置对三相交流异步电动机进行力矩控制，实现列车调速的目的。交流异步传动的关键技术是根据主令（司机或 ATO 信号）完成对变流器和异步电机的实时控制、牵引和制动特性控制，以及黏着利用控制等。

（三）直线电动机

轨道交通用直线电动机一般分为直线同步电动机和直线感应电动机两种类型，城市轨道交通中一般使用直线感应电动机，简称直线电动机。直线电动机是从旋转电动机演变而来的。它的基本构成和作用原理与普通旋转电动机类似，就如同将旋转电动机沿径向切开后展平而成。

1. 直线电动机的构成

直线感应电动机类似于传统的旋转感应电动机。直线电动机可以视为一台旋转电动机沿半径方向切开而展平的感应电动机，即将旋转感应电动机静止的定子（铁芯和绕组）安装在车辆的转向架上，将旋转的转子（感应板）安装在轨道中间的感应轨上，当直线电动机的定子绕组通过交流电流时，两部分产生的磁场相互作用，直接推动车辆前进；反之则产生斥力，可使车辆制动。改变交流电的电压及频率，就可以控制磁场的变化，从而完成列车的启动和制动。

2. 直线电动机的特点

直线电动机车辆以直线电动机作为牵引电动机，直线电动机是以直线运动代替旋转运动进行牵引与制动的。作为非黏着驱动方式的直线牵引电动机车辆，在城市轨道交通中的运用越来越受到各国的重视。

直线牵引电动机传动方式由旋转运动变为直线运动。直线感应电动机原理如图 2.59 所示。

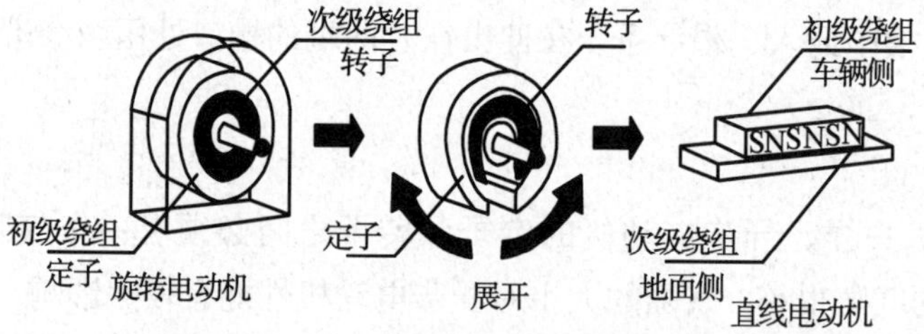

图 2.59　直线感应电动机原理图

城市轨道交通车辆运行特点是站距短而旅行速度高，需频繁启动和停止，启动推力大，高速区域推力小；牵引电动机的响应快，动态性能优异，可由一台逆变器驱动多台电动机并联工作。在理论上，可视其为拥有无限大半径的旋转型电动机，因此直线电动机的原理与旋转电动机相同。当交流电流施加入固定在转向架上的一次侧线圈时，产生的交变磁场在固定于轨枕上的二次侧导体（感应板）中产生感应磁场，相互作用产生的电磁力使车辆实现牵引与电制动。直线电动机牵引控制系统结构如图 2.60 所示。

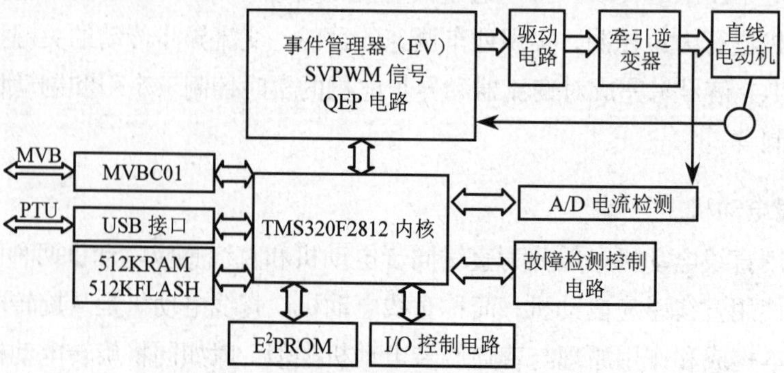

图 2.60　直线电动机牵引控制系统结构图

五、列车控制系统

城市轨道交通车辆采用微机进行自动控制、监测及诊断。在司机室中，司机可对全列车中的空调、照明、车门进行集中控制，能对列车主要设备的状态进行集中监测，并对在列车运行中所发生的故障进行诊断。

（一）牵引控制系统

牵引控制系统用于控制列车电动机工作，为列车提供所需动力及制动力。牵引控制系统由高速开关、变流设备、主电路及牵引控制单元、制动电阻等部件组成。

1. 高速开关

高速开关装置由基架、短路快速跳闸装置、过载跳闸装置、合闸装置、灭弧栅和辅助触点等部件组成。

高速开关用于接通和分断电动列车的高压电路，是电动车辆的主要保护装置。

2. 变流设备

变流设备由斩波器、牵引逆变器及其他辅助设备组成。变流设备按牵引电动机种类的不同，可分为直流-直流变流设备、直流-交流变流设备、交流-直流变流设备、交流-直流交流变流设备。城市轨道交通线路供电基本采用直流电源模式，因此其变流设备通常采用直流-直流和直流-交流两种形式。

3. 主电路

主电路由主接触器等构成。主接触器一般由电磁机构、传动装置、主触头、灭弧装置、辅助开关等组成。电磁接触器用于频繁地接通和切断主电路的自动切换器，能进行远距离的自动控制。

4. 牵引控制单元

牵引控制单元由一个微机实时测控，处理由司机发出的指令，通过参考值设置、牵引（制动）控制电路的数据和应答信号，并根据相应程序对牵引电路进行控制。同时，控制单元还具有故障检测及故障存储功能。

如图 2.61 所示，牵引控制单元（TCU）通过 MVB 网络与列车控制网络交换信息，根据网络指令控制牵引系统部件，完成牵引/制动管理、速度管理、安全监测和故障诊断等功能。

图 2.61　牵引控制单元（TCU）

5. 制动电阻

制动电阻由框架、带状电阻、绝缘子等部件组成。一个制动电阻单元可能由几个制动电阻模块组成。制动电阻用于城轨车辆的电阻制动，承担电动机电流中不能再生的那部分制动电流。

（二）主控制器

主控制器用于控制主电路，主要由主控制手柄、方式/方向手柄、组合开关、凸轮、转动轴、电位器电阻等部件构成。

司机通过操纵主控制器手柄和操纵按钮，使列车按司机意图运行。它实际上是一组转换开关，通过扳动两根不同的轴，控制凸轮及与之组合开关相应的触点分合，然后通过控制电路控制列车的运行方向，实现列车牵引、制动和运行工况的转换。

为了保证列车的安全，在主控制手柄上安装有警惕按钮，司机按下该按钮后才能向列车发出牵引指令；在列车运行过程中，如果司机放开警惕按钮后不能及时再次按下，列车将实施紧急制动。主控制器还与司机钥匙开关相互连锁，保证在钥匙未打开前，主控制器处于锁定状态；而主控制器处于工作状态时，钥匙不能被拔出。主控制手柄与方式/方向手柄之间也相互连锁，在主控制手柄处于牵引或制动位置时，方式/方向手柄无法改变状态；方式/方向手柄不工作时，主控制手柄被锁定，无法放在牵引或制动位上。

相关案例

[案例 1] YJ26 异步牵引电动机

YJ26 异步牵引电动机由 VVVF 逆变器供电，可作为窄轨矿用机车以及城市有轨、无轨电车的牵引电动机和交流调速系统的拖动电机。YJ26 异步牵引电动机为四极，全封闭铜排鼠笼式结构，如图 2.62 所示。

图 2.62 YJ26 异步牵引电动机

其主要性能参数如下。

额定功率：37kW； 额定转速：772r/min；
额定转矩：458 N·m；
额定电流：68A； 额定电压：400V；
功率因数：0.84；
额定频率：26Hz； 最高转速：2573r/min； 冷却方式：自冷；
接线方式：星接； 最大转矩：631N·m； 绝缘等级：H；
防护等级：IP55； 效率：91%； 质量：505kg。

[案例 2] YJ130A 变频调速异步电动机

YJ130A 是为 200km/h 客运交流传动电力机车设计的大功率、高电压、高转速变频调速异步牵引电动机。该电动机由中国北车集团技术引进再创新，在原电动机的基础上功率提升 28.6%，电压提高 1.1 倍，最高转速提升 42.7%，电动机重量减少 9.2%，如图 2.63 所示。

图 2.63 YJ130A 变频调速异步电动机

[案例 3] 直线电动机地铁车辆

直线电动机地铁车辆是当今世界上最先进的城市轨道交通工具之一，因为采用直线电动机牵引技术而得名。直线电动机技术作为一种较为成熟的技术，目前在加拿大温哥华空中列车 Sky Train 系统、马来西亚吉隆坡 PUTRAII 线、美国纽约肯尼迪国际机场线、日本大阪 7 号线、东京地铁 12 号线（大江户线）、斯卡伯勒快速运输系统、底特律市区运输系统等项目中得到了广泛应用。与传统的旋转电动机地铁车辆相比，直线电动机地铁车辆具有工程造价低、运营成本低、噪声小、爬坡能力强、曲线通过能力强、维护简单等优点，适合在大坡度、转弯多、城市地质结构复杂的区域内运行。直线电动机地铁车辆效果如图 2.64 所示。

图 2.64　直线电动机地铁车辆

列车采用国际先进的 VVVF 交流传动技术，车体采用铝合金车体，具有质量小、耐腐蚀的特点。车内装有先进的故障诊断、信息显示、CCTV 监视、火灾预警等系统。

拓展知识

城市轨道交通车辆交流牵引 VVVF 调速系统

交流牵引传动系统是利用变频变压装置将电网的直流电能转换为电压、频率可调的交流电能，以供交流牵引电动机使用，即采用变频变压（VVVF）控制方式，通过调节交流电动机的端电压与频率调节转速，从而实现调节车辆的速度。这种控制方式是随着大功率开关晶闸管（GTO、IGBT、IPM）制造技术的发展与成熟以及微机控制技术的普及而发展起来的，交流电动机调速系统被公认为近代调速系统中最优越的一种调速系统，调速性能和节能效果好。其优点有列车启动平稳、可方便实现再生制动；列车控制更加灵敏、准确，可充分利用与发挥牵引电动机的功率及车辆的黏着性能，实现灵活调节，预防车轮空转与滑行，可提高列车的启动加速度、制动减速度；采用交流异步牵引电动机，结构简单，运行可靠，能做到几乎无维修保养；极易实现车辆的自动检测、故障记录，为车辆的维修提供详细的资料与指导；车辆的电气线路中有触点开关元件数量大大减少，使电路简单，减少维修，提高运行可靠性，还能降低车辆自重；提高动车牵引力，减少列车编组中动车数量，有利于降低成本。

城市轨道交通车辆交流牵引 VVVF 调速系统主要由逆变器、计算机控制装置、主要电器元件、交流牵引电动机组成。

1. 逆变器

（1）逆变器主电路及其采用的电力电子器件。随着 GTO 元件性能提高，封装和安装方式的改进，20 世纪 90 年代后期生产的逆变器大都使用 4500V GTO （DC 150V 供电）、

2500V GTO（DC 750V 供电）并已模块组件化和进行热管冷却，逆变器主电路由二点式逆变电路和电制动电路组成，GTO 逆变器技术广泛应用在城市轨道交通车辆的电气牵引系统中。由于 GTO 关断增益低、关断损耗大、通断频率低，且存在二次击穿危险等缺点，使 GTO 逆变器在城市轨道车辆上应用前景引起争议。IGBT 与 GTO 相比有明显的优点，高电压、大电流 IGBT 一出现就被迅速应用在地铁、轻轨车辆上。IGBT 与 GTO 逆变器一样采用模块组件化。其组件结构体积小、质量小，并且采用了低电感汇流排连线方式，漏电感小，减小关断过电压，使电路更加简化。

（2）逆变器以及车用辅助电源逆变器要充分考虑冷却问题。为保证大电流电力电子器件冷却效果、减小冷却器体积、保护环境、方便组件维修，近年来在城市轨道交通车辆电气系统中推出了热管冷却方式。热管冷却具有体形小、质量小、维护简便等优点，可使逆变器装置结构紧凑。热管冷却器的散热片放在车辆外侧，利用车辆运行产生的风来提高冷却效果，热管冷却另一侧为全封闭功率组件，可免受污染。

2. 计算机控制系统

交流传动方式的车辆计算机控制均具有车辆控制、牵引及制动控制、车辆辅助电源控制、系统自检和诊断、车辆引导性测试、人机对话（显示）通信等功能。采用多重微机控制构架对车辆上 VVVF 逆变器、辅助电源逆变器进行实时控制和诊断。新车型设计系统中只需选择合适的电路板和配置单元。系统软件担负程序运行控制、通信、显示驱动等功能；由于城市轨道交通车辆编组运行，整列车的微机是一个分布式系统，系统内部集成了一套车辆通信网络。由车辆总线来连接同一列车不同车辆上的计算机，实现车上设备与外部通信。

3. 主要电器元件

城市轨道交通车辆交流牵引系统中电器元件使受电器在使用中与架线式第三轨始终保持理想的滑动接触，在加速度作用下，在线路或地势发生变化时均能适应；合适的接触压力使受电器在与电源网络组成回路输入电源的过程中处于最小和最大压力范围，使滑板与接触导线之间的接触电阻和磨损最小；理想的力学性能使受电器满足一定强度和刚度要求，综合性能好，经得起高速运动中加载、紧急制动和大容量传输电流等冲击。

4. 交流牵引电动机

由于交流牵引 VVVF 装置促进了由 VVVF 逆变器供电并满足牵引车辆要求的交流异步电动机的研制工作，使交流牵引电动机在单位质量和体积的功率数增加，可靠性提高，维护少且方便，技术发展主要表现在制造工艺和结构上的改进。具体情况为：工艺采用耐热等级高、厚度薄的聚酰亚胺薄膜和云母带作为定子线圈主绝缘，提高槽填充系数，缩短铁芯长度，线圈用 C 级绝缘材料做 H 级温升使用，提高电动机可靠性；定子整体浸渍，确保漆膜填满槽与线圈的全部间隙，线圈和铁芯形成牢固整体，以增强绕组防尘和防潮能力。

任务三　认知城市轨道交通供电系统

学习目标

（1）了解城市轨道交通供电系统的构成；

（2）知道城市轨道交通供电制式；

（3）知道变电所的构成及作用；

（4）了解城市轨道交通触网设备；

（5）了解城市轨道交通动力照明设备；

（6）了解城市轨道交通电力监控系统设备。

学习任务

认知城市轨道交通供电系统设备，主要包括城市轨道交通供电系统、采用的供电方式、变电所、触网设备、动力照明设备系统、电力监控系统等设备认知。

工具设备

城市轨道交通供电系统仿真软件、触网设备仿真模型、城市轨道交通电力监控系统示教板、动力照明设备系统示教板、电气设备实物零部件、多媒体设备、图片等。

教学环境

理实一体化教室或轨道交通综合实验室。

基础知识

城市轨道交通电力系统作为城市轨道交通的重要组成部分，是城市轨道交通车辆安全可靠运行重要保障。城市轨道交通电力系统不仅为电动列车提供牵引用电，还为城市轨道交通运营服务的其他设备提供电能，如照明、通风、空调、给排水、通信、信号、防灾报警、自动扶梯等。在城市轨道交通的运营管理与服务中，供电一旦中断，不仅会造成城市轨道交通运输的瘫痪，而且还会危及乘客生命安全和造成财产的损失。因此，高度安全、可靠而又经济合理的电力供给是城市轨道交通正常运营的重要保证和前提。

一、城市轨道交通供电系统

（一）城市轨道交通供电系统构成

城市轨道交通供电系统由外部电源、主变电所或电源开闭所、牵引供电系统、动力照明供电系统、电力监控系统等几个部分构成，如图 2.65 所示。

城市轨道交通供电电源一般取自城市电网，通过城市电网一次电力系统和城市轨道交通供电系统实现输送或变换，然后以适当的电压等级供给城市轨道交通各类用电设备。其中，牵引供电系统和动力照明系统是城市轨道交通供电系统最主要的组成部分，牵引供电系统包括牵引变电所和牵引网系统，动力照明供电系统包括降压变电所和动力照明配电系统。图 2.66 所示为城市轨道交通牵引供电系统组成示意图。

（二）城市轨道交通供电系统的作用

城市轨道交通供电系统各个部分的作用说明如下。

（1）发电厂（站）：城市电网发出电能的中心。

（2）升压变压器：发电厂的发电机发出的电能，要先经过升压变压器升高电压。

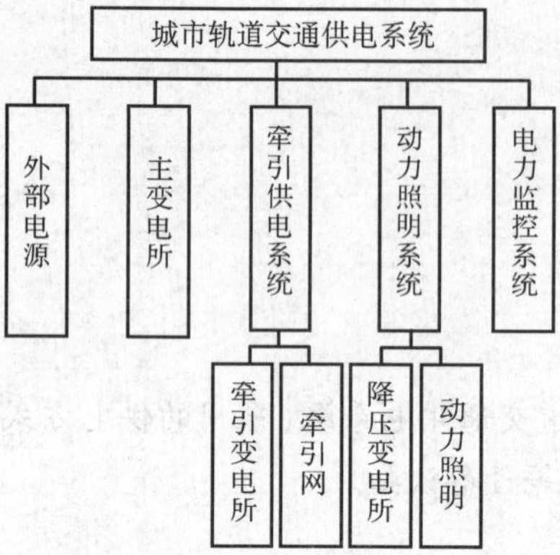

图 2.65 城市轨道交通供电系统的构成

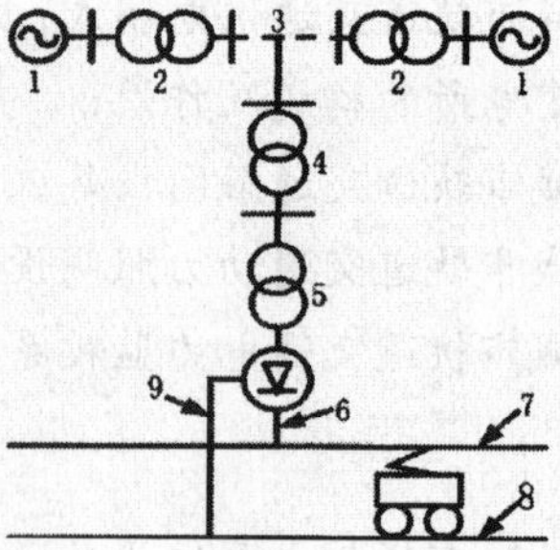

1—发电厂（站）；2—升压变压器；3—电力网；
4—主变电所；5—直流牵引变电所；6—馈电线；
7—接触网；8—走行轨道；9—回流线

图 2.66 城市轨道交通牵引供电系统组成示意图

（3）电力网：将高压电流通过三相传输线输送到主变电所或区域变电所。

（4）主变电所：将来自城市电网（发电厂）的高压交流电能经过降压转变为轨道交通系统中压交流电。

（5）直流牵引变电所：将中压交流电整流为城市轨道交通系统规定的直流电能。

（6）馈电线：馈电线是连接牵引变电所和接触往的导线，将牵引变电所的直流电送到接触网上。

（7）接触网：接触网是沿车辆走行轨架设的特殊供电线路，轨道车辆通过受流器与接触网直接接触获得电能。

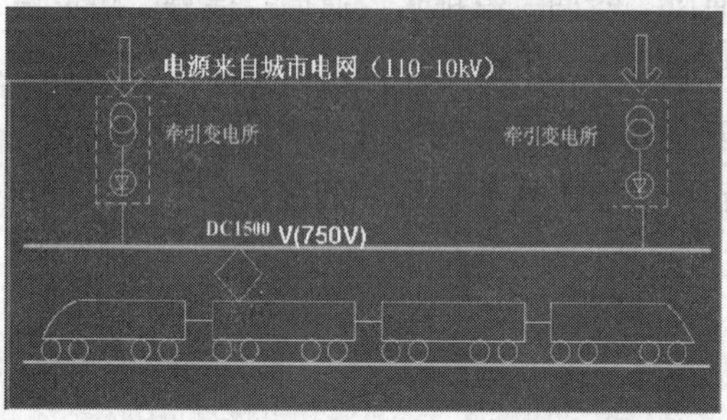

图 2.67 城市轨道交通牵引供电系统原理图

（8）走行轨道：是电动列车的走行轨，走行轨道构成牵引供电回路的一部分，又是行车信号电路的一部分。

（9）回流线：将轨道回流回送到牵引变电所。

城市轨道交通牵引供电系统原理图如图 2.67 所示。

城市轨道交通供电系统具有运输能力大、牵引性能好、运用效率高等优点，由于系统技术要求高，安全性和可靠性就显得尤为重要。

二、城市轨道交通外部供电方式

外部电源供电方式直接涉及城市电网与城市轨道交通系统的接口问题，是城市轨道交通供电系统设计中的重要组成部分，正确选择外部电源供电方式对于城市轨道交通建设十分重要。目前，国内城市轨道交通采用的供电方式主要有三种类型：集中式供电、分散式供电和混合式供电。

（一）集中式供电

集中式供电是指在轨道沿线，根据用电容量和轨道线路的长短，为轨道交通建设专用的主变电所或区域变电所，这种由主变电所构成的供电方式称为集中式供电。集中式供电发电厂或城市电网区域变电所以 110kV 高压向主变电所供电，经降压并在沿线结合牵引变电所、降压变电所形成中压环网。每个主变电所由城市电网提供两路电源，再由主变电所集中对地铁牵引、动力系统负荷供电。一般轨道交通建设的主变电所数量较少，供电负荷较大，且馈出供电距离较远，需要主变电所有大容量的变压器和传输系统，且要接入电压等级较高的电源。主变电所一般为 110kV 电压等级，再由变压器变压成为城市轨道交通系统内部所需的电压（35kV 或 10kV），集中供电方式如图 2.68 所示。例如，上海、广州、香港、南京等地铁都是采用集中式供电。

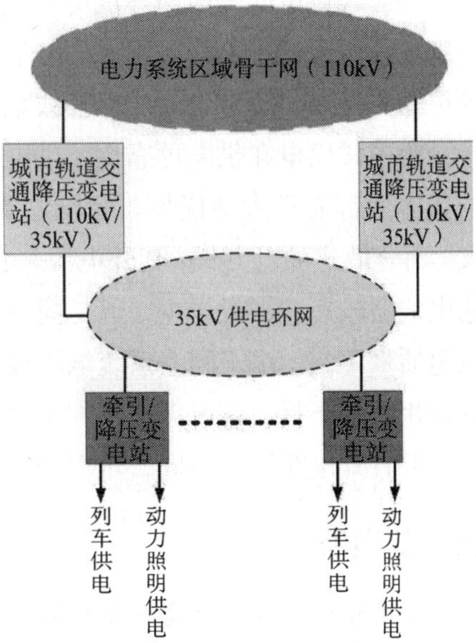

图 2.68　集中式供电示意图

（二）分散式供电

分散式供电是指不设主变电所，直接由城市电网区域变电所的中压输压电线直接向沿线设置的牵引变电所、降压变电所供电并形成环网。根据城市轨道交通供电系统需要，在城市轨道交通沿线直接由城市电网引入多路电源，电源电压等级一般为 10kV，供给各牵引或降压变电所，分散式供电如图 2.69 所示，这种方式应保证每座牵引变电所和降压变电所都能获得双路电源。例如，北京八通线、5 号线、大连轻轨、长春轻轨、沈阳地铁等都是采用分散式供电。

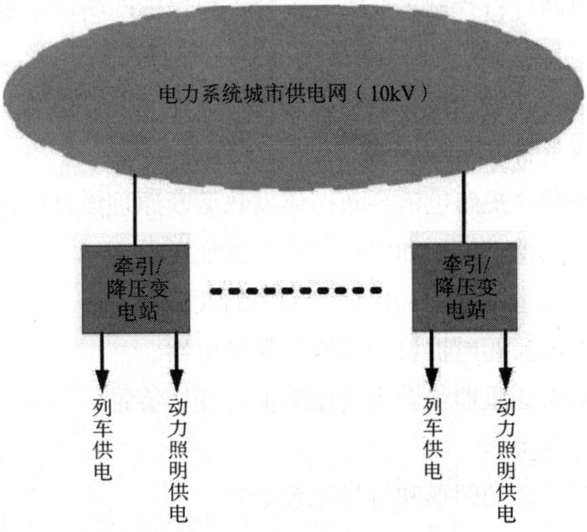

图 2.69　分散式供电示意图

（三）混合式供电

混合式供电就是前两种供电方式的结合，根据城市电网情况，以集中供电方式为主，个别地段引入城市电网电源采用分散式供电作为集中式供电的补充，使得供电系统更加完善可靠。例如，北京 1 号线和环线就是采用混合式供电。

集中式供电在供电可靠性、供电质量、运营管理、施工难易程度及其对城市电网的影响等方面都有很大的优势。我国主要城市的轨道交通供电系统大多采用集中式的供电方式。而分散式供电方式，其外电源来自城市电网，一般由距离轨道较近的地方变电站引入，输电线路较短，损耗较少，但是同一电压等级的用户较多，系统的网压波动较大，易导致供电质量不高。由于同一系统电压级别上用户较多，城市轨道交通供电系统的运行会受到其他用户的干扰，其可靠性不如集中供电方式。由于混合供电方式结构复杂，设备选型烦琐，并且外电源网压不同，难以调度，不便管理，所以一般不被采用。

三、变电所

城市轨道交通系统是一个重要的用电部门，按规定应为一级负荷，须提供两路独立的电源供电，变电所是城市电网根据城市的线网规划，选择不同的供电方式。集中式供电根据总容量要求设置主变电所；分散式供电不设主变电所，直接由城市电网向城市轨道交通沿线设置的牵引变电所、降压变电所供电并形成环网。

（一）变电所的主要电气设备

变电所的主要电气设备包括：变压器、断路器、隔离开关、母线、熔断器、电压互感器、电流互感器、避雷器、整流器等。

1. 主要电气设备的功能

变压器：一种变换器，用于传递和变换交流电能。

断路器：一种对电路进行控制（开断、关合）和保护的高压电器开关，用于自动切断负载电流和短路电流。

隔离开关：高压电器开关，可在无负荷电流时接通和断开电路。

母线：导线，用于汇合和分配电能。

熔断器：利用过负荷或短路电流导致熔体发热熔断原理设计的保护电器设备。

电压互感器：用于测量、控制和保护回路用的变压器。

电流互感器：用于测量、控制和保护回路用的变流器。

避雷器：防止雷电波损坏电器设备绝缘的保护电器。

整流器：用于与牵引变压器组合为变压整流的变换装置。

2. 设备的图形与符号

变电所中主要电气设备的图形和符号见表 2.2

表 2.2　主要电气元件设备的图形和符号

名　称	图　形	符号	名　称	图　形	符号
三相变压器	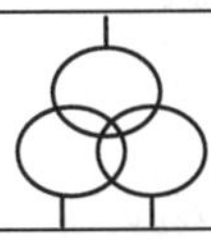	B	电压互感器	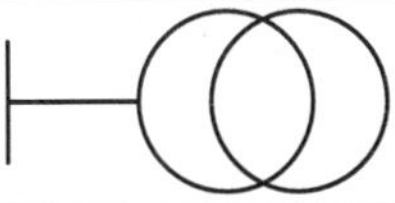	YH
断路器	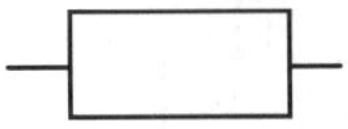	DL	电流互感器	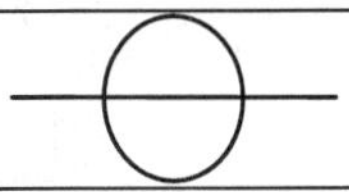	LH
带隔离触指断路器	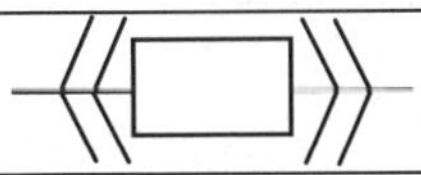	DS	带隔离触指直流高速开关		SK
隔离开关	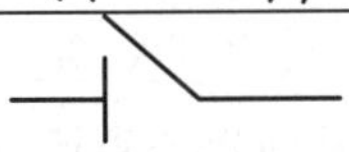	G	低压交流开关	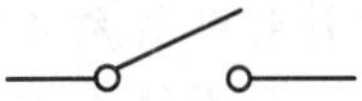	DK
母线	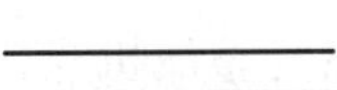	M	阀型避雷器	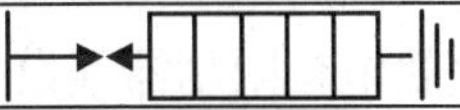	BL
熔断器	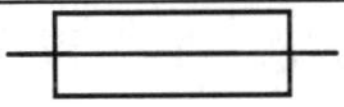	RD	整流器	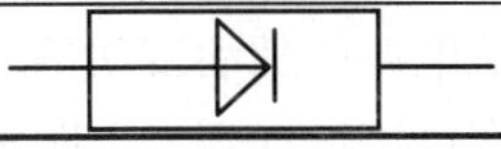	ZL

（二）主变电所

城市轨道交通供电系统如果采用集中式供电，首先需要在城市轨道沿线设置主变电所对来自城市电网的高压进行降压，主变电所承担着向城市轨道交通全线提供电能的任务。

1. 主变电所系统的组成

主变电所至少设置两台变压器，有开路电路的开关、汇集电流的母线、计算和控制互感器、仪表、继电保护装置和防雷保护装置、调度通信装置等。

2. 主变电所系统的主要设备及功能

（1）110kV 开关：开关是通、断电路的重要设备。两路 110kV 进线，每路设有三台 110kV 开关。

（2）主变压器：将 110kV 的交流电降至 35kV 的交流电。

（3）35kV 开关：经主变压器输出的 35kV 电压，需要通过母线配送至各个牵引变电所和降压变电所，35kV 开关负责通、断电路的开关装置。

（4）隔离开关：又称闸刀，负责接通或切断所接入的电路。

（5）自动监控设备：对变电所的电气设备的监测和控制，并能对其进行远程控制和数据采集。

3. 主变电所系统的作用

主变电所将城市电网提供的两路相互独立的、可靠的 110kV 交流电压的电源，降压为中压 35kV 的电源，再配送到城市轨道交通系统所有用户的供电。主变电所的作用如图 2.70 所示，其中 H 代表牵引/降压混合变电所。

（三）牵引变电所

牵引变电所是将城市电网区域变电所或城市轨道交通的主变电所送来的电能，经过降压和整流变成轨道交通电动列车使用的直流电源，再通过沿线架空接触网及回流网等，不间断地供给轨道交通电动列车电能。

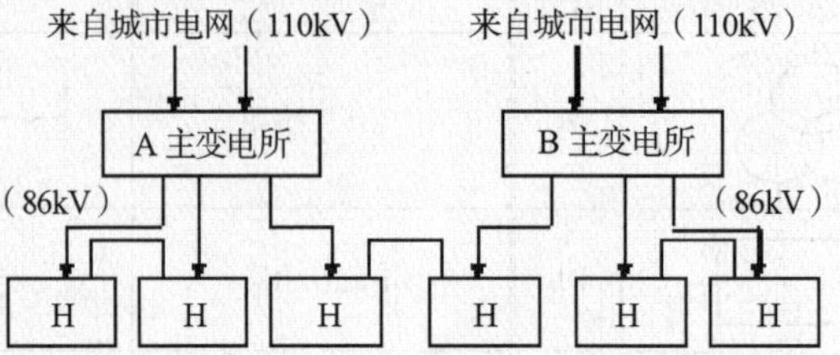

图 2.70　主变电所的作用

1．牵引变电所系统的组成

牵引变电所系统由 35 kV 交流开关柜、整流变压器、整流器、直流开关柜、所用交直流屏和钢轨电位限制器等设备构成。牵引变电所的关建设备是整流机组，为提高供电质量、降低直流电源的脉动波动量，整流器通常采用多相整流的方法，它可以是六相、十二相整流，甚至可以增加到二十四相整流。例如采用两套 12 脉波硅二极管三相桥式整流器，并联运行构成等效 24 脉波整流。直流牵引变电所安装多相整流设备，其中的整流元件采取有效的过电流保护和降温冷却保护。

2．牵引变电所系统的作用

牵引变电所将来自于主变电所或相邻 35kV 变电所的 35kV 交流电源，通过整流变压器降压和整流器整流构成等效 24 脉波直流，经过直流快速开关设备向接触网供电，不间断地供给电动列车优质电能。在接受 35kV 交流电源的同时，通过中压环网向相邻 35kV 变电所供电。牵引变电所一般设置在车站和车辆段附近，相邻牵引变电所之间距离为 2～4km，牵引变电所两套整流机组正常运行时，两套整流机组并联运行，接触网越区隔离开关打开，与相邻牵引变电所构成双边供电方式，共同向供电范围内的电动车组供电，任一牵引变电所发生故障时，由两侧相邻牵引变电所共同承担其间的全部牵引用电负荷。

（四）降压变电所

城市轨道交通除了正常的牵引用电外，在环控和系统服务的其他诸多设备都需要用电。这些设备一般使用三相 380V 或单相 220V 低压供电。通过降压变电所而获得。

1．降压变电所系统的构成

降压变电所系统由 35kV 交流开关柜、动力变压器、400V 交流开关柜等设备集成。车站独立设置的降压变电所，另配钢轨电位限制器。

2．降压变电所系统的作用

降压变电所将来自主变电所或相邻变电所的 35kV 电源，通过中压网络分配给降压变电所，并通过降压，变成车站、区间动力照明等设备使用的低压 380V/220V 电源，再通过低压配电系统不间断地供给动力照明等设备使用。降压变电所一般设在车站附近，既可对车站较集中的电气设备供电，也可以向车站两侧区间用电设备供电。车辆基地、系统调度控制中心也需要专门设置的降压变电所供电。

（五）变电所附属设备

变电所附属设备主要包括：保护装置、计量仪表（电压、电流等）、蓄电池、阻燃性导线、灭火设备等。

四、城市轨道交通触网设备

牵引供电系统由牵引变电所和牵引网组成。在城市轨道交通牵引供电系统中，电能从牵引变电所经馈电线、接触网输送给电动列车，再从电动列车经钢轨（称为走行轨道）、回流线流回牵引变电所。一般称接触网、馈电线、走行轨道、回流线为牵引网。牵引网是城市轨道交通牵引供电的重要组成部分。

（一）触网设备及作用

（1）接触网：是指将牵引变电所的电源传送给城市轨道交通车辆的导体，经过电动列车的受电器向电动列车供电的导电网。

（2）馈电线：是连接牵引变电所和接触网的导线，把牵引变电所电能变换成牵引制式用电的电能馈送给接触网。

（3）走行轨道：是电动列车的走行轨，在非电牵引情况下只是列车的钢轨，在电力牵引时除仍具有导轨功能外，还需要完成导通回流的作用。

（4）回流线：是连接轨道和牵引变电所的导线，通过回流线把轨道中的回路电流导入牵引变电所。

（二）牵引供电制式

牵引供电制式是指轨道交通的供电系统向电动车组供电所采用的电流制、电压等级和供电方式。一个地区的轨道交通牵引供电制式，会影响到整个线网的供电设施和车辆配置、城市景观、居民出行的便捷、城市轨道交通工程建设的投资和效益等多方面。根据我国实行的牵引供电有关设计标准，除某些特定供电制式的独立轨道交通系统外，目前国内城市轨道交通线网规划中（不包括城际轨道交通）主要有直流 750V 地面接触轨（第三轨受流）和直流 1500V 架空接触网两种制式。

1. 直流 750 V 地面接触轨制式

地面接触轨制式又称为第三轨-集电靴模式。接触轨是沿着走行轨道一侧平行铺设的附加第三轨。第三轨一般是由具有高导电率的特殊软钢制成的钢轨，安装在车辆走行轨道外侧，高出轨面 40mm 处，由导电接触轨、绝缘子、绝缘支架、防护罩、隔离开关和电缆组成。城市轨道交通车辆侧面或是底部伸出的受电器（集电靴）与第三轨接触获得电能。采用第三轨-集电靴模式受电的车辆需装置 4 架集电靴，工作电压一般为直流 750V。

根据集电靴和第三轨配合的方式，可分为上接触式、侧面接触式和下接触式。如图 2.71、图 2.72 所示分别为下、上接触式接触轨。

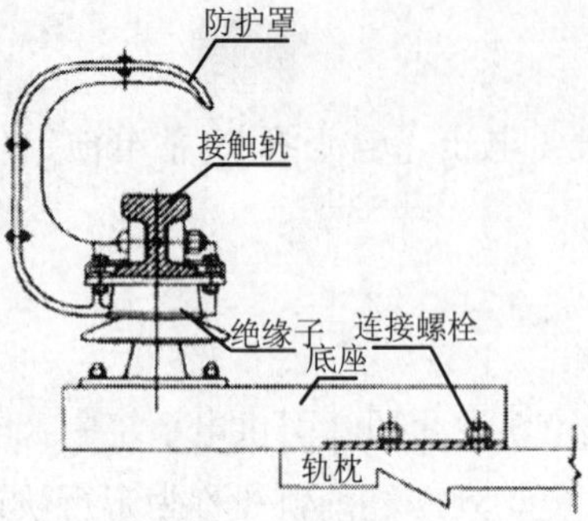

图 2.71 下接触式接触轨示意图

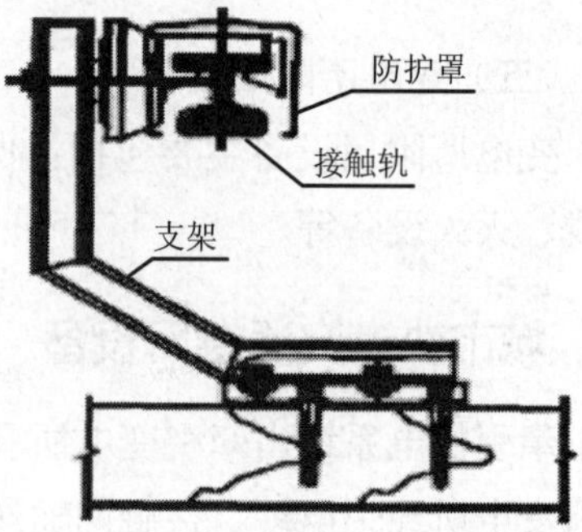

图 2.72 上接触式接触轨示意图

地面接触轨制式效果图如图 2.73 所示。

图 2.73 地面接触轨制式效果图

（1）上接触式：三轨安装在绝缘子组件上，由接触轨、绝缘子、三轨夹板、防护支架、防护板、端部三轨弯头、防爬器等构件组成。受流器滑靴从上压向接触轨轨头顶面受流。受流器的接触力是由下作用弹簧的压力调节的，受流平稳，由于端部弯头的过渡作用，能够减少在断电区的电流冲击。上接触式三轨施工作业简便，可以在轨头上部通过支架安装不同类型的防护板。北京地铁、纽约地铁都是采用上接触式第三轨。

（2）下接触式：下接触式三轨轨头朝下，通过绝缘肩架、橡胶垫、扣板收紧螺栓、支架等安装在底座上。下接触式的优点是防护罩从上部通过橡胶垫直接固定在接触轨周围，对人员安全性好。莫斯科地铁就采用这种方式，利于防止下雪和冰冻造成集电困难。但是这种方式安装结构较复杂，费用较高。

（3）侧面接触式：侧面接触式就是接触轨轨头端面朝向走行轨，集电靴从侧面受流。跨座式独轨车辆就采用侧面接触形式。其受流器装在转向架下部，接触轨装在轨道梁上。

2. 直流 1500V 架空接触网制式

架空式接触网是架设在走行轨道上部的接触网，由电动车辆顶部伸出的受电弓与其接触获得电能。因此，架空接触网制式又称为架空接触网-受电弓模式。采用架空接触网-受电弓模式的列车仅需装置 2 架受电弓，工作电压一般为直流 1500V。架空式接触网悬挂类型大致为简单悬挂、链形悬挂和刚性悬挂三种。不同的类型接触网电线粗细、条数、张力都是不一样的。架空线的悬挂方式，要根据架线区的列车速度、电流容量等输送条件以及架设环境综合决定，其中前两类又称为柔性悬挂。

（1）简单悬挂：简单悬挂方式结构简单，支柱高度低，支持装置承受的负荷较轻，但是弛度大、弹性不均匀。因此一般在悬挂点处增加一个倒 Y 形的弹性吊索，称为弹性简单悬挂，相应改善了悬挂点处的弹性和运行状况。由于弹性简单悬挂建造费用低，施工方便且维修简单，城市电车或轻轨往往采用这种悬挂方式。地铁为了减少隧道净空，采用以弹性支座或弓形腕臂作为支持部件的简单弹性悬挂。

（2）链形悬挂：接触线通过吊弦悬挂到承力索上的悬挂称为链形悬挂。链形悬挂承力索悬挂于支柱的支持装置上接触线通过吊弦悬挂在承力索上，使接触线增加了悬挂点，调节吊弦可以使整个跨距内接触线对轨面保持一致高度。由于接触线是悬挂在承力索上的，所以基本上消除了悬挂点处的硬点，使悬挂线的弹性在整个跨度内都比较均匀。显然，链形悬挂比简单悬挂性能好得多，但结构复杂、投资大、施工维修调整较为困难。

（3）刚性悬挂：刚性悬挂又称刚性接触网，是一种区别于传统柔性接触网的供电方式。由于地铁隧道供电导线上方空间有限，链形悬挂一般采用冷拉电解铜接触线。

柔性架空接触网适用于高架、地面和地下的城市轨道交通线路，刚性架空接触网适用于地下城市轨道交通线路。如图 2.74 所示为简单悬挂，图 2.75 所示为链形悬挂，图 2.76 所示为刚性悬挂。

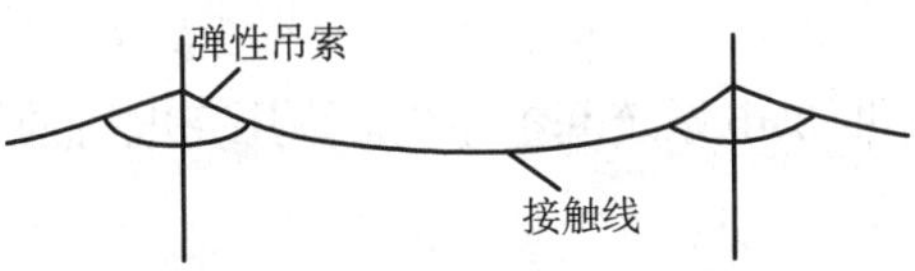

图 2.74　简单悬挂示意图

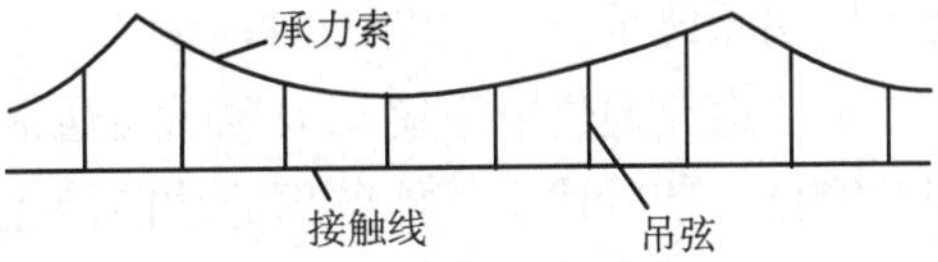

图 2.75　链形悬挂示意图

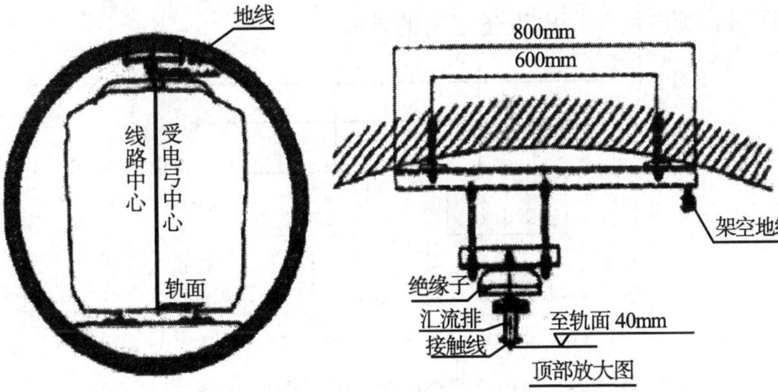

图 2.76　刚性悬挂示意图

柔性架空接触网结构复杂，固定支持零部件较多，由于靠导线张力维持其工作状态的架空接触网，经过多年磨损及电弧烧伤，导线截面逐渐减小，强度降低，在拉锚装置及故障电流作用下，易发生滑触线断线事故；由于需要高空作业不便于抢修，架空接触网供电时，受风速影响较大，如 8 级风即应限速，9 级风时车辆应停止运行。架空接触网滑触线悬挂在线路上方处，不会对轨道维修人员以及发生事故时人员快速疏散带来影响，所以安全性较好。

接触网制式效果图如图 2.77 所示。

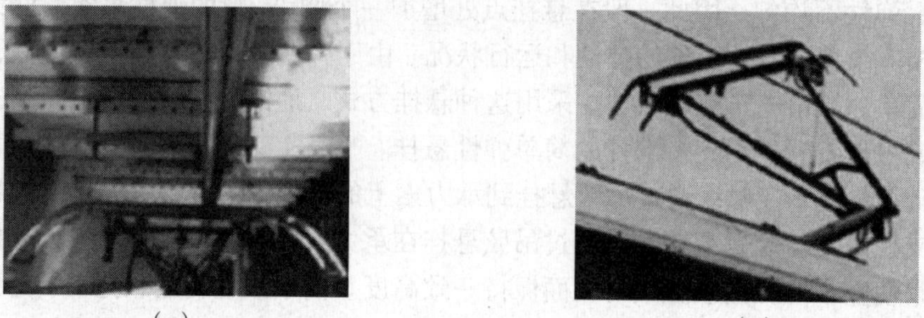

（a）　　（b）

图 2.77　接触网制式效果图

五、城市轨道交通动力照明设备

动力照明供电系统提供车站和区间各类照明，还提供扶梯、风机、水泵、消防等动力机械设备电源和通信、信号、防灾报警、自动售检票、自动监控系统、屏蔽门等自动化设备电源动力用电。动力照明供电系统由降压变电所和动力照明配电线路组成，城市轨道交通动力照明系统示意图如图 2.78 所示。

城市轨道交通供电系统动力照明与通常动力照明供电系统基本相同。降压变电所的构成与功能见上节所述。其他各部分功能简述如下。

（1）配电所：配电所起电能分配作用。降压变电所通过配电所将三相 380V 和单相 220V 交流电分别供给动力、照明设备，各配电所对本车站及其两侧区间动力和照明等设备配电。

（2）配电线路：配电所与用电设备之间的导线。

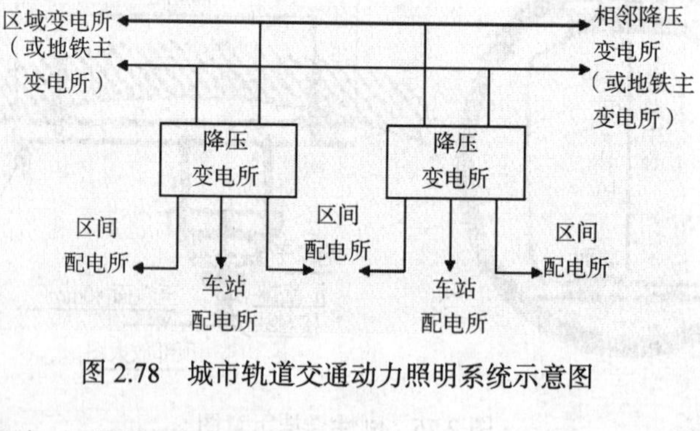

图 2.78　城市轨道交通动力照明系统示意图

六、城市轨道交通电力监控系统设备

（一）电力监控系统的基本组成

电力综合监控系统简称 SCADA 系统，是利用计算机控制、网络、数据库、现代通信等技术将变电站所有二次设备，包括控制、信号、测量、保护、自动装置及远动装置等经过功能组合和优化设计，对变电站执行自动监视、测量、控制和协调来提高变电站运行效率和管理水平的一种综合性的自动化系统。城市轨道交通电力监控系统由调度控制中心、变电所综合自动化系统、供电复示系统等三部分构成。图 2.79 所示为电力监控系统结构图。

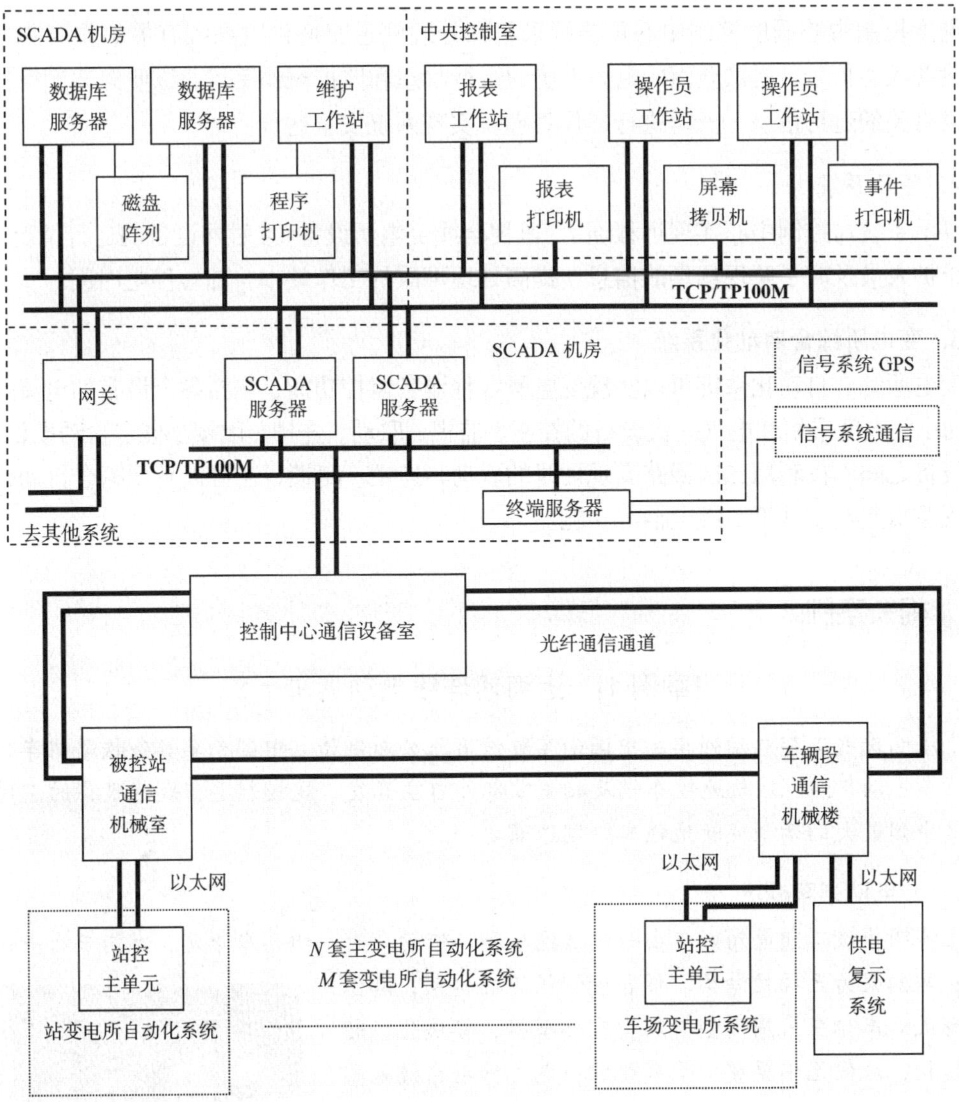

图 2.79　电力监控系统结构图

电力综合监控系统主要有集中式和分布式两种结构，集中式系统结构的信息是集中采集、处理和运算的，对监控主机的性能要求较高，且系统处理能力有限，开发手段少，系统在开放性、扩展性和可维护性等方面较差，抗干扰能力不够强。分布式系统结构采用主从 CPU 协同工作方式，各功能模块之间采用网络技术或串行方式实现数据通信。分布式结构有助于系统扩展和维护，可靠性好，局部故障不影响系统其他模块正常运行。

（二）电力监控系统的作用

电力监控系统主要利用“遥控、遥信、遥测和遥调”对主变电所、牵引降压混合所和降压变电所的运行实施实时监控，及时完成变电所事故分析处理和维护维修调度管理。

1．调度控制中心

调度控制中心调度控制中心可连续采集和处理轨道交通供电系统有关的重要测量信息及设备状态信号，提供全面的电力系统的运行状态和监控操作手段，以便向调度操作人员提供有关的运行信息，及时进行操作处理，实现系统安全运行。

2．复示系统

复示系统与控制中心实现远程通信，监视全线变电所设备、接触网设备的运行情况，使供电维护人员及时了解现场事故信息，提高处理事故的工作效率，缩短停电时间。

3．变电所综合自动化系统

变电所综合自动化系统可以实现变电所各种设备监控功能，包括各个设备的电流、电压、功率、电度采集和电气一次设备的控制、监视、联动、连锁、闭锁功能、自动投切等。重要设备之间不仅利用二次回路实现硬线的联动、连锁、闭锁，还可以利用综合自动化软件实现逻辑判断、计算、继电器等功能。

相关案例

[案例 1]　上海明珠线电动列车

上海明珠线二期电动列车由中国南车股份有限公司制造。中国南车具备铁路机车、客车、货车、动车组、城轨地铁车辆及相关零部件自主开发、规模制造、规范服务的完整体系，是中国最大的两个城轨地铁车辆制造商之一。

（一）电动列车概况

上海明珠线二期电动列车由一辆驾拖车和二辆动车为一组列车单元，六辆车为一列车编组；转向架为无摇枕结构、低合金钢板焊接构架，二系悬挂形式；车体应采用大型挤压中空铝型材、模块化、轻量化结构，底架无中梁整体承载结构；电气传动系统采用微机控制的变压变频（VVVF）交流调速方式；供电方式为架空接触网。上海明珠线二期列车运行实际效果如图 2.80 所示。

图 2.80　上海明珠线二期列车运行实际效果图

（二）主要性能参数

编组方式：　—Tc * Mp * M = M * Mp * Tc—；

轨距：1435mm；

最大速度：80km/h；

重量：A—34.90t，B—38.80t，C—38.80t；

定员：314 人/辆；

车体长度：A≤24400mm mm，B≤22800mm，C≤22800mm。

（三）电动列车的特点

供电制式：采用 1500V 直流，架空接触网供电。

车体：采用全铝合金中空挤压型材、整体承载的全焊接结构；采用高度模块化和轻量化的设计理念；车体设计寿命为 35 年。车头的设计为带适度流线型的玻璃钢头罩，带有紧急情况下用于逃生的紧急逃生门，外观简洁、美观、明亮。

车厢：每节车辆配有两个大功率空调单元、两条纵向布置的玻璃钢座椅、不锈钢立柱和扶手；配置现代化的乘客信息和广播系统，如自动报站系统、客室内两端 LED 乘客信息显示和 5 个动态线路图等，可以为乘客提供充足的音频和视频信息。

牵引控制：列车控制采用 MVB 总线和列车硬连线控制，列车牵引控制系统采用 48 位微处理器，逆变器采用 IGBT 模块，电动机采用三相交流异步电动机；空气制动系统采用 Knorr 的微机控制的模拟直通制动机。列车采用牵引、制动防滑及再生制动优先等多项最新技术。

转向架：充分考虑上海明珠线实际线路情况进行优化设计，采用无摇枕的 H 型低合金高强度钢板焊接转向架

接触网：采用轴箱外置式构架及圆柱形滚柱轴承，具有两级悬挂系统，一系悬挂采用钢板-人字形弹簧，二系悬挂采用空气弹簧，传动装置与牵引电动机采用柔性齿形联轴节相连。

[案例 2] 天津地铁 2 号线电动列车

天津地铁 2 号线电动列车如图 2.81 所示，车厢内部效果如图 2.82 所示。其主要性能参数如下。

轨距：1435mm；

编组方式：—Tc * M — M* T — M * Tc—；

最小曲线半径：正线 300m，车场线 150 m；

最大坡度：正线 30‰，出入线 35‰；

转向架形式：无摇枕 H 型转向架；

供电方式：三轨授电；供电电压：DC 750V；

一系悬挂：圆锥叠层橡胶弹簧；二系悬挂：空气弹簧；

受流方式：三轨受流 DC 750V；

制动方式：微机控制的直通式电空制动系统 EP2002。

图 2.81 天津地铁 2 号线电动列车运行实际效果图

图 2.82 天津地铁 2 号线电动列车车厢内部效果图

[案例 3]　重庆轻轨较新线跨座式单轨交通直流牵引系统

重庆轻轨较新线（较场口至新山村线）是我国第一条单轨跨座式交通工程，线路全长 17.4km，基标是调整钢筋高度、确定线路方向的基准，共设 17 座车站。

重庆轻轨较新线一期工程采用专用负极作为回流通路的跨座式单轨交通直流牵引系统。对于正极接触网供电、负极走行轨回流的方式，其直流牵引系统已设置有比较完善的接地保护系统。跨座式单轨快速交通工程的直流牵引系统采用专用的负极回流通路，走行轨不用作为回流通路。较新线采用集中供电方式，车辆的供电制式为 DC 1500V。2 号线已于 2004 年观光运营，全线共设置 2 座主变电所，站台容纳率一般为 2～4 人/m^2。较新线采用 2 级电压制供电和线路变压器组的接线形式，每路电源进线及每台主变压器的容量独立承担本变电站供电范围内的一、二级负荷的供电，其中压网络采用 10kV 分区环网的方式对各变电所进行供电。牵引变电所主接线单套整流机组采用三相桥 12 脉波整流方式。

图 2.83　QKZ2 型重庆单轨列车运行实际效果图

图 2.83 所示为 QKZ2 型重庆单轨列车运行实际效果图。

重庆单轨列车编组方式为：Mc+M+M+Mc，网压为 1500V DC，牵引电动机额定功率为 105kW，最大速度 80km/h，质量为 Mc 28.6 t、M27.6 t，定员为 Mc151 人、M165 人，车体长度为 Mc14800mm、M13900mm。它采用跨坐式转向架，铝合金车体，车顶单元式空调机组，VVVF 控制，电器指令式再生制动，空-油转换盘型制动装置。

目前，我国绝大多数的城市轨道交通均采用正极接触网供电、负极走行轨回流方式，只有重庆轻轨较新线采用负极与走行轨分开的跨座式单轨快速交通技术，因此具有其他城市快速轨道交通技术所不具备的独特优点，应用前景广阔。

拓展知识

杂散电流防护系统

城市轨道交通的供电模式是通过设置在沿线的直流牵引变电所以架空接触线或第三轨的形式向列车馈送电能，并利用走行轨作为回流线路进行回流。一般走行轨不能完全绝缘于道床结构，使得部分电流经走行轨流入轨下道床结构、隧道结构或高架桥结构钢筋中，或泄漏到地面上，这部分泄漏电流称为“杂散电流”，又称为“迷流”。杂散电流会使结构钢筋及金属管线受到腐蚀，或流入电气接地装置导致某些设备无法正常运行。因此，需要建立杂散电流防护系统。

杂散电流防护系统对轨道、结构、高架桥、车站建筑、车辆段、给排水、信号和变电所等提出了相关防迷流要求。

一、杂散电流防护系统的组成

杂散电流防护系统如图 2.84 所示。

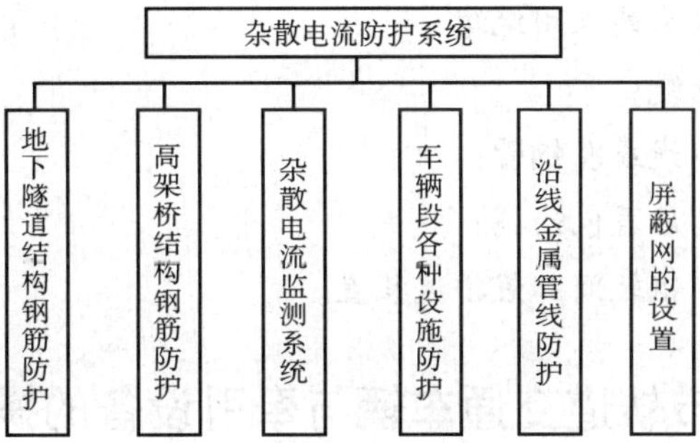

图 2.84　杂散电流防护系统图

二、杂散电流防护系统的功能

杂散电流自动监测系统的基本功能有：测量功能、通信功能、计算功能、显示功能、自控功能、信息报警功能等。

（1）收集走行轨不能完全绝缘于道床结构而产生的杂散电流，以减少杂散电流对隧道结构或高架桥结构中结构钢筋及金属管线的腐蚀。

（2）设置智能监测系统，实时监测各种信息，方便查询历史数据和故障记录，完成沿线每一供电区间的钢轨与道床排流网、钢轨与隧道结构排流网之间的过渡电阻的测量计算，并且把传感器的信号测量计算值实时传递到监测中心计算机系统。可通过智能型转接器向所连接的传感器发布校正本体电位命令。

（3）保证杂散电流从排流网流进直流负母线。信号监测装置及 SCADA 系统根据结构钢筋极化电压的情况，向智能排流柜发布分合控制命令。

（4）单向导通装置可实时检测主回路的运行状态，数据经由监测装置上传到 SCADA 系统，在 SCADA 系统上实时观测单向导通装置的运行情况，以便在发生故障时及时处理。

三、杂散电流防护措施

杂散电流防护一般按照“以防为主，以排为辅，放排结合，加强检测”的原则进行。

1. 电力牵引方面

（1）选择较高的直流牵引供电电压，以减少牵引电流和迷流；

（2）缩短牵引变电所间的距离；

（3）采用迷流较小的双边供电方式；

（4）在钢轨间用铜软线焊接，尽可能减小钢轨间接触电阻；

（5）增加附加回流线，减少回流线电阻；

（6）增加道床的泄漏电阻，提高钢轨对地面的绝缘程度；

（7）按规程定期检查轨道绝缘、钢轨接触电阻和进行迷流检测。

2. 埋设金属物方面

（1）地下金属物应尽量远离钢轨；

（2）在金属表面和接头处采用绝缘；

（3）采用防电蚀的电缆；

（4）在电缆上外包铜线或套钢管；

（5）地下管道涂沥青后再包油毡；

（6）在地下金属物、钢轨间加装排流装置。

任务四 城市轨道交通车辆与牵引设备的操作运用案例

【操作运用案例 1】 城市轨道交通车辆总体结构认知

1. 实训项目教师工作活页

实训项目教师工作活页 NO：______

<table>
<tr><td>实训项目</td><td colspan="4">城市轨道交通车辆总体结构认知</td></tr>
<tr><td>学 时</td><td colspan="2">2</td><td>班 级</td><td>略</td></tr>
<tr><td>实训场所</td><td colspan="4">机车车辆设备综合仿真实验室或车辆维修基地现场</td></tr>
<tr><td>工具设备</td><td colspan="4">城市轨道交通车辆仿真车体模型 1 套、仿真车门装置 1 套、转向架实物模型 2 套(动力或非动力各 1 套)、轮对装置模型 1 套、车钩缓冲装置模型 1 套、多媒体设备课件、图片、示教板、计算机多媒体设备等</td></tr>
<tr><td>教学目标</td><td>专业能力</td><td colspan="3">（1）能说出城市轨道交通车辆的结构及类型
（2）能指认城市轨道交通车辆主要部件，说出部件的名称
（3）能说出城轨车辆车门、转向架、车钩缓冲装置及制动系统的构成与作用
（4）能解释城市轨道交通车辆的主要技术参数
（5）能分析与比较不同类型的城市轨道交通车辆</td></tr>
<tr><td rowspan="2">教学目标</td><td>方法能力</td><td colspan="3">（1）能综合运用专业知识，通过利用专业书籍、多媒体课件和图片资料获得帮助信息
（2）能根据实训项目学习任务确定实训方案，从中学会表达及展示活动过程和成果</td></tr>
<tr><td>社会能力</td><td colspan="3">（1）能在实习训练活动中保持积极向上的学习态度
（2）能与小组成员和教师就学习中的问题进行交流和沟通
（3）能与他人共享学习资源，具有较好的合作能力和团队协作精神</td></tr>
<tr><td>教学活动</td><td colspan="4">略（详见教学活动设计）</td></tr>
<tr><td>教学评价</td><td colspan="4">学生活动：① 以 5～7 人小组为单位开展实训活动，根据本组同学在实训过程中的能力表现及结果进行自评组内互评；② 根据其他小组同学在成果展示活动中的表现及结果进行互评
教师活动：① 教师组织学生开展评价活动和总结；② 对学生本实训项目单元成绩做出综合评价</td></tr>
<tr><td>教学资料</td><td colspan="4">（1）城市轨道交通运输设备教材
（2）城市轨道交通概论等参考书
（3）实训项目学生学习活页（附页）</td></tr>
<tr><td>指导教师</td><td></td><td>教学时间</td><td colspan="2">年 月 日</td></tr>
</table>

2. 实训项目学生学习活页

实训项目学生学习活页　　NO：______

实训项目 1　　城市轨道交通车辆总体结构认知

班级：__________ 姓名：__________ 学号：__________时间：__________

一、实训目标

1．专业能力目标

（1）能说出城市轨道交通车辆的主要结构及类型；

（2）能指认城市轨道交通车辆主要部件，说出各个部件的名称

（3）能说出城轨车辆车门、转向架、车钩缓冲装置及制动系统的构成与作用；

（4）能解释城市轨道交通车辆的主要技术参数；

（5）能分析与比较不同类型的城市轨道交通车辆。

2．方法能力目标

（1）能综合运用专业知识，通过利用专业书籍、多媒体课件和图片资料获得帮助信息；

（2）能根据实训项目学习任务确定实训方案，从中学会表达及展示活动过程和成果。

3．社会能力目标：

（1）在实习训练中保持积极向上的学习态度；

（2）能与小组成员和教师就学习中的问题进行交流和沟通；

（3）能与他人共享学习资源，具有较好的合作能力和团队协作精神。

二、知识总结

1．简要说出城市轨道交通车辆主要结构及类型。

2．简要说出城市轨道交通车辆制动系统作用。

3．简要说出城市轨道交通车辆车钩缓冲装置组成。

三、操作运用

1．指认下图转向架部件，并填出 1—6 号部件名称。

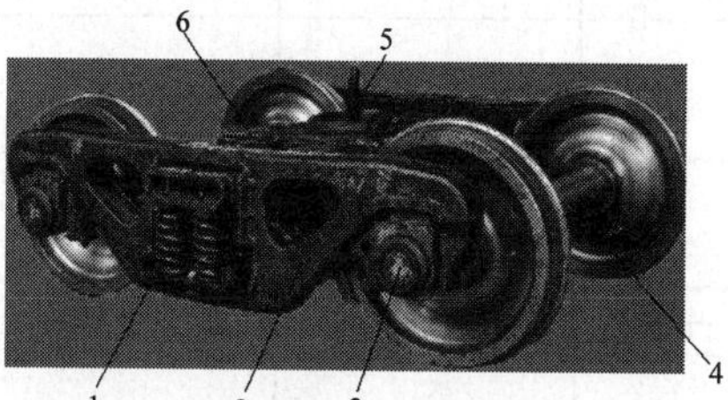

（1）____________________；　　（2）____________________；

续表

（3）______________；（4）______________；

（5）______________；（6）______________。

2．回答下表中城市轨道交通车辆的技术参数。

序　号	项 目 名 称		A型车	B型车	C型车		
			四轴	四轴	四轴	六轴	八轴
1	车门数（每侧）（个）						
2	定员人数（人）	单司机室车					
		无司机室车					
3	站立人员标准	定员（人/m^2）					
		超员（人/m^2）					
4	最高运行速度（km/h）						
5	紧急制动减速度（m/s^2）						

3．操作演示怎样利用紧急车门手柄打开车门逃生（在城市轨道交通车辆仿真车门装置区域中操作演示）。

四、实训小结

____

____

____

五、成绩评定

1．学生评价

评价等级	A—优	B—良	C—中	D—及格	E—不及格
学生自评					
组内互评					
他组互评					

2．教师评价

评价等级	A—优	B—良	C—中	D—及格	E—不及格
专业能力					
方法能力					
社会能力					
评价结果					

3．综合评价

评价等级	A—优	B—良	C—中	D—及格	E—不及格
评价结果					

注：按照学生自评占10%、组内互评占10%、他组互评占20%、教师评价60%的比例计分。其中，A—100分，B—85分，C—75分、D—60分，E—50分来折算。

续表

4．评价量规

等　级	行为表现描述
A	能圆满高效地完成实训任务的全部内容
B	能顺利完成实训任务的全部内容
C	能完成实训任务的全部内容，但需要一些帮助和指导
D	自己只能完成实训任务的部分内容，但在现场的指导下，已经能完成任务的全部内容
E	不能完成实训任务的全部内容

【操作运用案例 2】　城市轨道交通电力牵引系统认知

1．实训项目教师工作活页

实训项目教师工作活页　　NO：_____

<table>
<tr><td>实训项目</td><td colspan="4">城市轨道交通电力牵引系统认知</td></tr>
<tr><td>学　时</td><td colspan="2">2</td><td>班　级</td><td>略</td></tr>
<tr><td>实训场所</td><td colspan="4">机车车辆设备综合仿真实验室或列车控制仿真实验室</td></tr>
<tr><td>工具设备</td><td colspan="4">城市轨道交通牵引交流、直流、线性电机实物模型各 1 套、仿真列车控制系统装置 1 套、受电弓、集电靴模型 1 套、多媒体设备课件、图片、示教板、计算机多媒体设备等</td></tr>
<tr><td rowspan="4">教学目标</td><td rowspan="2">专业能力</td><td colspan="3">（1）能说出城市轨道交通车辆电气牵引传动系统构成及作用
（2）能指认牵引传动系统主要部件，说出部件的名称
（3）能区分不同城市轨道交通车辆电气传动控制方式
（4）能说出牵引电动机的组成和主要特点</td></tr>
<tr><td colspan="3">（5）能区分城市轨道交通受流设备的主要部件
（6）能说出列车控制系统组成及作用</td></tr>
<tr><td>方法能力</td><td colspan="3">（1）能综合运用专业知识，通过利用专业书籍、多媒体课件和图片资料获得帮助信息
（2）能根据实训项目学习任务确定实训方案，从中学会表达及展示活动过程和成果</td></tr>
<tr><td>社会能力</td><td colspan="3">（1）能在实习训练活动中保持积极向上的学习态度
（2）能与小组成员和教师就学习中的问题进行交流和沟通
（3）能与他人共享学习资源，具有较好的合作能力和团队协作精神</td></tr>
<tr><td>教学活动</td><td colspan="4">略（详见教学活动设计）</td></tr>
<tr><td>教学评价</td><td colspan="4">学生活动：① 以 5～7 人小组为单位开展实训活动，根据本组同学在实训过程中的能力表现及结果进行自评组内互评；② 根据其他小组同学在成果展示活动中的表现及结果进行互评
教师活动：① 教师组织学生开展评价活动和总结；② 对学生本实训项目单元成绩做出综合评价</td></tr>
<tr><td>教学资料</td><td colspan="4">（1）城市轨道交通运输设备教材
（2）城市轨道交通概论等参考书
（3）实训项目学生学习活页（附页）</td></tr>
<tr><td>指导教师</td><td colspan="2"></td><td>教学时间</td><td>年　　月　　日</td></tr>
</table>

2. 实训项目学生学习活页

实训项目学生学习活页 NO：____

实训项目 2 城市轨道交通电力牵引系统认知

班级：________ 姓名：________ 学号：________时间：________

一、实训目标

1. 专业能力目标

（1）能说出城市轨道交通电力牵引系统构成；

（2）能区分城市轨道交通牵引电动机的类型，说出牵引电动机组成和特点；

（3）能说出城市轨道交通车辆电气传动及控制方式；

（4）能分析与比较城轨交通车辆不同的受流形式，指认受电弓和集电靴的主要部件；

（5）能说出城市轨道交通牵引控制系统的组成。

2. 方法能力目标

（1）能综合运用专业知识，通过利用专业书籍、多媒体课件和图片资料获得帮助信息；

（2）能根据实训项目学习任务确定实训方案，从中学会表达及展示活动过程和成果。

3. 社会能力目标：

（1）在实习训练中保持积极向上的学习态度；

（2）能与小组成员和教师就学习中的问题进行交流和沟通；

（3）能与他人共享学习资源，具有较好的合作能力和团队协作精神。

二、知识总结

1. 简要说出城市轨道交通车辆电气牵引传动系统构成。

2. 画出城市轨道交通车辆牵引传动控制方式构成简图。

3. 说出直流牵引电动机调速的两种基本形式。

4. 简要说出牵引控制系统的构成。

三、操作运用

1. 填写集电靴结构总图所示 1—8 号部件名称。

续表

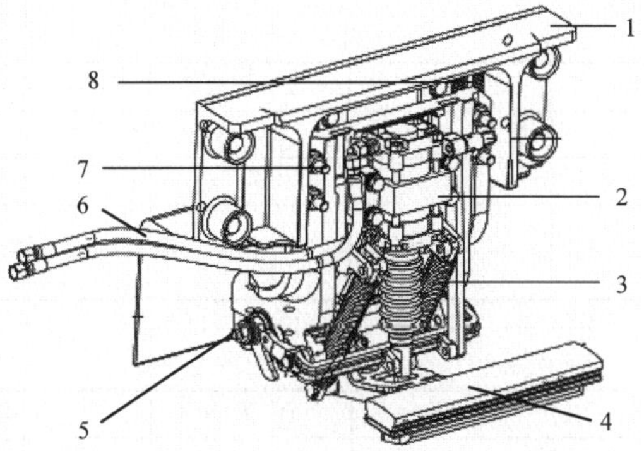

（1）________________________；　（2）________________________；

（3）________________________；　（4）________________________；

（5）________________________；　（6）________________________；

（7）________________________；　（8）________________________。

2. 说出下图中（A）、（B）城市轨道交通车辆的受流形式，并在图中标出受流所在的位置。

（A）

（B）

3. 分别解释如下城轨车辆 6 节编组的各车辆的类型和连接方式，并画出列车编组示意图。

（1）（Tc+Mp+M+Mp+M+Tc）；　（2）（—A*B*C=C*B*A—）

四、实训小结

____

____

五、成绩评定

1. 学生评价

评价等级	A—优	B—良	C—中	D—及格	E—不及格
学生自评					
组内互评					
他组互评					

续表

2．教师评价

评价等级	A—优	B—良	C—中	D—及格	E—不及格
专业能力					
方法能力					
社会能力					
评价结果					

3．综合评价

评价等级	A—优	B—良	C—中	D—及格	E—不及格
评价结果					

注：按照学生自评占10%、组内互评占10%、他组互评占20%、教师评价60%的比例计分。其中，A—100分，B—85分，C—75分，D—60分，E—50分。

4．评价量规

等　级	行为表现描述
A	能圆满高效地完成实训任务的全部内容
B	能顺利完成实训任务的全部内容
C	能完成实训任务的全部内容，但需要一些帮助和指导
D	自己只能完成实训任务的部分内容，但在现场的指导下，已经能完成任务的全部内容
E	不能完成实训任务的全部内容

【操作运用案例3】　城市轨道交通供电系统设备认知

1．实训项目教师工作活页

实训项目教师工作活页　　NO：_____

<table>
<tr><td>实训项目</td><td colspan="3">城市轨道交通供电系统设备认知</td></tr>
<tr><td>学　时</td><td>2</td><td>班　级</td><td>略</td></tr>
<tr><td>实训场所</td><td colspan="3">机车车辆设备综合仿真实验室或列车控制仿真实验室</td></tr>
<tr><td>工具设备</td><td colspan="3">城市轨道交通触网设备仿真模型、供电系统仿真软件1套、城市轨道交通电力监控系统示教板、动力照明设备系统示教板、电气设备实物零部件、多媒体设备、图片等</td></tr>
<tr><td rowspan="3">教学目标</td><td>专业能力</td><td colspan="2">（1）能说出城市轨道交通供电系统组成及作用
（2）能解释城市轨道交通采用的供电方式，画出示意图
（3）能解释主变电所、牵引变电所、降压变电所的不同功能
（4）能识别城市轨道交通触网设备
（5）能说出城市轨道交通动力照明设备系统的构成
（6）能说出城市轨道交通电力监控系统设备的构成及作用</td></tr>
<tr><td>方法能力</td><td colspan="2">（1）能综合运用专业知识，通过利用专业书籍、多媒体课件和图片资料获得帮助信息
（2）能根据实训项目学习任务确定实训方案，从中学会表达及展示活动过程和成果</td></tr>
<tr><td>社会能力</td><td colspan="2">（1）能在实习训练活动中保持积极向上的学习态度
（2）能与小组成员和教师就学习中的问题进行交流和沟通
（3）能与他人共享学习资源，具有较好的合作能力和团队协作精神</td></tr>
</table>

续表

教学活动	略（详见教学活动设计）		
教学评价	学生活动：① 以5～7人小组为单位开展实训活动，根据本组同学在实训过程中的能力表现及结果进行自评组内互评；② 根据其他小组同学在成果展示活动表现及结果进行互评 教师活动：① 教师组织学生开展评价活动和总结；② 对学生本实训项目单元成绩做出综合评价		
教学资料	（1）城市轨道交通运输设备教材 （2）城市轨道交通概论等参考书 （3）实训项目学生学习活页（附页）		
指导教师		教学时间	年　　月　　日

2. 实训项目学生学习活页

实训项目学生学习活页　　NO：______

实训项目3　　城市轨道交通供电系统设备认知

班级：__________ 姓名：__________ 学号：__________时间：__________

一、实训目标

1. 专业能力目标

（1）能说出城市轨道交通供电系统组成及作用；

（2）能解释城市轨道交通采用的供电方式，画出示意图；

（3）能解释主变电所、牵引变电所、降压变电所的不同功能；

（4）能识别城市轨道交通触网设备；

（5）能说出城市轨道交通动力照明设备系统的构成与作用；

（6）能说出城市轨道交通电力监控系统设备的构成及作用。

2. 方法能力目标

（1）能综合运用专业知识，通过利用专业书籍、多媒体课件和图片资料获得帮助信息；

（2）能根据实训项目学习任务确定实训方案，从中学会表达及展示活动过程和成果。

3. 社会能力目标

（1）在实习训练中保持积极向上的学习态度；

（2）能与小组成员和教师就学习中的问题进行交流和沟通；

（3）能与他人共享学习资源，具有较好的合作能力和团队协作精神。

二、知识总结

1. 简要说出城市轨道交通牵引网的组成及作用。

2. 简要说出城市轨道交通供电系统中变电所的种类，解释各类变电所的不同功能。

3. 简要说出城市轨道交通电力监控系统的构成及作用。

续表

三、操作运用

1．解释城市轨道交通的电能是怎样获得的，并填写城市轨道交通牵引供电系统示意图中1—9号所表示的系统部分名称。

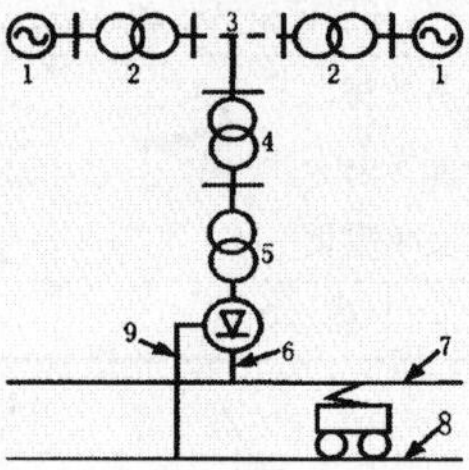

（1）________________；（2）________________；

（3）________________；（4）________________；

（5）________________；（6）________________；

（7）________________；（8）________________；

（9）________________。

2．画出下表列出的变电所电气设备的图形和符号。

名　　称	图　　形	符　　号	名　　称	图　　形	符　　号
三相变压器			电压互感器		
隔离开关			电流互感器		
整流器			阀型避雷器		
熔断器			低压交流开关		

3．解释架空式接触网的柔性悬挂和刚性悬挂，并画出简单悬挂和链形悬挂示意图。

4．绘制城市轨道交通系统集中式供电示意图。

四、实训小结

____

____

____

五、成绩评定

1．学生评价

评价等级	A—优	B—良	C—中	D—及格	E—不及格
学生自评					
组内互评					
他组互评					

续表

2. 教师评价

评价等级	A—优	B—良	C—中	D—及格	E—不及格
专业能力					
方法能力					
社会能力					
评价结果					

3. 综合评价

评价等级	A—优	B—良	C—中	D—及格	E—不及格
评价结果					

注：按照学生自评占10%、组内互评占10%、他组互评占20%、教师评价60%的比例计分。其中，A—100分，B—85分，C—75分，D—60分，E—50分。

4. 评价量规

等　级	行为表现描述
A	能圆满高效地完成实训任务的全部内容
B	能顺利完成实训任务的全部内容
C	能完成实训任务的全部内容，但需要一些帮助和指导
D	自己只能完成实训任务的部分内容，但在现场的指导下，已经能完成任务的全部内容
E	不能完成实训任务的全部内容

思考与练习

1. 城市轨道交通车辆的车体分为哪几类？铝合金车体有什么优点？
2. 城市轨道交通车辆的车门应具有哪些特点？是如何分类的？
3. 反映城市轨道交通车辆的主要技术参数有哪些？举例说明某一城市地铁或轻轨车辆的主要技术特性。
4. 缓冲装置的种类有哪些？其结构及作用如何？
5. 简述车钩缓冲装置的作用。
6. 构架的如何分类？其结构如何？
7. 简述轴箱定位装置的作用。
8. 简述城轨车辆转向架的组成及作用。
9. 简述车辆悬挂装置采用空气弹簧的主要优点。
10. 制动方式有哪些种类？各有什么特点？
11. 刚性车钩与非刚性车钩相比各有哪些优点？
12. 城市轨道交通牵引供电制式有哪几种？各有什么特点？
13. 牵引电动机有哪些种类？举例说明其结构和特点。

14. 柔性接触网有哪些部分组成？说出各部分的作用。
15. 城市轨道交通车辆受流设备有哪些种类？各有什么特点？
16. 简述城市轨道交通牵引供电系统组成和部分的作用。
17. 简述受电弓的组成及工作原理。
18. 举例说明第三轨-集电靴馈受电模式及特点。
19. 简述城市轨道交通电力监控系统的构成和作用。
20. 简述城市轨道交通动力照明系统的构成，并画出示意图。

项目三　城市轨道交通信号与通信设备

城市轨道交通信号与通信设备是城市轨道交通的主要技术装备。信号系统是轨道交通的行车组织的中枢控制系统，担负着指挥、控制列车运行，提供设备状态信息、列车位置信息，实现列车运行过程管理，保证列车运营安全和提高运营效率的重任，是轨道交通得以正常运营的重要技术保证；通信设备为轨道交通运营提供重要的信息传输手段，提供轨道交通畅通的通信联系、控制信息实时传送，是轨道交通得以顺畅运营的重要技术支持。

城市轨道交通信号设备主要包括轨道交通信号基础设备、连锁设备、列车自动控制设备；通信设备主要包括通信传输系统、数字程控系统、闭路电视系统、车站及列车广播系统、无线通信系统、时钟控制系统等。

任务一　认知城市轨道交通信号基础设备

学习目标

（1）了解城市轨道交通信号基础设备的种类；

（2）了解城市轨道交通信号机类型及作用；

（3）了解城市轨道交通道岔及转辙机的结构和作用；

（4）了解城市轨道交通轨道电路的构成和作用。

学习任务

认知轨道交通信号基础设备，包括信号机、轨道电路、道岔及转辙机等设备。

工具设备

继电器、信号机、轨道电路、道岔及电动转辙机等仿真模型、图片、示教板及仿真三维立体图多媒体课件。

教学环境

轨道交通设备理实一体化教室或轨道交通系统仿真实验室。

基础知识

信号基础设备是保证城市轨道交通列车运行安全、提高运营效率的基础设备，信号基础设备主要包括安全型信号继电器、信号机、轨道电路、道岔及转辙机等。

一、信号机

在城市轨道交通系统中，列车的运行速度不仅与信号显示有关，还与轨旁设备传送的信息和列车控制系统的运算速度有关，信号机的显示是作为列车进入前方区域的凭证。

（一）信号机的种类

城市轨道交通的信号机类型与铁路的信号机基本相同，其设置位置和信号显示意义有所不同，城市轨道交通的信号机一般采用色灯信号机，色灯信号机主要有以下三种情形。

1．透镜式色灯信号机

透镜式色灯信号机是以透镜组合获得不同颜色的信号显示，并满足显示距离的要求。透镜式色灯信号机有高柱和矮型两种类型。

高柱信号机机构安装在钢筋混凝土（或钢性）信号机柱上，由信号机构、机柱、托架、梯子等部分组成。矮型信号机机构安装在信号机基础上，将信号机构固定在信号机基础上。

透镜式色灯信号机如图 3.1 所示。

图 3.1　透镜式色灯信号机

2．组合式色灯信号机

组合式色灯信号机的机构增加了反光镜和偏散镜，改善了列车通过曲线段的瞭望条件，实现信号的连续瞭望。该信号机透镜采用带偏光镜的非球面镜结构，构成合理光束偏散现象。

组合式色灯信号机每个机构只有一个灯室，使用时根据信号显示分别组装成二显示、三显示体，信号机构壳体采用铝合金材料。

透镜式色灯信号机和组合式色灯信号机每个灯室均安装一个灯泡。

3．LED 组合式色灯信号机

LED 组合式色灯信号机的机构大小同透镜式色灯信号机，机构由铝合金材料构成，减轻质量，减少维修工作量，便于安装，密封条件好。该信号机发光体采用发光二极管（LED）的组合单元，一般由 36 个发光二极管布阵构成。该信号机质量小、节省能源，使用寿命长，少数二极管故障时不影响信号机的显示效果，当三分之一的发光二极管故障时，会发出故障报警信号，提醒维修更换。

（二）信号机的作用

信号机作为进入进路的凭证，指示列车或车列的运行。信号关闭时，列车或车列不能越过信号机，进路建立信号开放后，列车或车列根据信号显示进入进路内方：进站信号机平时点亮红灯，不准列车进站；办理进路，信号开放后，列车根据进站信号的显示进入预期的股道，正线出站信号机开放允许列车进入区间，车辆段出站信号开放允许信号，允许列车进入联络线。车辆段出站信号机还有调车功能，所以又叫出站兼调车信号机，开放调车信号时允许车列越过信号机进行调车作业。正线还有折返信号机，通过信号机后，车辆段还有咽喉区和尽头线的调车信号机等。

轨道交通信号机多采用由灯泡或发光二极管（LED）组板构成的色灯透镜信号机等。根据安装位置和瞭望的需要等分为高柱和矮柱信号机，不同的灯光显示表示运营要求，红灯或蓝灯表示禁止信号，一个黄灯表示允许进入正线停车，或区间只有一个闭塞分区空闲，两个黄灯表示允许进入侧线，绿灯表示正线通过（因为车辆段是尽头型车站，进站信号机没有绿灯显示），白灯表示允许调车，正线信号机显示表示白灯允许列车经道岔曲股折返、进入存车线，或与红灯同时点亮表示开放引导信号。

信号机的图形符号和平面图常用颜色见表3.1。

表3.1　信号图形符号

信号机显示	图形符号	信号复示器显示	图形符号	信号机标识	图形符号
红色灯光		稳定绿灯		左向高柱信号机	
黄色灯光		稳定红灯		右向高柱信号机	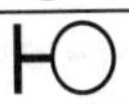
绿色灯光		闪光黄灯		左向矮柱信号机	
蓝色灯光		空灯位		右向矮柱信号机	
月白灯光	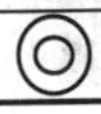				

（三）信号机的工作原理

信号机开放后，列车或车列才能越过信号机进入进路内方，信号的开放表示已经建立进路，信号机是进入进路凭证，只有凭借信号机的显示才能安全、有效地进入预定的地方。平时车站范围为无建立进路状态，进站、出站、调车信号机等均处于关闭状态，办理一定的手续建立进路，满足一系列连锁条件的检查等信号才能开放，建立进路通常要经历以下过程：办理基本进路，只要先后按压进路始、终端按钮，完成选路，确定进路始、终端，转换道岔，检查进路选、排一致性，检查进路的基本连锁条件、锁闭进路、信号开放和手动关闭的其他条件，信号开放。办理变通进路，只要在基本进路的基础上附加一定的操作手续，分别按压进路的始端、变通按钮（或调车进路按钮）和进路终端按钮，完成分段选路等与基本进路相同的动作过程，最终信号开放。

（四）信号机设置的技术要求

城市轨道交通信号机原则上设置在运行线路的右侧，若因地形、地物影响或其他原因需要设置在左侧时须在有关《站场细则》中标注并加以说明，如折返线中的信号机、站台出站信号机等，高柱信号机的显示距离不少于800m，矮柱信号机显示距离不少于200m，正线高柱信号机的建筑限界为2440mm，矮柱信号机的建筑限界为1875mm。

二、道岔及转辙机

（一）道岔及转辙机的构成

道岔是轨道线路分歧的线路连接，是轨道线路的分岔部分，转辙机是转换道岔的装置，通过道岔线路的不同开向引领车辆轮对进入不同的线路。转辙机控制道岔尖轨的开通方向，保证轮对安全顺畅地通过道岔线路。道岔及转辙机的构成如图3.2 所示。

图3.2　道岔及转辙机的构成

1. 道岔的结构

道岔包括两条基本轨、两条尖轨、两条导曲轨、一组岔心和两根护轮轨等。其中，基本轨是道岔线路的基本组成部分，两条活动尖轨同时只能一边与基本轨密贴（不大于 4mm 间隙），另一边处于分开位置（满足规定的动程），轮对一边由基本轨过渡到尖轨，另一边沿基本轨运行，通过导轨到岔心，由护轮轨牵引保证轮对安全、顺利地通过岔心。

道岔线路的基本结构如图3.3 所示。

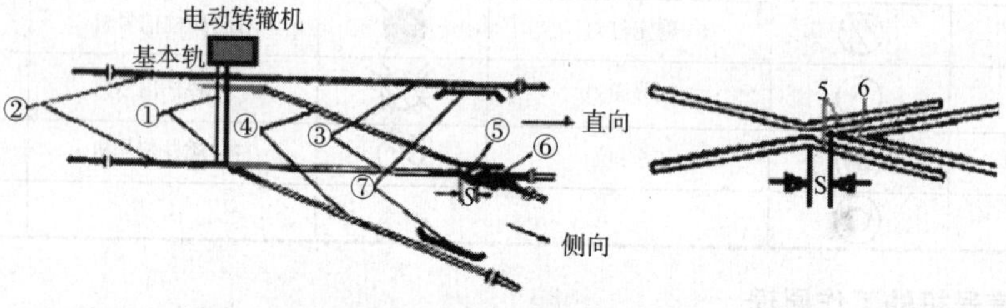

1—尖轨；2—基本轨；3—直合拢轨； 4—弯合拢轨；5—翼轨；6—辙岔心；7—护轮轨

图3.3　道岔线路的基本结构示意图

2. 转辙机的组成

转辙机种类很多，一般包括电动机、液压抽油泵、减速/调整装置、主轴、锁闭齿轮、齿条块、动作杆、表示标、自动开闭器、移位接触器、安全接点等。

转辙机的电动机、液压抽油泵输出尖轨移动的动力，减速/调整装置增大（调整）转辙机输出的旋转力矩，消耗电动机的转动惯性，主轴传动旋转力矩锁闭齿轮，与齿条块一起实现圆周运动向线性运动的转换，主轴旋转到位后实现自锁。齿条块中安装挤切装置，实现转辙机与道岔的挤切连接，用于保护转辙机。动作杆用于传动转辙机的动作，拖动尖轨移动，实现道岔尖轨与基本轨密贴。自动开闭器反映道岔开通位置，监督道岔密贴状态，移位接触器监督道岔的挤岔。安全接点用于转辙机维修或摇动时切断启动电源，保护工作人员的安全。

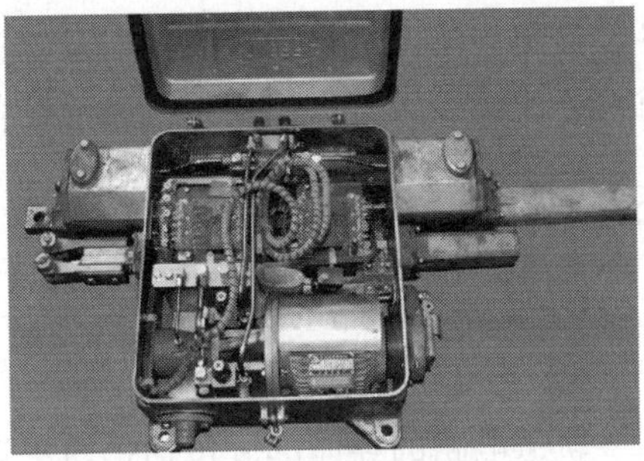
图 3.4　转辙机组成

转辙机组成如图 3.4 所示。

3. 转辙机的技术要求

（1）转换：具有足够大的转换力。它通常带动道岔尖轨做往复运动，当尖轨受阻不能运动到底时电动机空转，输出动能消耗在摩擦联结器中而不致烧坏电动机，经操纵后能回转到原来位置。

（2）锁闭：当道岔尖轨达到规定的密贴程度时才对岔尖锁闭，其锁闭力应能保持道岔不致因列车的通过震动而解锁移位，道岔转换到底（尖轨与基本轨小于 4mm 间隙）后，锁闭齿轮旋转到规定的位置，锁闭齿轮与齿条块啮合，通过动作杆的作用使尖轨紧贴在基本轨上，并不得回退，称为道岔的锁闭。道岔锁闭后不因外界的振动和挤切力作用而使尖轨与基本轨分离，须经操纵或摇动后才能解锁、回转。

（3）表示：当道岔尖轨达到规定的密贴程度且被锁闭后，才给出正确的道岔表示，每组单动道岔或每对双动道岔设置一套道岔表示电路，反映对应道岔所处的位置。道岔平时处于定位，定位表示继电器（DBJ）吸起，点亮定位表示灯（或光带）；道岔反位时，反位表示继电器（FBJ）吸起，点亮反位表示灯（或光带）。道岔转换过程中，DBJ↓，FBJ↓。若道岔没有表示，定位、反位失去表示超过 13s 后，表明道岔故障。

（4）监督：道岔处于定位或反位位置时，点亮道岔相应位置表示灯，可以利用道岔对应位置建立进路，若道岔转换时间超过 13s，说明道岔转换故障，发出故障报警；道岔在密贴状态下发生挤岔，挤切销挤断，移位接触器顶起，断开道岔表示电路，发出挤岔报警信号；若道岔维修或故障时，表示电路断开，道岔失去表示，发出道岔故障报警。道岔故障或挤岔（超过 13s）时，挤岔铃鸣响，挤岔灯点亮，按挤岔按钮后，挤岔铃停响，挤岔灯点亮；道岔故障修复后，挤岔铃再响，挤岔灯灭，按挤岔按钮后，挤岔铃停响，挤岔过程恢复。

道岔被挤后，非经人工恢复，不能再度转换。

（二）转辙机的类型

按动作能源和传动方式分转辙机可以分为电动转辙机、电动液压转辙机和电空转辙机。按供电电源分，转辙机可分为直流转辙机和交流转辙机；按动作速度分，转辙机可分为普通动作转辙机和快动转辙机；按锁闭道岔的方式分，转辙机可分为内锁闭转辙机和外锁闭转辙机；按是否可挤分，转辙机可分为可挤型转辙机和不可挤型转辙机。

（三）道岔及转辙机的作用

道岔线路是轨道分岔的地方，转辙机控制着道岔的转换并实现道岔的锁闭，道岔线路的开通位置和转辙机的工作状态与列车运行安全直接相关。建立进路时，进路上道岔必须转换到规定的位置，并连续检查道岔位置正确，才能保证信号的开放。进路锁闭、道岔区段有车占用或轨道电路故障时道岔不能转换（确认道岔区段空闲，办理道岔强解后可以转换）。调度中心或车站控制室能够实现道岔的自动控制，发布道岔控制命令或进路控制命令使进路中的道岔自动转换至安全位置。调度中心或车站控制室可以实现道岔自动排列进路命令驱动和人工操作控制，道岔设备故障情况下可以实现手工摇动和锁闭。

三、轨道电路

（一）轨道电路的组成

1. 导体

轨道电路的导体部分包括钢轨、连接夹板、导接线等。其中，正线钢轨采用 60kg/m 无缝长轨，车厂钢轨采用 50kg/m 短轨，连接夹板、导接线主要用于车厂线路和正线折返线、存车线等处。

2. 钢轨绝缘

正线运营轨道电路以电气绝缘方式实现相邻区段轨道电路的分割，电气绝缘是通过谐振槽路的选频方式，发送/接收本区段的中心频率。折返线/存车线及车厂区域的轨道电路以机械绝缘方式分割，机械绝缘包括轨端绝缘、槽形绝缘、绝缘套管和绝缘片等。

3. 送电设备

车厂工频轨道电路的送电设备包括送电电源、送电（降压）变压器、熔断器等；正线数字轨道电路送电设备包括控制板、辅助板、电源板、耦合单元、感应环线、连接棒线等，实现数字信息的调制、传送等。

4. 受电设备

车厂工频轨道电路的受电设备包括升压变压器、连接电缆、轨道继电器等；正线数字轨道电路受电设备也包括控制板、辅助板、电源板、耦合单元、感应环线、连接棒线等，与送电设备不同的是接收钢轨信息，并对多样的数字信息进行衰耗、选频和解码等，动作轨道继电器。

5. 限流电阻

限流电阻用于限制送电端信号电流，并调整送电端信号的幅值等。

（二）轨道电路的分类

1. 按传输电流特性分类

车厂轨道电路采用工频信号电流，正线轨道电路采用音频数字轨道电流。

2. 按绝缘性质分类

车厂及正线折返线/存车线等采用机械绝缘轨道电路，正线运营线路采用不同中心频率的电气绝缘轨道电路。

3. 按道岔区段分类

按道岔区段分类有无岔区段轨道电路、道岔区段轨道电路（包括多受区段轨道电路）。

4. 按使用地点分类

按使用地点分类主要有车厂轨道电路、运营正线轨道电路等。

（三）轨道电路的作用

轨道电路的基本作用是通过轨道继电器（GJ）的状态反映轨道区段的空闲与占用情况，

轨道区段空闲时 GJ↑，控制台上没有光带显示，可以转换该轨道区段范围的道岔，利用该轨道区段建立进路等；轨道区段有车或轨道电路故障时 GJ↓，控制台上对应区段点亮红光带，该轨道区段范围的道岔不能转换，不得利用该轨道区段建立进路等。

正线数字轨道电路除检查轨道区段的空闲与占用情况外，还具有传输列车运行信息的作用，通过编码、调制方式传递目标距离、目标速度、目的地代码、车次号等列车运行信息。

（四）轨道电路的工作原理

轨道电路送电电源由信号设备室的电源屏引出，经连接电缆分束供电至每个轨道区段的送电端，不同的轨道区段以钢轨绝缘分割，送电电源经熔断器保护、送电变压器降压、限流电阻调整后送往轨面，通过钢轨线路、连接夹板和导接线等传送到受电端，受电端轨面电压经连接线到升压变压器，经电缆接至室内轨道继电器线圈端子，动作轨道继电器 GJ，轨道区段空闲时由轨道电路的调整状态使 GJ 吸起，有车占用或轨道电路故障时 GJ 落下。数字轨道电路送电端编码调制后向钢轨轨面输送一定功率的数字信号，经钢轨传输至受电端，译码解调后动作对应的轨道继电器。

相关案例

[案例 1] 信号机的实操案例分析

图 3.5 所示为城市轨道车站轨道交通正线站后折返的站场图形，平时各信号机显示红灯，下行车列进入站台列车清空办理折返进路。

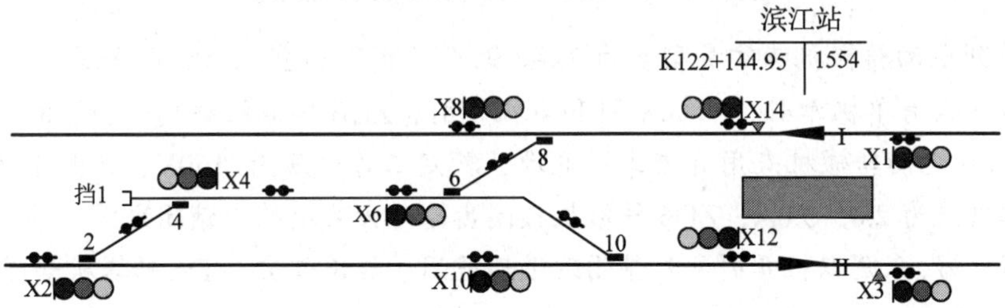

图 3.5 城市轨道车站信号机设置示意图

图中各信号机显示红灯，X1510 为下行站台的阻挡信号，待下行列车进入站台乘降完毕后，开放 X1510 绿灯信号，列车通过 1506/1508 道岔定位牵出至 X1502 信号机前停下，再根据 X1506 信号机的白色灯光，通过 1502/1504 道岔反位折返至上行站台；下行列车进入站台乘降完毕后也可以根据 X1510 的白灯信号，通过 1506/1508 道岔的反位将列车牵出至 X1504 信号机前停车，然后根据 X1508 信号机的绿灯折返至上行站台。

[案例 2] 轨道区段空闲时信号开放

轨道区段空闲是信号开放的基本连锁条件，建立接车进路必须检查从进站信号机开始至接车股道范围的空闲，建立发车进路必须检查从出站信号机开始至站外一离去区间的空闲，建立调车进路应检查进路内方道岔区段的空闲，不检查最终到达的股道或无岔区段的空闲。

下面以建立 X1→N12-2393G 接车进路为例进行说明，如图 3.6 所示。

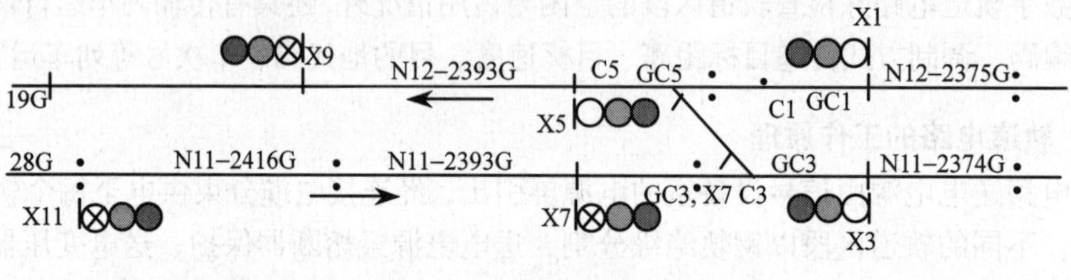

图 3.6 站场与轨道区段

建立接车进路检查的轨道区段范围是从进站信号机开始至接车股道，轨道区段中有道岔区段和无岔区段，其中多数为道岔区段，道岔区段检查空闲的轨道范围包括道岔前端、道岔后端直股部分、道岔后端曲股部分等，如图 3.7 所示。

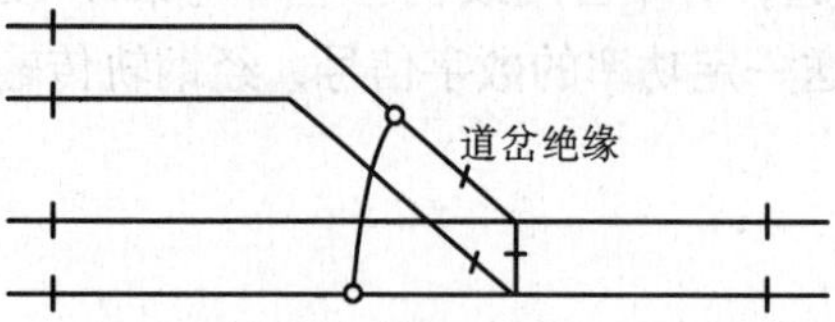

图 3.7 道岔区段轨道电路线路

如果是一送多受区段（直股、曲股都有受电端），则轨道电路检查轨道区段全范围的调整状态、分路状态和断轨状态等；如果是一送一受区段（直股设受电端，曲股不设受电端），则轨道电路检查直股范围的调整状态、分路状态和断轨道状态和曲股的分路状态。

[案例 3] ZD6 系列电动转辙机

ZD6 系列电动转辙机道岔类型多为 12#、9#（少有 7#道岔），还有 18#道岔、可动心道岔等，牵引方式有单机牵引、双机牵引和多机牵引，ZD6 转辙机结构如图 3.8 所示。

ZD6 系列电动转辙机采用直流牵引电源，额定工作电压为 160V，工作电流为 1.0～2.0A，故障电流为 2.0～3.0A，ZD6 转辙机锁闭齿轮与齿条块的内锁闭方式，锁闭力量小，道岔密贴不太好，采用双机牵引和外锁闭改造后适用于提速道岔。ZD6 转辙机如图 3.9 所示。

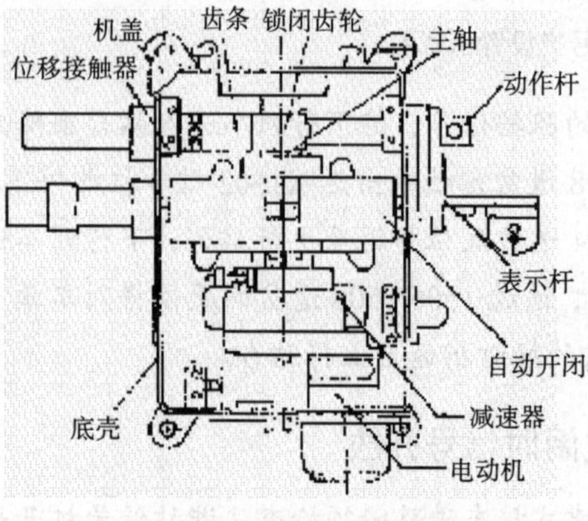

图 3.8 ZD6 转辙机结构图

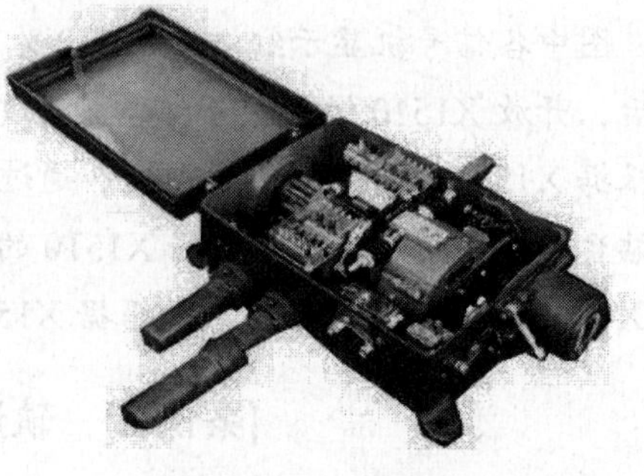

图 3.9 ZD6 转辙机

拓展知识

几种类型的轨道电路

1. 车厂轨道电路

车厂区段的轨道电路一般采用二元相敏轨道电路，主要是为了消除电化区段电力牵引对轨道电路的干扰，二元相敏轨道电路的电源可以是工频 50Hz 交流电源，也可以是经变频后的交流电源，如 25Hz、75Hz 交流电源等。二元相敏轨道电路有两路供电电源，一路是轨道电路送电电源，另一路是轨道继电器的局部电源，两路电源的相位差为 90°（也可以为其他角度），轨道电路的送电电源经钢轨传送至受电端后，与轨道继电器的局部电源验证其相位关系，合力动作二元相敏轨道继电器。

图 3.10 所示为二元相敏轨道电路。

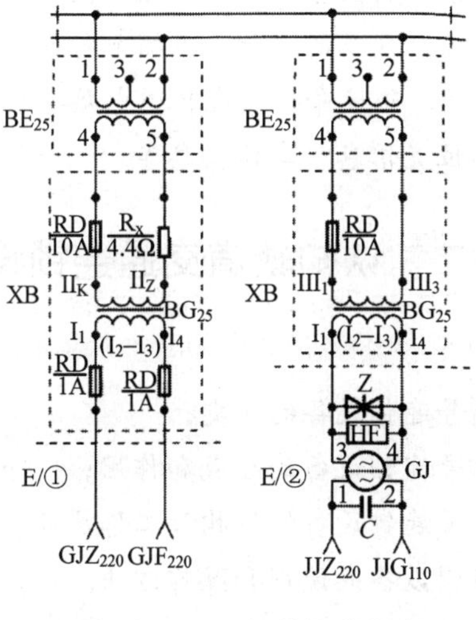

图 3.10　二元相敏轨道电路

二元相敏轨道电路的组成如下。送电端设备：轨道熔断器、送电降压变压器、调整限流电阻、牵引熔断器、轭流变压器、连接线；钢轨绝缘：机械绝缘；传导部分：钢轨、连接夹板、导接线；受电端设备：轭流变压器、牵引熔断器、升压变压器、二元相敏轨道继电器、调相元件等，以及轨道继电器局部电源。

轨道电路平时处于调整状态，轨道电路的送电电源经钢轨传送至受电端，与轨道继电器局部电源验证其相位关系后，轨道继电器（GJ）吸起。轨道区段有车占用或轨道电路故障时，轨道电路因分路、断轨或断线，轨道继电器（GJ）落下，实现对轨道区段范围的监测。

2. 车辆段轨道电路

由于城市轨道交通的钢轨作为轨道电路通路，又是牵流电流的回流线，轨道电路还起到防止牵引电流对轨道电路的影响的作用。车辆段轨道电路采取了两项措施：一是在轨道电路的送、受电端靠近钢轨侧增加了轭流变压器，轭流变压器由两组线圈串联而成，两组线圈匝数相同，绕制方向相反，使得牵引电流对轨道电路的感应效应相互抵消；二是采用二元相敏式继电器，由轨道电路送电电源和局部电源共同作用，这两路电源的相位差为90°，防止牵引电流对轨道电路的影响。

3. 正线轨道电路

轨道交通运营正线一般采用数字轨道电路，一方面是正线线路采用长型钢轨，不设钢轨接头和绝缘节，须以电气绝缘方式实现相邻区段的分割；另一方面是运营正线需要传输列车运营的综合信息，轨道电路不仅监测轨道区段（分区）的空闲、占用状态，还要实时传输列车运营信息。

正线轨道电路的作用是检查轨道区段空闲、占用，传输行车信息，采用音频数字轨道电路，每个区段传输不同的中心频率，防止相邻区段的误扰，通过轨道电路的传输实施区段空闲、占用和轨道电路故障条件的检查，经过轨道区段的编码，将列车运营的综合信息连续地传送到列车车载设备，控制列车的运行，根据前行列车的位置、目标距离、目标速度、列车的车次号、目的地代码、限速命令等在轨道电路中传输连续的数字信号，并实时地向车站及调度中心传输列车位置信息、车体信息等。

任务二　认知轨道交通连锁设备

学习目标

（1）了解城市轨道交通信号连锁设备的种类；

（2）了解城市轨道交通信号连锁设备的组成和作用；

（3）了解城市轨道交通信号连锁设备的结构和工作原理；

（4）了解轨道交通信号连锁设备的使用和操作方法。

学习任务

认知轨道交通信号连锁设备，主要包括电气集中连锁和计算机连锁设备。

工具设备

信号控制台、电源屏、继电器组合与组合架、连锁机（执表机）、维修机等。

教学环境

信号设备实验实训室、轨道交通系统化实训室、信号设备维修基地或信号现场。

基础知识

轨道交通的连锁是指轨道交通车站信号、进路、道岔之间相互制约的关系，连锁设备是实现轨道交通运营正线车站和车厂运行安全，提高运营效率的设备。

轨道交通的连锁设备有电气集中连锁、计算机连锁等，连锁设备包括控制、监督设备，连锁运算设备，驱动设备，监测设备，执行设备和信息采集设备等。

一、电气集中连锁

电气集中连锁是以电气控制方式把控制区域的信号机、道岔、进路等连锁条件集中在信号机械室内统一控制。电气集中连锁通常以继电器作为主要控制器件，所以电气集中连锁又称为继电器连锁。

（一）电气集中连锁的设备组成

电气集中连锁是把连锁区域的信号机、道岔、轨道区段的运用状况以继电器接点的形式集中控制，实现其相互制约的关系的设备。

电气集中连锁设备包括控制台、区段人工解锁按钮盘、电源屏、继电器组合与组合架、分线盘、轨道电路测试仪、电缆绝缘测试仪、信号机、轨道电路设备、转辙机等设备。

（二）电气集中连锁设备的作用

（1）控制台：控制站区范围的信号、进路和道岔转换并监督其运行状态的设备。

（2）区段人工解锁按钮盘：完成区段的故障解锁和强行关闭信号等任务。

（3）电源屏：提供信号设备及环境使用的各种电源。

（4）继电器组合与组合架：把相互配合实现同种功能的继电器组合在一起，形成各种功能组合，并按一定规律排列起来形成组合架。

（5）分线盘：室内外设备分线的地方，实现室内外设备的线性连接。

（6）轨道电路测试仪：测试轨道电路受电端电气参数。

（7）电缆绝缘测试仪：测试各部连接电缆的线间绝缘和对地绝缘。

（8）轨道电路设备：监测轨道区段的占用、空闲等状态。

（9）转辙机设备：转换道岔，提供道岔表示等。

（10）进站信号机、出站信号机、调车信号机：完成进站、出站和调车信号显示任务。

电气集中组合架如图 3.11 所示

图 3.11　电气集中组合架

二、计算机连锁

以计算机连锁运算方式实现连锁关系的设备称为计算机连锁，计算机连锁设备的特点是采用了多机冗余设备，使连锁设备运算更加可靠，信息量大，便于远程传送和控制，使用寿命长，用电量小，维修方便，便于查询设备的使用信息，为分析设备运用过程和排除故障提供参考性依据等。

（一）计算机连锁设备组成

计算机连锁设备组成包括两台带有操作键盘和鼠标的显示控制器、监控机、智能电源屏、连锁机、执表机、维修终端、轨道继电器组合、信号继电器组合、道岔驱动电路，信息上传接口等。室外有信号机、轨道电路设备、转辙机等。具体如图 3.12、图 3.13 所示。

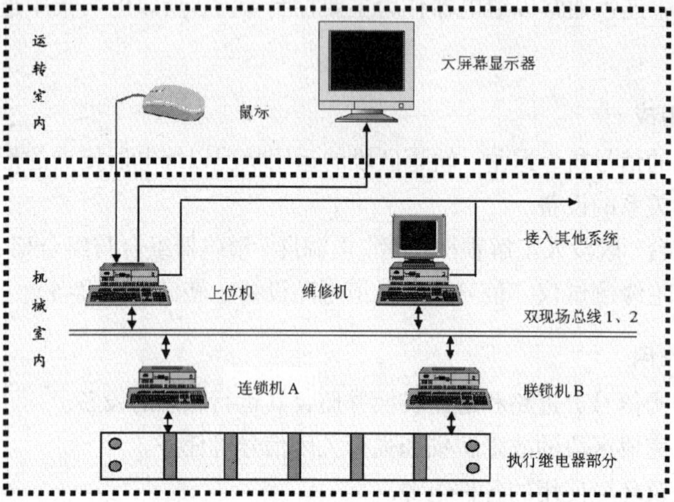

图 3.12　计算机连锁室内框图

图 3.13　计算机连锁柜及组合架

（二）计算机连锁设备作用

（1）操作显示控制器：控制和监督车站管辖范围内的信号设备的动作，排列或取消进路等，控制列车或调整车列的运行，并实时监督信号设备的运行状态和列车所在的位置等。

（2）监控机：监督信号控制显示器的工作状态，转换信息格式，实现连锁机/执表机和控制显示器之间的信息传输畅通。

（3）智能电源屏：为信号设备提供智能性的电源，并能够实现电源的自动监测、保护、转换和报警等工作。

（4）连锁机：接收监控机的控制指令，进行信号系统的连锁关系逻辑运算，向驱动设备发出正确的逻辑控制命令。

（5）执表机：执行连锁机发出的控制命令，接收现场设备的采集信号，经过处理后向控制显示器上传显示信息。

（6）维修终端：记录信号系统的工作信息，为信号设备的工作过程查寻提供方便，并为信号系统故障分析提供信息支持。

（7）轨道电路继电器组合：集合轨道电路受电端继电器，实现轨道电路状态的统一检测等。

（8）信号继电器组合：集合信号继电器，集中反映各架信号机的工作状态。

（9）道岔驱动电路：控制道岔转换，提供道岔表示信息等。

（10）信息上传接口等：为信号系统信息的上传提供可能。

（11）室外设备：包括信号机、轨道电路设备、转辙机等，与电气集中连锁设备相同，实现信号系统现场设备的动作。

相关案例

[案例 1]　电气集中设备操作

电气集中连锁采用单元式按钮控制台，控制台上装有进路按钮、上部操作按钮和下部功能按钮、光带表示灯、位置表示灯和报警电铃等，通过控制台排列进路、解锁进路，操纵道岔、锁闭道岔，开放信号、关闭信号等。控制台平时处于非排列进路状态，信号复示器处于信号关闭状态，进路按钮、轨道光带等都处于释放状态，道岔可随时操纵，各项条件满足办理进路要求，为建立进路做好准备。

电气集中主要实现以下操作。

（一）建立进路

1. 列车进路

（1）接车进路：先按进站口的列车进路按钮、后按接车股道处的列车终端按钮，始、终端按钮闪灯，通过继电器连锁机构进行选路，确定进路始、终端位置，转辙道岔，检查进路的选、排一致性，检查信号开放的基本连锁条件、锁闭进路、开放信号等，最终实现进站信号开放的逻辑关系，开放进站信号。

（2）发车进路：先按发车股道的列车进路按钮，后按发车端口的列车进路按钮，与办理接车进路相同，完成一系列逻辑关系检查后最终开放出站信号。

2. 调车进路

调车进路也有基本进路和变通进路，先、后按调车进路的始端、终端按钮，开放调车信号。办理变通进路时，只要在基本进路的基础上增加一定的操作手续，即可排列出变通进路。

调车进路还有长调车进路和短调车进路之分，长调车进路是同一运行方向有两架或两架以上信号都需要开放的进路，可以一次性办理，只要先、后按压长调车两端的始端按钮、终端按钮，即可由远及近地建立该长调车进路，也可将长调车进路分成几段短调车进路，分段办理各短调车进路即可。

（二）解锁进路

1. 正常解锁

信号开放后，列车或车列根据信号显示进入进路内方，顺序占用、出清进路内方各区段，完成“三点检查”或“两点检查”，进路由始端向终端方向顺序解锁的过程。

2. 取消进路

信号开放后，列车或车列未占用接近区段，需要变更进路时，按取消进路按钮和进路始端按钮，信号立即关闭，进路马上解锁。

3. 人工解锁

信号开放后，列车或车列已占用接近区段，需要变更进路时，按总人工解锁按钮和进路始端按钮，信号立即关闭，进路经过一定的延时后才能解锁，进站和正线通过进路延时3min，侧线出站和调车进路延时30s。

4．调车中途返回解锁

在调车转线作业过程中，车列迭行牵出，往往走不完全部牵出进路，只要车列尾部越过折返信号机即可停下，越过区段可以正常解锁，待车列退出牵出进路后，对未解锁部分实行的解锁方式称为调车中途返回解锁。

5．引导解锁

因开放引导信号而实行的解锁，分为进路锁闭式的引导解锁和总锁闭方式下的引导解锁，进路锁闭方式下的引导解锁是待列车完全进入接车股道或确认没有列车进入，按总人工解锁按钮和进路始端按钮，非故障区段解锁，故障区段修复后才能解锁；全咽喉总锁闭式的解锁是确认列车完全进入接车股道或没有列车进入，重新按引导总锁闭按钮，全咽喉进路和道岔即可解锁。

6．故障解锁

当以上五种解锁方式不能解锁，或因轨道电路停电又恢复造成的区段锁闭，或在建立进路过程中信号因故不能开放，需要解除区段锁闭时，按总人工解锁按钮和需解锁区段按钮，对应区段即可实行故障解锁。

（三）其他操纵

1．道岔单独操纵

按总定操或总反操按钮和需操纵的道岔号，该道岔即可单独转换。

2．重复开放信号

信号开放后因故关闭，现引起信号关闭的原因已经消除，而进路处于锁闭状态，需要重新开放信号，按信号重开按钮和进路始端按钮（或信号机），信号即可重新开放。

3．开放引导信号

进站信号机因故不能正常开放允许信号时，可以办理引导接车进路，因故障的影响范围不同，可以采用不同的引导接车方式。建立引导进路有两种方式：进路锁闭式引导进路和总锁闭式引导进路。

1）进路锁闭式引导接车

当进路中某一轨道区段轨道电路故障、信号机故障或其他原因只影响建立一条进路时，可采用进路锁闭式引导接车，先将进路上道岔单独操纵至规定位置，假设故障区段道岔已在规定位置，单锁故障区段道岔，按对应进站引导按钮，锁闭引导进路（引导进路白光带），开放红/白引导信号。

2）总锁闭式引导接车

当道岔故障或其他部件故障造成的影响范围较大时，采用总锁闭方式引导接车，将进路中的道岔操纵至规定的位置，人工确认轨道区段空闲、道岔位置正确、敌对进路未建立等条件后，按引导总锁闭按钮、对应进站的引导按钮，相应进站信号机开放红/白引导信号。

4. 强行关闭信号

信号开放后进路内方发现险情，需要关闭信号阻止列车运行，通常采用取消进路和人工解锁的办法。若恰巧上述两种方法失灵，则必须强行关闭信号，按强关信号按钮和进路始端按钮（正线信号机），信号立即关闭。

5. 恢复挤岔

连锁区域内任何一组道岔失去表示超过 13s，即发出挤岔报警，挤岔表示灯点亮，挤岔铃鸣响，对应道岔定、反位闪亮红光带，按挤岔按钮（JCA），挤岔铃停响，挤岔灯仍亮，故障道岔定、反位红光带继续闪亮，道岔故障修复后，道岔表示恢复，道岔光带不再闪亮，挤岔铃再次鸣响，挤岔灯灭，再次按挤岔按钮（JCA），挤岔过程结束。

6. 转换电源

连锁控制系统实行两路电源主备供电，平时主电源供电，电源表示灯亮绿灯，主、副电源转换时发出报警信号，提醒值班员采用应对措施。副电源供电时，电源表示灯亮黄灯，回转时再次报警，提醒值班员电源转换。

7. 接通光带

需要了解道岔开向时，按接通光带按钮，全场道岔区段点亮依据青色光带，表明道岔开通位置，再次按下时时光带熄灭。

8. 断丝报警

管内任意一架信号机主丝断丝或灯泡组损坏 1/3 时，则发出并保留灯光报警，直至故障消除。

9. 跳信号报警

因意外信号关闭（非列车进入或办理信号关闭手续致使信号关闭）时，对应信号机发出跳信号报警，以便及时发现并处理相关故障。

[案例 2]　计算机连锁设备操作

计算机连锁控制台为彩色显示器，其上设置进路按钮、功能按钮，光带表示灯，报警音响设备等，点击进路按钮、功能按钮，发出相应的指令，完成排列进路、转换道岔、开放信号等任务。排列进路时，先按进路始端按钮，始端按钮闪光，所有能够构成进路条件的终端按钮都闪光，作为候选进路条件，按进路终端按钮，通过连锁软件程序检查进路排列的程序、进行连锁条件运算等，输出道岔转换命令，通过道岔控制电路驱动道岔转换，检查轨道区段空闲等条件，最终输出信号机开放指令，驱动信号机开放，对应信号机显示相应灯光。

（一）办理进路

根据办理进路条件，按进路始端按钮，所有能够作为进路终端的按钮都在闪灯，以供候选，按进路终端按钮后开始选路，进路上道岔自动转辙至规定位置，检查进路内方道岔位置正确、轨道区段（包括超限绝缘区段）空闲、敌对进路未建立等，锁闭进路，信号开放。

如图 3.14 所示，办理 X→12G 接车进路，先按 XALA，XALA 闪光，接车库股道上所有列车进路按钮都闪光，后按 S12LA，其他进路按钮不闪光，进路内方进路按钮由左向右闪光后再熄灭，完成选路，XALA 进路始端按钮亮稳定灯光，确定进路始端，S12LA 灭灯（进路终端），检查进路内方各组道岔的选排一致性、道岔位置正确、轨道区段空闲、敌对进路未建立等条件后，进路锁闭，进路内方白光带，XA 信号复示器亮黄灯，信号开放。

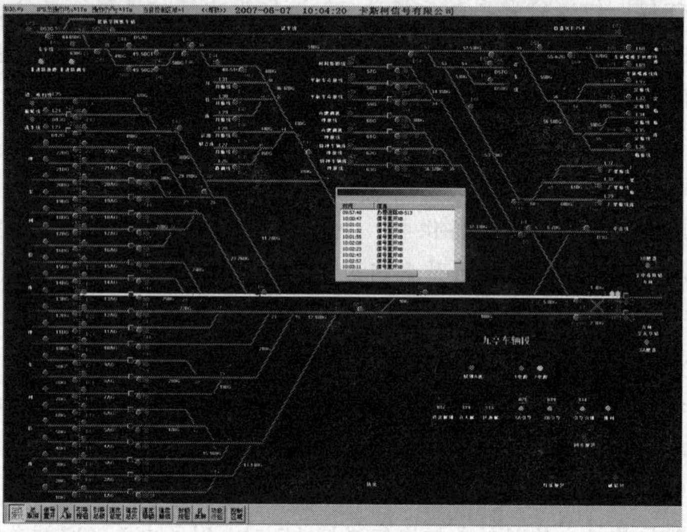

图 3.14 计算机连锁控制盘面

（二）故障报警

信号开放过程中不间断检查进路内方连锁条件的状态，如果进路内方道岔、轨道区段、信号机等发生故障，信号立即跳起，给出跳信号报警，如 1/2#挤岔、摇动道岔或其他原因致使道岔表示电路中断，X 信号跳起，12#道岔闪光，13s 后发出挤岔报警；进路范围内（包括超限绝缘轨道区段）轨道电路短路、断路或轨道电路调整不当时，轨道区段出现红光带，致使 X 进站信号跳起，并发出跳信号报警；信号开放过程中进路内方任意一连锁条件发生故障或信号点灯电路故障等，都会使信号机关闭，故障倒向安全。

具体如图 3.15 所示。

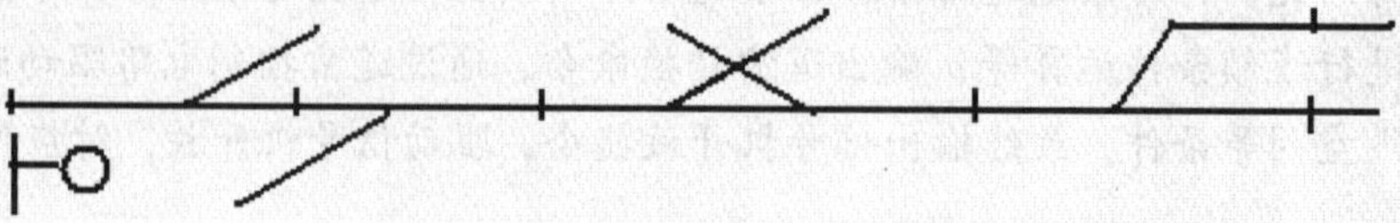

图 3.15 进路与信号机

（三）解锁进路

1. 取消解锁进路

如 X 进站向股道接车进路，进站信号开放后，列车尚未驶入第二接近区段，因行车计划调整或其他原因需要变更进路时，按总取消进路按钮 ZQA 和进路始端按钮 XLA，X 进站信号立即关闭，进路随即由终端向始端顺序解锁。

2. 人工解锁进路

同样是X进站向股道接车，X进站信号开放后，列车已驶入第二接近区段，如果必须关闭信号解锁进路时，按总人工解锁按钮ZRA和进路始端按钮XLA，X进站信号立即关闭，进路经过3分钟的延时后才能解锁。

3. 引导解锁

办理X进站向股道引导接车的进路解锁，确认列车完全进入股道或没有进入X进站信号机内方（试验引导进路），按XLA和ZRA，X进站信号立即关闭（如果列车已引导进站，信号随列车进入已经关闭），进路由终端向始端方向顺序解锁（轨道电路故障区段除外）；全咽喉总锁闭式的解锁，确认列车完全进入接车股道或没有列车进入进路内方，按引导总锁闭按钮，全咽喉进路和道岔即可解锁。

（四）其他操纵

1. 轨道区段强解及道岔强行转换

当道岔区段因轨道电路故障出现红光带时，确认道岔区段钢轨线路完整，强行解锁该道岔区段，点击轨道区段强解按钮和区段号，区段解锁后，能够单独转换该区段道岔，利用该道岔区段建立进路。

2. 道岔单锁

点击道岔单锁按钮和道岔号，该道岔单独锁闭，道岔不能操纵，道岔号亮稳定红色提示道岔单锁。

3. 道岔解锁

要解锁单锁道岔，点击道岔解锁按钮和道岔号，对应道岔解除单独锁闭，道岔号恢复暗灰色。

4. 道岔封锁

点击道岔封锁按钮和道岔号，封锁道岔区段，不得利用该道岔区段建立进路，道岔号亮白色灯光提示道岔区段封锁。

5. 道岔解封

点击道岔解封按钮和道岔号，解除道岔封锁。

6. 轨道区段封锁

点击轨道区段封锁按钮和区段号，对应区段亮白色光带提示区段封锁，禁止利用封锁区段建立进路。

7. 轨道区段解封

点击轨道区段解封按钮和区段号，区段白光带消失，区段解封。

8. 开放信号

排列接车、发车和调车进路，先后按进路始端、（变通按钮）、进路终端按钮后，检查连锁条件，进路锁闭，进路内方点亮白光带，开放信号，信号复示器与室外信号机显示相同。

拓展知识

计算机连锁的系统结构

计算机连锁系统为分布式多计算机系统，主要由4部分组成：控制台、监控机、连锁机和电务维修机，还有综合配电和远程诊断中心在线支持，其系统结构如图3.16所示。

（1）控制台：每个监控机输出一个显示器，两个显示器组成供行车值班员使用的控制台。两个屏可以显示同样的站场图形，也可显示不同的站场局部，两个屏还可互相切换。

（2）连锁机：为提高连锁系统的工作可靠性，采用多套连锁机冗余工作，组成二乘二取二的切换系统，CPU主机的工作时间与母钟时钟同步。

（3）监控机：监控机也称上位机，采用双套冗余互切的高可靠性的工业控制计算机，操作系统采用嵌入式Windows XP操作系统，两台监控机可以同时工作，也可以独立使用。

（4）电务维修机：采用高可靠性的工业控制计算机，操作系统采用先进的嵌入式Windows XP操作系统。维修机采用和监控机大致相同的硬件配置。

（5）综合配电：综合配电为计算机连锁系统提供各种稳定、可靠的电源。

（6）远程诊断中心在线支持：采用调制解调器以电话拨号的网络方式进行远程诊断，允许计算机连锁系统通过网络连接到指定的维修机终端机，获取连锁系统信息，记录连锁系统的运行信息，为系统故障诊断提供支持。

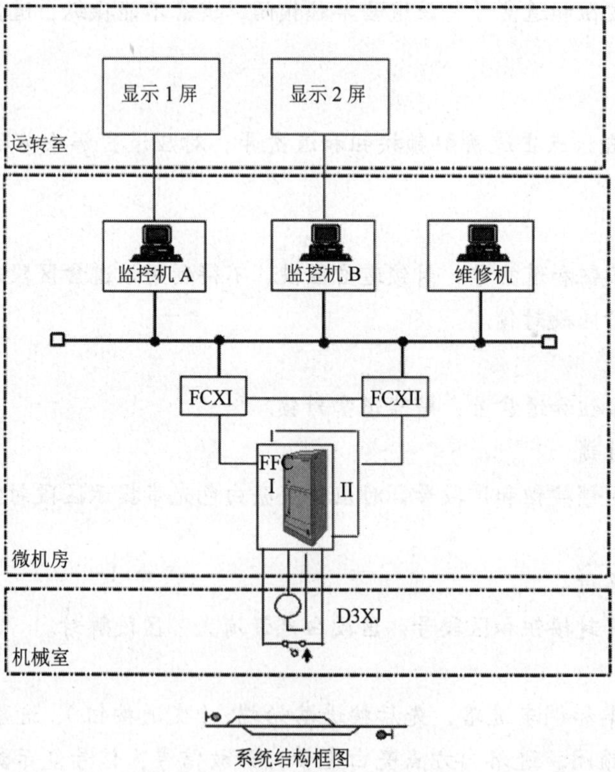

图3.16　计算机连锁系统结构

任务三　认知轨道交通列车自动控制设备

学习目标

（1）了解城市轨道交通列车自动控制系统的基本作用；
（2）熟悉城市轨道交通列车自动控制系统构成；
（3）熟悉城市轨道交通列车自动控制系统的工作过程；
（4）掌握城市轨道交通 ATP 系统的作用及实现过程；
（5）掌握城市轨道交通 ATO 系统的作用及实现过程；
（6）掌握城市轨道交通 ATS 系统的作用及实现过程。

学习任务

认知城市轨道交通列车自动控制系统及其设备的基本组成，熟悉城市轨道交通列车自动控制系统 ATC 及其子系统 ATP、ATO 和 ATS 的工作过程，操作 ATC 子系统设备。

工具设备

利用多媒体课件、图片等组织教学，利用城市轨道交通自动控制系统（ATC）的仿真软件进行模拟操作。

教学环境

带有多媒体教室的城市轨道交通综合实验室。

基础知识

一、列车自动控制（ATC）系统

轨道交通运营正线采用 ATC 自动列车控制的行车组织方式，ATC 控制系统以计算机控制技术和网络传输技术实现行车命令的传递和列车综合信息、设备状态信息的监督。调度员在控制中心（OCC）通过调度员工作站输入行车计划，行车计划以时刻表的形式输入至（OCC）计算机储存，并通过光纤网络将行车命令传输至车站 ATS 计算机，待列车到达辖区区段，验证列车车次号、目的地代码等信息后，驱动连锁设备排列进路、开放信号，通过轨旁设备向车载 ATP 设备传递信号指令，经车载 ATP 的校验后送往车载 ATO 装置实现列车自动驾驶。

列车自动控制系统是运营正线的行车控制方式，根据轨道交通车站间距短、行车密度大、运营速度快等特点，以自动列车控制系统组织行车。列车自动控制（ATC）系统包括三个子系统：列车超速防护（ATP）子系统，用于控制列车运行速度，实现超速防护等功能，保证列车安全运行；列车自动驾驶（ATO）子系统，用于实现列车自动驾驶，具有提高运营效率、节省运能、增加舒适度等作用；列车自动监控（ATS）子系统，用于实现对管内信号设备的控制，具有对信号设备的运用状态、列车位置信息等的监督作用。ATC 系统属于信号设备的上层控制系统，通过 ATS 系统实现远程、现场控制，以连锁设备转换道岔、建立进路、开放信号等，把闭塞设备的综合信息通过 ATP 的控制和防护，以 ATO 方式实现列车自动运行。

二、列车自动防护（ATP）子系统

ATP 子系统是保证列车运行安全、缩小列车运行间隔的关键设备，ATP 由地面设备和车载设备组成，列车通过地面 ATP 设备接收辖区运行列车的目标速度，保证列车在不超过限制速度的情况下运行，保证前后列车的安全间隔距离。

（一）列车自动防护（ATP）子系统的功能

1. 安全停车点防护

车载 ATP 子系统接收地面 ATP 系统的限制速度，通过计算得出紧急制动速度曲线，确保列车不能越过安全停车点。

2. 速度监督与防护

根据轨道交通线路状况、列车运行的最大允许曲段速度和列车临时限制区域速度，车载 ATP 子系统计算列车控制运行速度，一旦超速便立即报警并采取常用制动或紧急制动措施。

3. 列车间隔控制

根据前行列车的位置、与后续列车的间隔距离（又称目标距离）、前行列车运行速度（又称目标速度）及参数计算（确定）后续列车的运行速度等，保证最小安全间隔，又能提高运营效率。

4. 测距与测速

ATP 子系统通过轮轴上的速度传感器测量列车当前速度，给出行驶距离，以便与限制速度比较，采用自动运行措施。

5. 车门控制

ATP 子系统检测到所有安全开门条件后，给出开门信号，实现安全开门。ATP 子系统还能实现紧急停车，给出发车命令、列车倒退控制等。

（二）ATP 子系统的基本类型

1. 地面-车上信息传输方式

信息传递方式可以分为点式传递和连续传递方式，点式传递是在轨道交通线路的固守点上设置地面应答器，储存有线路限制速度和临时限制速度，列车经过该固定点时收到限速命令，由车载计算机计算出允许最高限速，与速度传感器的实时速度比较，以便采用制动；连续传递方式是利用沿线敷设的电缆或多信息数字轨道电路连续传递地面-车上的限速信息。

1）点式地面应答器

地面应答器通常是无源应答器，安装在轨道交通需要限速坡段处，其中储存有线路状态和限速信息，列车经过时车载应答器以一定的频率激活地面应答器，地面应答器随即以频移键控方式（FSK）通过电磁感应向车载传送应答器中存储数据限速信息，通过车载计算机计算出最高限制运行速度。

2）轨旁电子单元（LEU）

轨旁电子单元又叫有源应答器，通常与信号机以电子接口的形式储存有关于信号机不同显示状态的限制速度信息，列车经过轨旁电子单元时，直接由轨旁电子单元向车载设备传输编码的限制速度信息，作为列车入口的速度限制信息。

3）车载设备

根据地面传递到车上的限速信息，计算出两信息点之间的速度控制曲线，实现列车超速防护。列车正常运行时，该控制曲线对列车没有速度限制；而当列车的实际速度达到或稍有超过最高限速时，会发出报警，提醒驾驶员降速，如果驾驶员没有反应，系统会自动启动制动器并做出记录，一般先启用常用制动，如果继续超速，将采取紧急制动。

三、列车自动驾驶（ATO）子系统

轨道交通正常运行时以列车自动驾驶（ATO）代替人工驾驶，以便提高运行效率，减少能耗，保证运行平稳、舒适等。

ATO 子系统为非安全系统，以提高列车的运行水平和质量。ATO 子系统一方面接收来自 ATP 子系统的速度命令、列车实际速度和列车走行距离，另一方面接收来自 ATS 子系统的运行等级信息，即 ATO 子系统在 ATP 子系统的保护下，根据 ATS 子系统的指令实现列车的自动驾驶，完成列车启动、牵引、巡航、惰行与制动任务。

（一）列车自动驾驶（ATO）系统的构成

ATO 子系统是一个闭环控制系统，将列车实际运行速度与参考速度差作为偏差控制量，通过牵引制动曲线对列车实施一定的牵引力和制动力，使偏差趋于零，ATO 子系统如图 3.17 所示。

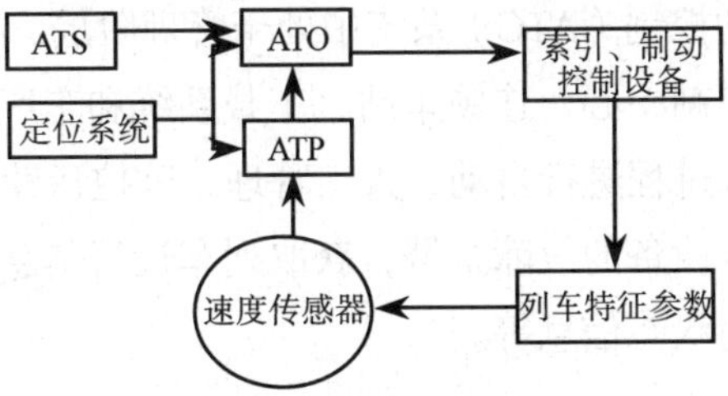

图 3.17　ATO 子系统

列车特征数据代码通过车载天线、轨道接收环线、数据电缆等传送到控制中心，控制中心设有接收列车特征代码的装置，将接收到的特征代码解调后送往 ATS 系统，由 ATS 系统处理后显示在终端工作站和大屏幕上，并加以记录。

列车特征数据代码包括：车次号、列车车号、目的地号、乘务员号、车门状态、列车状态等。

（二）ATO 子系统的功能

1. 站间自动驾驶

通过车载计算机计算生成牵引和制动控制信号，根据列车速度控制曲线实现列车站间自动运行，调整列车运行间隔等。

2. 车站定位停车

以停车点为目标点，用接近控制盘、地面标志器、环线、列车定位系统等设备实现定位停车，停车误差范围不大于±300mm。

3. 运行时间控制

自动驾驶模式状态下，ATO 子系统根据 ATS 子系统的控制指令自动运行，区间实际走行时间与时刻表时间误差不大于 15%，自动运行过程中可以对较小的运行误差自动调整，以时刻表和节能要求实现自动运营。

4. 区段限速

固定性线路限速数据事先输入到 ATO 子系统中，临时限速信息通过数字轨道电路或轨间环线传输到车载 ATP 子系统中，再由 ATP 子系统将限速命令经 ATO 子系统传送到车辆驱动系统，实现列车限速运行。

5. 车门控制

根据停车站台位置和停车精度对车门进行控制，先由 ATP 子系统检查停车精度，送出开门信号，ATO 子系统自动打开车门。

6. 运行信息记录

在 ATO 子系统的缓存区内记录列车运行、制动信息，包括启动时间、运行速度、制动时间、制动力和驾驶员信息等，以便事故调用、分析等。

四、列车自动监控（ATS）子系统

ATS 子系统在列车自动控制（ATC）系统中处于管理阶层，在 ATP、ATO 子系统的支持下，利用软件方式实施控制中心、连锁车站、车载系统和车厂的联网，发布控制命令、指挥组织行车，对列车运行过程进行自动、人工管理，监控运营正线、车厂联络线等信号设备的运行状态，实施信号设备的故障报警，获取列车运行信息、位置信息、停站信息、列车特征数据信息、屏蔽门状态信息等。

（一）列车自动监控（ATS）子系统的构成

ATS 子系统属于非安全管理系统，主要由控制中心设备、车站设备、车载设备和车厂设备组成，如图 3.18 所示。

1. 控制中心 ATS 设备

（1）数据传输计算机系统：用于实现控制中心、车站、车载设备的数据通信，以及对车厂联络线的监督，是控制中心、车站列车、车厂间的局域计算机网络。

（2）中心调度表示盘：显示全线信号设备运用状态，列车位置信息、特征参数，屏蔽门开启状态，与车厂联络线的联系等。

（3）工作站及 I/O 设备：输入行车计划，调整行车偏差，发布控制命令等；I/O 设备实现信息的人机交换、向控制中心计算机、局域网等传送控制命令、表示信息等。

（4）绘图及打印设备：自动或人工介入绘制列车运行图，打印列车运行图、各种数据报表等。

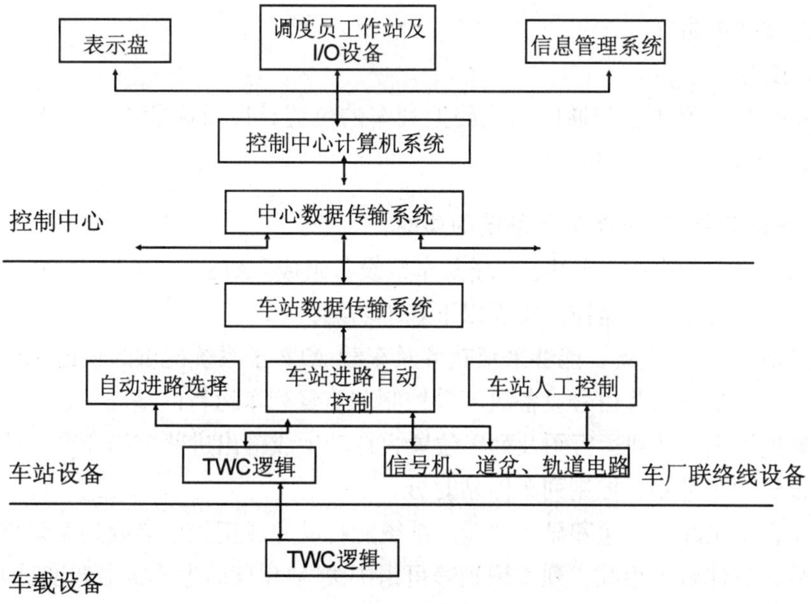

图 3.18　ATS 子系统结构组成

2. 车站 ATS 设备

（1）车站控制盘：用于监控管内（也可是全线）的列车运营过程、列车位置、列车特征信息、屏蔽门状态、信号运用状态，提供列车非常运行报警、信号设备、屏蔽门设备等故障报警；在调度授权条件下调整管内列车运行时间，完成操纵道岔、办理进路、开放信号，以及封锁、限速等操作。

（2）数据传输系统：接收、发送车站与控制中心、车站与车载系统的列车控制命令及列车、设备的运用、报警信息等。

（3）自动进路选择系统：正常情况下，由控制中心下传控制命令，验证列车目的地代码、车次号等，实现列车进路的自动排列；当控制中心与车站信息传输中断时，接受司机在列车驾驶台发出的（RTU）远程终端排列进路的请求，完成 RTU 排列进路任务。

（4）车-地信息交换系统（TWC）

在线列车通过车-地 TWC 设备向车站发送车次号、目的地、列车长度等信息（通过车站与控制中心数据传输系统传至控制中心），实现列车跟踪、中心监视显示，信息发往车站，控制连锁装置，自动办理进路等。需要调整列车运行时差时，地面 TWC 设备将速度信息、赶点命令等发往列车，实现列车运行调整。

3. 车载 ATS 设备

车载 ATS 设备主要是 TWC 信息发送设备、车载计算机，用于存储列车特征信息，接受控制命令，向地面 TWC 设备传送列车特征信息、运行速度等。

4. 车厂联络线 ATS 设备

控制中心调度员通过 ATS 设备在显示屏上实时了解车辆段与运营正线间（车厂联络线）列车运行、分区占用及线路运用情况，以方便与车厂联合调度，办理接/发列车进路和列车自动追踪排列进路等。

5. 计轴设备

计轴设备是为监督轨道交通区间线路上列车的位置，以及区段占用、出清情况等而设置的区段监测设备。

（二）列车自动监控（ATS）子系统的功能

ATS 子系统由控制中心、车站、车场及车载设备组成。ATS 子系统在 ATP 子系统的支持下完成对列车运行的自动监控，实现以下基本功能：

（1）通过 ATS 车站设备，能够采集轨旁及车载 ATP 子系统提供的轨道占用状态、进路状态、列车运行状态以及信号设备故障等控制和监督列车运行的基础信息。

（2）根据连锁表、计划运行图及列车位置，自动生成输出进路控制命令，传送至车站连锁设备，设置列车进路、控制列车停站时分。

（3）列车识别跟踪、传递和显示功能。系统能自动完成正线区段内列车识别号（服务号、目的地号、车体号）跟踪，列车识别号可由中央 ATS 自动生成或由调度员人工设定、修改，也可由列车经车-地通信向 ATS 发送识别号等信息。

（4）列车计划与实迹运行图的比较和计算机辅助调度功能。能根据列车运行实际的偏离情况，自动生成调整计划供调度员参考或自动调整列车停站时间，控制发车时间。

（5）ATS 中央故障情况下的降级处理，由调度员人工介入设置进路，对列车运行进行调整，由 ATS 车站完成自动进路或根据列车识别号进行自动信号控制，由车站人工进行进路控制。

（6）在计算机辅助下完成对列车基本运行图的编制及管理，并具有较强的人工介入能力。通过设在车辆段的终端，向车辆段管理及行车人员提供必要的信息，以便编制车辆运用计划和行车计划。

（7）列车运行显示屏及调度台显示器，能对轨道区段、道岔、信号机和在线运行列车等进行监视，能在行调工作站上给出设备故障报警及故障源提示。

（8）在中央专用设备上提供模拟和演示功能，用于培训及参观。能自动进行运行报表统计，并根据要求进行显示打印。

(9) 在车站控制模式下与计算机连锁设备结合，将部分或所有信号机置于自动模式状态。

（10）向通信无线、广播、旅客向导系统提供必要的信息。

相关案例

[案例 1]　点式列车自动防护（ATP）系统

车载控制系统从地面应答器和轨道电子单元接收速度限制信息（目标点距离、目标点速度、线路限制速度、临时限制速度等），结合列车本身制动率，计算得出两信号点之间的速度控制曲线。

点式 ATP 速度控制曲线为阶跃式曲线，标明列车在不同段点的限制运行速度，速度控制曲线包括如下四方面的内容。

（1）最大允许速度：正常运行时的允许速度。

（2）间断音响报警速度：贴近最高允许速度线运行，偶有音响报警。

（3）常用制动速度：超过最高允许速度运行采取的制动措施。

（4）紧急制动触发曲线：发生紧急情况或实行常用制动后列车运行速度仍超过限制速度时，采用紧急制动。

[案例 2]　列车自动监控（ATS）子系统的控制

一、中央控制

中央控制是正常情况下信号控制系统和列车运营控制方式，根据连锁图表、列车运营计划输入时刻表，自动形成控制命令，建立列车进路，办理闭塞等，并能根据列车运行情况自动控制列车运营及调整列车运营计划，实现扣车或催发列车等功能，ATS 的控制方式分为中央级 ATS 集中控制和车站级 ATS 分散控制两种方式，集中控制包括触发区段的全部或部分信号机的自动触发设置、列车运营的自动调整等，下放权限后的车站 ATS 控制包括车站控制包括人工设置进路、信号机人工开放、设立引导进路、列车运行人工控制等。

二、车站控制

车站控制包括车站值班员监督 ATS 的自动运营方式、受权后的车站值班员工人控制方式、ATC 控制系统故障情况下的车站 ATS 分机控制方式等。

三、现场控制

在 ATC 系统和连锁设备故障的情况下，现场工作人员人工排列进路或人工摇动道岔、准备进路、办理闭塞，人工办理接车、发车作业等。

[案例 3]　列车驾驶模式

一、ATO 自动驾驶模式

列车自动控制的三个子系统 ATP、ATO、ATS 都在正常工作，在 ATS 子系统控制下自动运行，列车启动后由 ATP 子系统保护，司机启动列车，车载 ATO 设备自动控制列车的加速、巡航、惰行、制动，并实行停车位置的控制，开关车门，驾驶员仅需监督 ATP/ATO 车载设备的运行状况。

二、ATP 监督下的人工驾驶模式（SM）

线路条件不好或恶劣天气不适合 ATO 驾驶，此时 ATO 被旁路，由驾驶员人工控制，列车启动后车载 ATP 根据地面信息自动生成连续监督列车运行的一次速度模式曲线，实时监督列车运行，驾驶员根据 ATP 显示的速度信息驾驶列车，当列车运行接近限制速度时，提出报警；当超过限制速度时 ATP 实施制动。

三、限制人工驾驶模式（RM）

ATP 子系统只提供一定的设定速度（如 25km/h）的超速防护，驾驶员以不超过该限制速度驾驶，列车运行安全由驾驶员负责，列车超速时 ATP 子系统对其制动。

四、非限制人工驾驶模式（URM）

在车载 ATP 设备故障时采用此驾驶模式，此时 ATP、ATO 子系统都被旁路，ATP 子系统不对列车监控，完全由驾驶员、调度员、车站值班员共同负责。

列车两端的驾驶室都有驾驶模式选择开关。

五、列车折返模式（AR）

列车在 ATP 子系统监督下人工驾驶模式折返时，列车由人工驾驶自到达股道牵出至折返线，由驾驶员转换驾驶端，并折返至发车股道。

自动驾驶模式，在 ATO 有人驾驶模式下折返时，列车能以较合理的速度从到达股道牵出至折返线，由驾驶员转换驾驶端和启动列车，然后从折返线进入发车股道。

拓展知识

连续式列车自动防护（ATP）子系统信息传输原理

一、利用轨间电缆的 ATP 信息连续传输系统

轨间电缆的 ATP 信息连续传输系统主要由地面控制室、轨间传输电缆及车载设备三部分组成，在地面控制室内，按地理坐标储存了线路限速信息，如线路坡度、线路曲线半径、缓行曲段长度、道岔位置、道岔型号等线路限速信息；通过与连锁系统的联系，将连锁设备的进路建设情况、信号机的显示状态信息、列车特征信息（如车长、制动率、列车所在的位置、实时速度等信息）不断地由轨间电缆传至地面控制室，地面控制室的计算机计算出辖区每一列车的当前最大允许速度，再由轨间电缆传输至相应的列车车载设备上，实施对管区列车运行速度的实时控制。连续式信息传输速度控制曲线如图 3.19 所示。

轨间电缆 ATP 控制系统分为两级控制，控制中心与若干沿线地面控制室设置的中继器相连，每个中继器又与各自管内区段的轨间电缆构成环路，各中继器内实现频率变换、电

平转换和功率放大等。

轨间电缆 ATP 控制系统如图 3.20 所示。

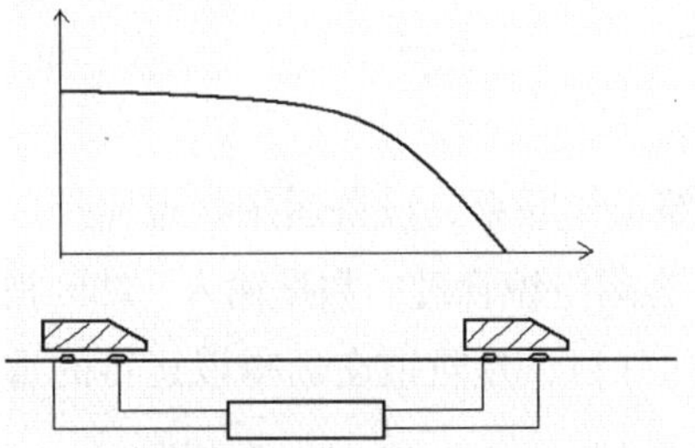

图 3.19　连续式信息传输速度控制曲线

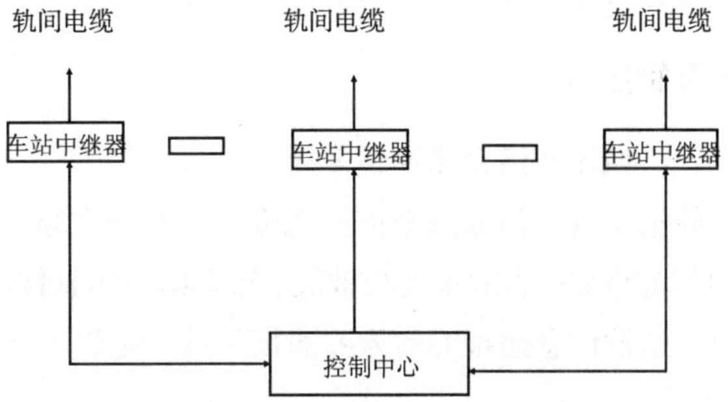

图 3.20　轨间电缆 ATP 控制系统

二、利用数字编码的轨道电路的 ATP 信息连续传输系统

数字编码的轨道电路的 ATP 信息连续传输系统由车载设备、数字轨道电路及室内控制设备三部分组成。

轨道区段空闲时，轨道电路接收器为高电平，转换开关吸起，轨道电路发送检测电码，并将检测结果送往连锁系统，显示轨道区段空闲；轨道区段有车占用时，轨道电路接收器呈低电平，转换开关落下，轨道电路发送 ATP 低频代码信息，连锁装置呈轨道电路占用（红光带）状态。车载 ATP 接收地面控制室的 ATP 超速防护信息、与列车预先储存的特征数据、列车制动率等，通过计算机计算出最大允许速度，与轮轴脉冲发生器测得的实时速度比较，以便正常运行、制动（报警等）停车等。

司机驾驶台上显示最大允许速度、列车实时速度，目标距离、目标速度等。

任务四　认知轨道交通通信设备

学习目标

（1）了解城市轨道交通通信系统的作用；

（2）了解城市轨道交通通信系统的设备组成；

（3）了解掌握城市轨道交通通信设备的基本操作方法；

（4）了解故障状况下城市轨道交通通信设备的使用。

学习任务

认知城市轨道交通通信系统及设备组成，熟悉城市轨道交通通信系统的工作过程，掌握城市轨道交通通信设备的基本操作。

工具设备

利用多媒体课件、图片等组织教学，利用城市轨道交通通信设备及模拟系统，结合轨道交通现场见习进行学习。

教学环境

带有多媒体教室的城市轨道交通综合实验室。

基础知识

一、城市轨道交通通信系统

轨道交通通信系统是进行轨道交通对外联络、内部工作联系、设备运用状态监控、故障检测与维修、事故抢险与救援、行车组织信息传递、客运组织管理的数据输入、站区视频监督、运营信息播报等的重要通信工具，是轨道交通的耳目，是轨道交通得以运行的重要保障。

轨道交通通信系统主要包括以下几个子系统：通信传输子系统、数字程控子系统、闭路电视子系统、广播子系统、无线传输子系统、时钟控制子系统、通信电源及安全接地装置等。

二、通信传输子系统

行车调度自动化和列车运行自动化，必须配备专用的、完整的、独立的通信系统，供构成城市轨道交通系统的各职能部门之间有机联系和行车的调度指挥使用。

（一）通信传输子系统的作用

信息传输子系统是通信系统的重要组成，是通信网络的基础和骨干，一般包括公务联系用的公务电话子系统；直接指挥列车运行的专用通信子系统；向旅客报告列车运行信息的广播子系统；用于监视车站关键部位、客流动态、列车停靠、车门开闭和车辆运行状况的闭路电视监控子系统；用于传送文件和数据的数据通信子系统等。在控制中心与车站均配备相应的传输设备以构成整体通信传输系统，通信传输系统可以通过电缆、光缆及电磁波等传输媒体将各子系统联成一个整体，从而构成一个完整的通信传输体系。

通信传输系统的工作任务是为列车控制（ATS）系统、电力监控（SCADA）系统、自动售检票（AFC）系统、环控系统、办公系统等提供语音、数据和图像传输通道，保证信息的同步、不失真传递。

（二）通信传输子系统的分类

地铁传输系统是为地铁运营各系统、各部门提供语音、数据和控制等信息传输通道，主要包括：程控电话交换网、地铁电话专用网的中继信道，调度（行车、电力、消防）电话信道，邻站热线电话信道，无线通信系统的有线音频通道，以及有线广播、闭路电视、信号 ATC、自动售检票、电力监控、消防报警等系统的中央控制信道。

地铁传输系统以光纤通信为主要传输手段，采用光缆通信设备（上海地铁 1 号线 PCM、2 号线 OTN、3 号线 SDH）和光缆构成数字传输网。

三、数字程控系统

新一代的电子交换系统是用预先编制好的计算机程序控制交换系统，所以电子交换系统又叫程制交换系统。因为数字交换机交换信息是数字信息，此类交换机又叫数字程控交换机。

（一）程控交换机的分类

1. 按交换机工作方式分类

1）电路交换方式

双方通信前，需要为通信双方分配固定的通信电路，双方在通信过程中一直占用先前分配的资源，电路的建立、分配、释放等需要一定的通信限令，直到通信结束。此方式能够保证通信双方有充分的链路，实时性强、延时少，交换设备成本低，但网络利用率低，通信链路一旦建立，无论通话时间长短，电路一直被占用。

2）报文交换方式

以报文为数据交换单位，报文中包含目标地址、信源地址、交换内容等，交换节点采用存储转发的传输方式。由于报文长度差异较大，会造成时延差别较大，对每个节点的缓冲区分配较为困难，长报文的传送需要较大的缓冲区，不然就会造成信息丢失。

3）分组交换方式

在报文交换的基础上，将报文分割分组传送，将分组报文逐一传送，传输时延和效率上进行平衡。采用分组传送技术时在通信之前无须建立链路，每个节点将前一节点送来的分组收下并保存在缓冲区内，再根据分组头部中的地址选择适当和链路将其发送至下一节点，在通信过程中根据客户要求和网络分配能力动态分配带宽。分组交换比电路交换时的链路利用率高，但延时较大。

2. 按交换机控制方式分类

1）集中控制方式

交换机的全部控制由一台处理机（中央处理机）控制，处理机对全部交换机的工作状态有全面的了解和控制，是一个完整的控制程序，修改、调试比较容易。其缺点是软件系统较为庞大，中央处理机负担太重，一旦处理机故障或软件系统故障，整个系统全部瘫痪，系统可靠性脆弱。

2）分级控制方式

程控交换机中配置有若干个分区处理机，用于监视用户线、中继线状态、接收拨号脉冲等简单而又频繁的工作，中央处理机属于上层管理机构，由所属分区的处理机运行相关的操作，减少了中央处理机的工作负担，使得中央处理机可以采用更高层次的管理系统统一控制和管理各分区处理机的运行。

3）全分散控制方式

程控交换机中取消了中央处理机，在终端设备的接口部分配置了微处理器负责接收、处理和发送相关的通信信号，采用专用的微处理器控制呼叫功能转移，这种控制方式的优点是微处理器故障时影响的范围较小，微处理器的数量可根据终端设备的多少增减；缺点是各微处理器之间的信息转接较多，降低了通信效率。

3. 按交换信息的类型分类

1）模拟交换机

网络中交换的是模拟信息（即 0.3～3.4kHz 的模拟语音信号），交换网络通常是空间分割方式。

2）程控数字交换机

话路和交换网络中传输的是数字信号，此类交换方式通常采用时间分割方式。

（二）程控交换机的基本结构

程控交换机实际上就是通过计算机控制的程序交换机，由程序软件实现电路的续接、信息交换及网络接口选择、转接，进行设备运行管理、维护、控制等。程控交换机的基本结构如图 3.21 所示。

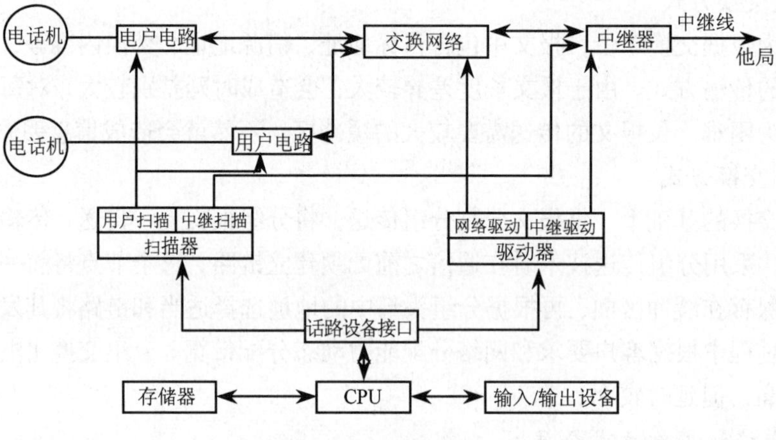

图 3.21 程控交换机结构分布

程控交换系统由硬件和软件两部分组成，硬件又分为话路系统和中央控制系统。

1. 话路系统

话路系统由交换网络和外围电路组成。外围电路包括用户电路、中继电路、扫描器电路、网络驱动部分和话路接口等。

交换网络的作用是为音频信号或经编码的话音信号提供接续网络。

用户电路是交换网络和用户线间的接口电路，一方面把语音信号传送给交换网络，另一方面把用户线上（如响铃）信号等与交换网络分隔开来，以防损坏交换网络。

中继器电路是程控数字交换机和其他交换机的接口电路，是本系统与其他系统的远距离传输的中间接口号能量补充装置。

扫描器用于收集用户信息和状态、中继器状态的变化，并将此变化及时传到控制系统。

网络驱动器用于在中央控制系统的控制下建立和释放交换网络中对应的网络通路。

话路设备接口用于协调信号的接收、传送和分配。

2. 中央控制系统

控制功能：处理呼叫信号，管理、监测和维护整个交换系统。

设备组成：中央处理器（CPU），进行中央信息处理；存储器，存储系统常用程序、执行程序和执行数据；输入/输出设备，包括键盘、打印机等，可以根据指令或定时打印系统数据；外存储器储存常用运行程序、机器运行时调入内存储器等。

四、电话系统

（一）电话系统的功能

城市轨道交通电话系统包括专用电话网和公务电话网。专用电话网络用于完成系统内部的行车指挥调度、环控调度、防灾指挥调度、设备运用和维护调度、车站行车管理、客运管理、设备维护联系等作用；公务电话用于实现城市轨道交通系统内部与社会外界的通信联络。

1. 专用电话网

专用电话网由调度电话、站间行车电话、轨旁电话和站内集中电话四个子系统组成。

1）调度电话

调度电话子系统由交换设备、调度总机、分机及录音机组成，包括行车调度电话、电力调度电话、防灾报警调度电话三个相互独立的调度系统。总机设在地铁控制中心，采用带有高阻抗接口的数字多功能电话机，通话时自动启动录音装置，对通话过程进行录音记录。分机设在各车站控制室、降压变电站、牵引变电站、主变电站等处。

2）站间行车电话

站间行车电话子系统用于相邻车站之间车站值班员热线通信，各车站值班员采用具有LED 监视灯的数字多功能电话机呼叫邻站值班员。

3）轨旁电话

轨旁电话子系统用于列车在区间紧急停车时司机通话和维修人员在区间工作时通话，采用全天候轨旁话机，话机设置在隧道内间隔为150m，设在地面上时间隔为250m。

4）站内集中电话

站内集中电话子系统类似调度电话系统，由总机和分机组成，总机设在车站控制室，采用数字多功能话机，分机设在车站值班员控制的部门。

2. 公务电话网

公务电话网用户分布在每一个车站及运营管理部门、车厂、控制中心等处，实现轨道交通与外界的通信联系。

（二）轨道交通电话系统的结构组成

1. 专用电话系统结构

城市轨道交通的专用电话系统包括调度通信电话、站场通信电话、站间通信电话、区间通信电话等。专用电话系统一方面为控制中心调度（如行车调度、电力调度、环控调度、设备维修调度、防灾调度等）提供专用电话通道，并且具备单呼、组呼、全呼、紧急呼叫和录音功能；另一方面为轨道交通的工作人员提供车站内部、车站之间及车站与区间的通信电话。专用电话系统结构如图 3.22 所示

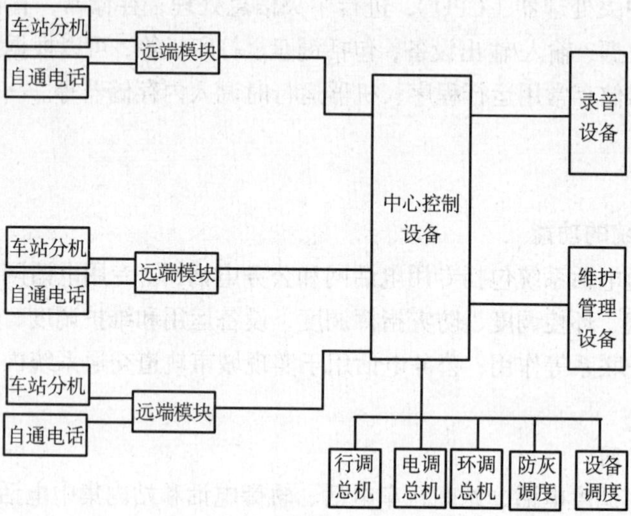

图 3.22　专用电话系统结构

2. 公用电话系统结构

城市轨道交通公用电话主要是为了满足运营管理人员与外界的通信联系，一般用数字交换机的程控分配方式工作，轨道交通用户电话号码采用直接与外部联系和经中继端再分配两种方式，其系统结构如图 3.23 所示

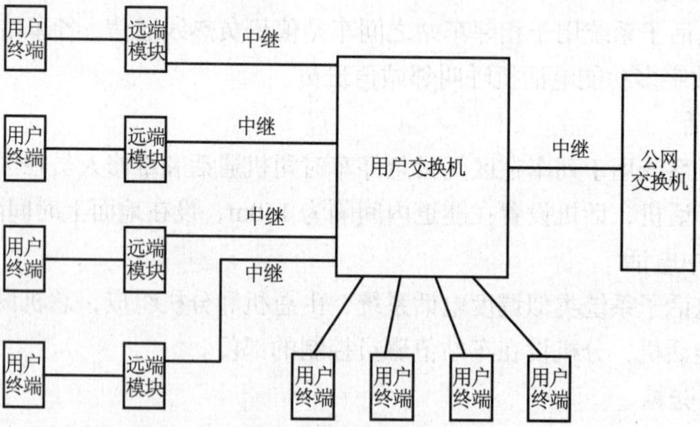

图 3.23　公用电话网络结构

五、闭路电视系统

闭路电视系统作为城市轨道交通的监控手段，主要用于车站值班员及控制区中心调度员监视站厅、站台动态，辅助列车调度员指挥行车以及协助列车司机安全发车，在发生灾害时，可监视灾害和乘客疏散情况。

闭路监视系统监视的区域包括上、下行站台以及售票厅和出入口。另外，公安系统需

要对车站进行选择性监控，每个车站的视频信号无须传至控制中心。

（一）闭路电视系统构成

整个系统由各个车站的车站闭路电视设备、控制中心闭路电视设备及其传输设备组成。由车站摄像机组拍摄的图像可供车站值班员、停靠车站站台的列车司机观看。在中央控制室，可由各级调度员分别接收由车站发送的 8 幅图像，进行相应的监控作业。

（二）闭路电视系统设备

闭路电视监控子系统由控制中心集中监控系统和车站闭路电视监控系统两部分组成，各系统由摄像机、监视器、控制切换设备以及传输线路等部件组成。可以采用黑白摄像机，以达到较高的对比度和清晰度。为扩大取景范围，可根据需要设置云台。

1. 车站闭路电视系统设备

车站闭路电视系统设备主要有站厅、站台摄像机，监视器和控制键盘，视频交换机柜及测试监视器和控制盘等。

2. 控制中心闭路电视设备

控制中心闭路电视系统为主任调度、行车调度、防灾调度设立了多台监视器和相应的若干块控制键盘，控制中心的图像以组（2 幅）显示，可在两个屏幕上显示完整的一侧站台和完整的一列车的图像。

控制中心还设有一台长时录像机，供调度员在必要时启动录像功能，录下实况。

3. 传输设备

传输设备包括接收、发送设备和中继设备，用于完成图像、控制命令的传输。

六、广播系统

（一）广播系统设备分布

1. 控制中心播音系统

控制中心的共有行车调度、电力调度和防灾调度三个播音台，三台互锁，同时只允许一个播音台播音。三个播音台分别设有广播区域选择键盘和送话器，选择控制信号，经控制与接口单元通过 PCM 信道将其送至车站控制单元，并显示在相应播音台上。播音信号经放大处理后，经屏蔽广播线传至所选的车站，进行所有车站各个区域或选定车站、选定区域的广播。

调度中心广播设备包括：广播操作台（信号源、话筒、语音合成、CD 机等）、中心广播机柜（包括电源、接口中、控制模板等）、中心网管终端等。

2. 车站播音系统

车站播音台配有播音区域选择键盘和送话器，通信设备室还有前置放大器、功放及接口控制单元等。按下车站选择控制键后，相应的选择信号经接口和控制单元，接通相应的广播电路，中断调度中心广播信号，进行车站信息广播。

车站广播设备包括：车站广播操作台（行车、客运、防灾广播使用）、车站广播机柜

（含电源、接口、控制模块及功放部分等）、扬声器及音柱等。

3. 车载播音系统

在固定区域可以实现列车运行自动广播。

车厂广播设备包括：车厂广播操作台、广播机柜、现场通话柱及号筒扬声器等。

列车广播设备包括：司机室无线接收设备、车厢扬声器等。

（二）广播系统的作用

城市轨道交通有线广播系统由车站广播、车场广播、列车广播三部分组成，各部广播系统相互独立工作。广播系统为调度中心、车站及车厂等提供一定的广播区域，以便正常作业或在非常情况下的事务处理和为事故救援提供帮助等。

1. 车站广播

车站广播主要用于控制中心和车站值班员对地铁车站进行广播，向乘客通告列车进出站信息，进行安全提示和向导，紧急情况下，对乘客进行疏导，同时方便室内外工作人员工作联系。在控制中心，主任调度、行车调度和防灾调度兼用本系统。

车站值班室可同时对本车站广播或进行分区、分路多声道广播。控制中心调度员可对本车站进行遥控开关机、选站、选路广播或全线统一广播，且有各站状态回示信息。

考虑到车站工作人员在车站发生事故时比中央控制室更了解现场实际情况，设定车站播音为第一优先级，中央控制室播音为第二优先级。

2. 车厂广播

车场广播为车场内的各种作业服务，如停车场信号楼值班员对道岔咽喉（或出入口）区域工作人员的广播以及车场运转值班员对车场、停车区域现场工作人员的广播等。

3. 列车广播

列车广播主要用于列车司机对每节车厢的乘客进行语言广播，为乘客预报到站站名和通告有关事宜。在特殊情况下，控制中心行车调度员也可直接对车厢内的乘客广播。播音信源可以是语音直播、语音合成，具有自动和人工两种播音方式。

七、无线通信系统

（一）无线通信系统及设备组成

根据城市轨道交通运营要求，城市轨道交通无线通信系统包括控制中心无线通信、车站无线通信、列车调度无线通信、车厂调度无线通信、紧急无线通信、公安无线通信、消防无线通信等组成。

1. 列车调度无线通信

城市轨道交通列车调度无线通信系统覆盖全线所有车站及区间隧道，满足列车运行调度中央集中控制管理的要求，列车无线通信系统一般设置列车调度、紧急呼叫、设备维修3个无线通信子系统，采用专用信道，接收控制中心、车站等的无线调度和紧急呼叫信息。

2. 紧急无线通信

紧急无线通信系统的覆盖范围、组网方式及功能与列车调度无线通信系统相同。该系统仅在列车发生重大故障、事故、火灾等紧急情况下，供列车司机与行车调度员进行通信使用。

3. 调度无线通信

车厂调度无线通信系统覆盖整个车场地区，提供信号楼值班员、车库运转值班员与列车司机、地面作业人员之间的无线通话功能。

4. 地铁公安无线通信

公安无线通信用于实现公共安全调度，地铁公安无线通信网络属于公安二级网。一级网为市公安局与地铁分局之间的联络，归属市公安局管辖。二级网为地铁公安分局内部管理的网络，组网方式与列车调度无线系统类似，提供地铁公安分局与它所管辖的地铁各车站公安值班室及流动公安人员之间的无线通信联系。

5. 消防无线通信

消防无线通信系统是在指定消防范围和消防时间内实现消防调度、控制指挥作用的设备。

（二）无线通信系统的作用

无线通信系统由基地站、接/发天线、射频电线、漏泄同轴电缆、列车无线电台、控制台、电源及便携式无线电台等。

无线通信系统的作用主要是实现轨道交通系统中控制中心、车站、列车、公安系统和消防等系统的无线通信，以实现高效、快捷的指挥效果，特别适用于非常情况下的调度指挥、抢险救援等。

（三）无线通信系统的工作原理

以列车无线调度为例，行车调度员按下控制盘上的数字键，发出呼叫信息，运营列车验收呼叫信号，选出被呼叫列车，接通驾驶室专用广播，司机按下车载无线发射键，列车无线电台发射键打开，自动发射列车编号及其他数据信息，经隧道内的漏泄电缆或地面高架的天线传送至最近车站基台，再经 SDH 信道传送到控制中心基站和控制中心列调无线控制台，并在列调显示屏上有所显示，呼叫建立后即可通话，通话语音通过上述途径送到控制中心，通话结束后解锁通话，就可以接收其他用户信号。

八、时钟系统

（一）时钟系统的设备组成

时钟系统主要由控制中心设备（包括 GPS/CCTV）信号接收单元、中心一级母钟系统、车站和车厂二级母钟、子钟、系统网管及传输通道等组成。

（二）时钟系统的作用

1. 中心一级母钟

控制中心一级母钟接收 GPS 标准时间信号、CCTV 标准时间信号，将自身的时间精度与标准信号同步，通过传输通道向车站二级母钟传送，统一校准二级母钟，并将同步信号通过接口送与监测控制系统，为其他子系统提供时间信号。

2. 车站二级母钟

车站二级母钟接收中心一级母钟的标准时间码信号，与一级母钟同步并产生时间输出驱动信号，驱动车站所有子钟，回馈二级母钟及子钟工作信息。

3. 子钟

子种接收二级母钟的时间驱动脉冲信号，显示时间信息，向二级母钟反馈状态信息。

4. 系统网管

系统网管实现时钟系统的网络管理。

九、电源及接地子系统

通信电源系统用于为轨道交通通信提供可靠的通信电源，保证通信系统安全、稳定地工作。根据轨道交通系统的特点，除对通信系统电源的一般性要求，它还应能防止电力牵引的迷流干扰，以及通信系统电源与其他电源的串扰等；采用一定的防护办法，增强通信电源的抗干扰能力；采用屏蔽电缆等，增强对 IP 地址的防护能力。

通信电源系统的组成包括：高频开关电源、阀控密封铅酸蓄电池组、UPS 不间断电源等。

相关案例

[案例 1]　列车无线电台使用

（一）通话组/位置设定

（1）列车便携电台配置了 2 个通话组：本车通话组和备用通话组。

（2）列车驶入正线前，司机需要与调度进行通话确认，报告调度台车辆进入正线。

（3）列车将要驶离正线时，司机需要与调度进行通话确认，报告调度台车辆驶离正线。

（二）使用和通话

（1）列车便携电台通常应放置在充电座内，只有在需要通话时才可拿出，通话完毕后必须重新放回充电座内。

（2）当调度台或其他人员呼叫列车便携电台时，对方语音将直接从便携电台传出，司机可以将便携电台从充电座内拿出，手按 PTT 通话键进行通话。

（3）列车便携台只能直接呼叫调度台。司机只需拿出便携台，直接按 PTT 通话键即可呼叫调度台。

（4）列车便携电台如需与其他人员通话，则必须首先呼叫调度台，并通过由调度台进行人工派接。

[案例 2]　GPS 抢险车辆调度指挥及短信群发系统

GPS 抢险车辆调度指挥及短信群发系统包括一个基于 GIS/GPRS/GPS 的抢险车辆调度

指挥系统和一个基于GSM的短信群发平台。

（一）抢险车辆调度指挥系统

抢险车辆调度指挥系统主要包括三部分：带有GPS模块和GPRS无线通信模块的车载终端、租用的带固定IP地址的通信服务器以及具备辅助指挥调度能力的监控中心。

车载终端安装在地铁抢险专用的工程车辆上，依靠GPS定位技术获知车辆位置信息，通过GPRS无线通信技术实时地告知调度中心车辆位置和车况信息，并可接受来自调度中心的指令和信息，以指导工程车辆尽快赶至出事地点，进行抢修作业。

带固定IP地址的通信服务器用于调度指挥中心与车载终端实现实时信息交互，由于需要与无线通信网络运营商建立网络互通，所以必须配备固定IP。

设在控制中心的监控指挥中心由电子地图（GIS）、调度监控、业务管理等软、硬件组成，可以实现监控和调度工程车辆。

（二）短信群发平台

短信群发平台专门用于地铁运营信息、地铁抢险进展情况等的信息发布。软件由上海移动通信公司提供，在公司本部和控制中心分别设有一个计算机工作站，供公司监督站和总调度所在必要时分别向公司一级、所一级的有关人员及时发布手机短消息。

短信群发平台可以编辑、管理手机用户，并对不同级别的用户进行分组，从而实现地铁运营信息、地铁抢险进展情况等信息的分级集群发布；短信群发平台可以预先定制、管理短信模板，规范信息发布格式，也节省了短信内容编辑时间。

[案例3]　列车与地面通信（TWC）系统

TWC系统是列车与地面之间的半双工数据通信系统，用于传送有关ATS信息。TWC系统与DTS系统一起共同完成控制中心、地面和列车之间的ATS信息传送，从而使三者有机结合在一起，组成一个协调一致的ATC系统。TWC系统实际上是ATS系统的一部分。

（一）设备组成

（1）集中站室内DTM机架上的TWC PC板。

（2）含TWC的WEE-Z BOND装置，位于站台两端、新龙华出库线和折返段内。

（3）“A”车底部的TWC发送线圈和ATP/TWC接受线圈，以及司机室ATC机架上的ATO/ATS模块。

（二）数据传输信号制式

TWC数据采用曼彻斯特编码，经FSK调制后传输，具有很高的抗干扰性。频率为9650Hz，信号频率为9800Hz，空号频率为9500Hz，传输速率为110b/s。

（三）数据交换过程

TWC系统以主/从方式工作。车载TWC为从，地面TWC为主。工作时，车载TWC向地面发送短信息，随后紧跟一个空隙，“监听”地面的“应答”，若未收到“应答”，则继续向地面发送短信息，若短信息被地面 TWC 收到，则地面向列车发送一个“应答”信息，列车收到“应答”信息后，发长信息。这个数据交换过程在列车据含 TWC 的 WEE-Z BOND 120m 范围内，始终持续进行。

（四）数据内容

1. 车对地

短信息：信息字头，列车目的地，保护信息，信息字尾。

长信息：信息字头，列车目的地，车号，车长，车停站台，列车准备好，车门关闭，列车移动检测，驾驶方式（人工或自动），ATP 切除，保护信息，信息字尾。

2. 地对车

信息字头，列车目的地，车号，ATS 运行等级，跳停，保护信息，信息字尾。

拓展知识

通信传输子系统的网络技术

由于城市轨道交通系统中传递信息的多样性，为保证信息传递的有效性，防止传递失真，目前主要采用 SDH、ATM、OTN 和宽带 IP 网络传输技术。

一、SDH 网络技术

SDH 是 Synchronous（同步）、Digital（数字）、Hyrarch（体系）的缩写，即同步数字体系。它是一种完整严密的网络传送技术，采用矩形块状帧结构、段开销技术，实现不同速率等级数字流的接入，符合 ITU-T 国际性标准光接口规范，SDH 可以直接从 155Mb/s 的光纤线路中，提取 2Mb/s 的电信号，也可直接将 2Mb/s 的电信号插入光纤传输系统，SDH 特别适合构成线性通信网和环状通信网，具有标准的网络接口，容易实现标准的光纤同步信息传送。

二、ATM 网络技术

ATM 是 Asynchronous（异步）、Transmision（传输）、Module（模式）的缩写，即异步传输模式。

ATM 是为了满足不同特性信息的传输的网络技术，ATM 技术对各种业务按照动态流量进行划分，对其服务质量进行分别设定和控制，ATM 技术根据需求灵活地建立起集语音、视频和数据交换于一体的综合网络，可以实行高度的模块化，支持星形网络、环状网络和链形网络拓扑。

ATM 系统符合 ITU-T 标准，基于最新的软件技术，将窄带与宽带业务集成于同一网络通信平台上，实现对不同要求用户的通信传输。

三、OTN 传输网络

OTN 是 Open（开放）、Transport（传输）、Network（网络）的缩写，即开放的传输网络。

OTN 网络架构基于光纤骨干、双环路网、介质、拓扑结构 4 种组件，采用光纤技术，传输信息量大、速度快，传输距离几乎没有限制，利用接口模块处理已有物理接口，具有较强的灵活性和多样的业务，(接口卡）接入能力较强，是较理想的轨道交通信息传输工具。

通信传输系统中广泛采用宽带 IP 技术，这是随着计算机技术和网络技术发展起来的新兴传输方式，其最大的特点是虚拟网络和包交换技术，可以解决轨道交通系统中种类繁多的信息传输问题。

光纤数字传输系统由光纤线路、光纤传输终端设备（光电机）和 PCM 复接设备组成，PCM 复接设备将话音、数据和图像信号汇集起来，通过光端机将电信号变成光信号，经光纤传输给对方用户，再将收到的光信号还原成电信号，用复接设备将各类信号分路，动作对应设备。

光纤传输系统大量的信道用于传输数字电话信号，此外还为闭路电视监控系统、广播控制系统、无线通信系统和各种控制设备的信号传递提供信道。

任务五 城市轨道交通信号与通信设备操作运用案例

【操作运用案例 1】 城市轨道交通信号基础设备认知

1. 实训项目教师工作活页

实训项目教师工作活页 NO：_____

实训项目	城市轨道交通信号基础设备认知		
学　　时	2	班　　级	略
实训场所	轨道交通系统综合实验室		
工具设备	城市轨道交通信号基础设备实物或仿真模型，线路信号平面图、信号机、轨道电路、道岔及电动转辙机等图片、示教板及仿真三维立体图多媒体课件、计算机多媒体设备等		
教学目标	专业能力	（1）能说出城市轨道交通信号基础设备的种类 （2）能解释城市轨道交通信号的使用和显示意义 （3）能根据外观识别不同的城市轨道交通信号机 （4）能说出城市轨道交通道岔及转辙机的结构和作用 （5）能说出城市轨道交通轨道电路的构成和作用	
	方法能力	（1）能综合运用专业知识，通过利用专业书籍、多媒体课件和图片资料获得帮助信息 （2）能根据实训项目学习任务确定实训方案，从中学会表达及展示活动过程和成果	
	社会能力	（1）能在实习训练活动中保持积极向上的学习态度 （2）能与小组成员和教师就学习中的问题进行交流和沟通 （3）能与他人共享学习资源，具有较好的合作能力和团队协作精神	
教学活动	略（详见教学活动设计）		
教学评价	学生活动：① 以 8～10 人小组为单位开展实训活动，根据本组同学在实训过程中的能力表现及结果进行自评组内互评；② 根据其他小组同学在成果展示活动中的表现及结果进行互评 教师活动：① 教师组织学生开展评价活动和总结；② 对学生本实训项目单元成绩做出综合评价		

续表

教学资料	（1）城市轨道交通运输设备教材 （2）城市轨道交通概论等参考书 （3）实训项目学生学习活页（附页）
指导教师		教学时间	年 月 日

2. 实训项目学生学习活页

实训项目学生学习活页 NO：____

实训项目1 城市轨道交通信号基础设备认知

班级：________ 姓名：________ 学号：________ 时间：________

一、实训目标

1. 专业能力目标

（1）能说出城市轨道交通信号基础设备的种类；

（2）能解释城市轨道交通信号的使用和显示意义；

（3）能根据外观识别不同的城市轨道交通信号机；

（4）能说出城市轨道交通道岔及转辙机的结构和作用；

（5）能说出城市轨道交通轨道电路的构成和作用。

2. 方法能力目标

（1）能综合运用专业知识，通过利用专业书籍、多媒体课件和图片资料获得帮助信息；

（2）能根据实训项目学习任务确定实训方案，从中学会表达及展示活动过程和成果。

3. 社会能力目标

（1）在实习训练中保持积极向上的学习态度；

（2）能与小组成员和教师就学习中的问题进行交流和沟通；

（3）能与他人共享学习资源，具有较好的合作能力和团队协作精神。

二、知识总结

1. 简要说出城市轨道交通信号基础设备的种类。

2. 简要说出不同信号机的特点及作用。

3. 简要说出轨道电路组成以及在城市轨道交通信号系统中的作用。

三、操作运用

1. 根据S700K电动转辙机实物模型，指认转辙机的主要部件，并填出1—6号部件名称。

续表

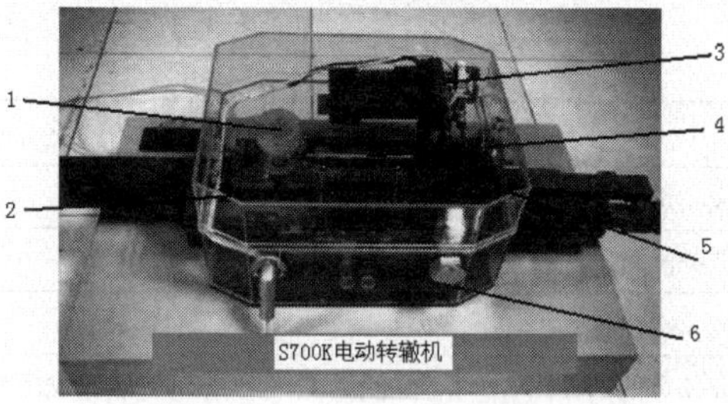

（1）________________；　（2）________________；

（3）________________；　（4）________________；

（5）________________；　（6）________________。

2. 画出道岔及转辙机的结构示意图。

3. 根据提供的信号机设备及图片或相关作业多媒体动画，讲解和分析信号的不同显示意义和设置位置。

四、实训小结

____

____

____

五、成绩评定

1. 学生评价

评价等级	A—优	B—良	C—中	D—及格	E—不及格
学生自评					
组内互评					
他组互评					

2. 教师评价

评价等级	A—优	B—良	C—中	D—及格	E—不及格
专业能力					
方法能力					
社会能力					
评价结果					

3. 综合评价

评价等级	A—优	B—良	C—中	D—及格	E—不及格
评价结果					

注：按照学生自评占10%、组内互评占10%、他组互评占20%、教师评价60%的比例计分。其中，A—100分，B—85分，C—75分，D—60分，E-50分。

续表

4. 评价量规

等级	行为表现描述
A	能圆满高效地完成实训任务的全部内容
B	能顺利完成实训任务的全部内容
C	能完成实训任务的全部内容，但需要一些帮助和指导
D	自己只能完成实训任务的部分内容，但在现场的指导下，已经能完成任务的全部内容
E	不能完成实训任务的全部内容

【操作运用案例 2】 城市轨道交通连锁设备认知

1. 实训项目教师工作活页

实训项目教师工作活页 NO：______

<table>
<tr><td>实训项目</td><td colspan="4">城市轨道交通连锁设备认知</td></tr>
<tr><td>学　时</td><td colspan="2">2</td><td>班　级</td><td>略</td></tr>
<tr><td>实训场所</td><td colspan="4">轨道交通系统综合实验室或信号设备实训室</td></tr>
<tr><td>工具设备</td><td colspan="4">模拟信号控制台、电源屏、继电器组合与组合架、连锁机（执表机）、多媒体课件、图片、示教板、计算机多媒体设备等</td></tr>
<tr><td rowspan="3">教学目标</td><td>专业能力</td><td colspan="3">（1）能说出城市轨道交通连锁系统构成及作用
（2）能说出集中电气连锁设备的组成及作用
（3）能说出计算机连锁设备的组成及作用
（4）能解释连锁系统的办理进路和进路解锁等操作
（5）能解释两种连锁设备的特点</td></tr>
<tr><td>方法能力</td><td colspan="3">（1）能综合运用专业知识，通过利用专业书籍、多媒体课件和图片资料获得帮助信息
（2）能根据实训项目学习任务确定实训方案，从中学会表达及展示活动过程和成果</td></tr>
<tr><td>社会能力</td><td colspan="3">（1）能在实习训练活动中保持积极向上的学习态度
（2）能与小组成员和教师就学习中的问题进行交流和沟通
（3）能与他人共享学习资源，具有较好的合作能力和团队协作精神</td></tr>
<tr><td>教学活动</td><td colspan="4">略（详见教学活动设计）</td></tr>
<tr><td>教学评价</td><td colspan="4">学生活动：① 以 8～10 人小组为单位开展实训活动，根据本组同学在实训过程中的能力表现及结果进行自评组内互评；② 根据其他小组同学在成果展示活动中的表现及结果进行互评
教师活动：① 教师组织学生开展评价活动和总结；② 对学生本实训项目单元成绩做出综合评价</td></tr>
<tr><td>教学资料</td><td colspan="4">（1）城市轨道交通运输设备教材
（2）城市轨道交通概论等参考书
（3）实训项目学生学习活页（附页）</td></tr>
<tr><td>指导教师</td><td colspan="2"></td><td>教学时间</td><td>年　　月　　日</td></tr>
</table>

2. 实训项目学生学习活页

实训项目学生学习活页　　NO：______

实训项目 2　　城市轨道交通联锁设备认知

班级：__________ 姓名：__________ 学号：__________ 时间：__________

一、实训目标

1. 专业能力目标

（1）能说出城市轨道交通连锁系统构成及作用；

（2）能说出集中电气连锁设备的组成及作用；

（3）能说出计算机连锁设备的组成及作用；

（4）能解释连锁系统的办理进路和进路解锁等操作；

（5）能解释两种连锁设备的特点。

2. 方法能力目标

（1）能综合运用专业知识，通过利用专业书籍、多媒体课件和图片资料获得帮助信息；

（2）能根据实训项目学习任务确定实训方案，从中学会表达及展示活动过程和成果。

3. 社会能力目标

（1）在实习训练中保持积极向上的学习态度；

（2）能与小组成员和教师就学习中的问题进行交流和沟通；

（3）能与他人共享学习资源，具有较好合作能力和团队协作精神。

二、知识总结

1. 简要说出城市轨道交通连锁系统构成及作用。

2. 简要说出集中电气连锁设备的组成及作用。

3. 说说集中电气连锁设备和计算机连锁设备的特点。

三、操作运用

1. 画出计算机连锁室内设备布置示意图。

2. 写出“办理进路-解锁进路”连锁操作步骤，并进行演示模拟。

续表

3. 写出“道岔封锁-道岔解锁”控制操作步骤，并进行演示模拟。

4. 在控制台上模拟“单独操纵道岔”实际操作过程。

四、实训小结

五、成绩评定

1. 学生评价

评价等级	A—优	B—良	C—中	D—及格	E—不及格
学生自评					
组内互评					
他组互评					

2. 教师评价

评价等级	A—优	B—良	C—中	D—及格	E—不及格
专业能力					
方法能力					
社会能力					
评价结果					

3. 综合评价

评价等级	A—优	B—良	C—中	D—及格	E—不及格
评价结果					

注：按照学生自评占10%、组内互评占10%、他组互评占20%、教师评价60%的比例计分。其中，A—100分，B—85分，C—75分，D—60分，E—50分。

4. 评价量规

等级	行为表现描述
A	能圆满高效地完成实训任务的全部内容
B	能顺利完成实训任务的全部内容
C	能完成实训任务的全部内容，但需要一些帮助和指导
D	自己只能完成实训任务的部分内容，但在现场的指导下，已经能完成任务的全部内容
E	不能完成实训任务的全部内容

【操作运用案例3】　城市轨道交通通信设备认知

1. 实训项目教师工作活页

实训项目教师工作活页　　NO：______

实训项目	城市轨道交通通信设备认知		
学　时	2	班　级	略
实训场所	城市轨道综合仿真实验室		
工具设备	城市轨道交通通信设备及模拟系统，通信设备实物零部件、图片、示教板、多媒体设备等		
教学目标	专业能力	（1）能说出城市轨道交通通信系统的构成及作用 （2）能说出城市轨道交通通信系统主要设备名称及作用 （3）能说出信息传输子系统的类别和功能 （4）能说出闭路电视监控系统的组成及作用 （5）能说出无线通信系统的作用 （6）能说出广播系统设备的构成及作用	
	方法能力	（1）能综合运用专业知识，通过利用专业书籍、多媒体课件和图片资料获得帮助信息 （2）能根据实训项目学习任务确定实训方案，从中学会表达及展示活动过程和成果	
	社会能力	（1）能在实习训练活动中保持积极向上的学习态度 （2）能与小组成员和教师就学习中的问题进行交流和沟通 （3）能与他人共享学习资源，具有较好合作能力和团队协作精神	
教学活动	略（详见教学活动设计）		
教学评价	学生活动：① 以8～10人小组为单位开展实训活动，根据本组同学在实训过程中的能力表现及结果进行自评组内互评；② 根据其他小组同学在成果展示活动中的表现及结果进行互评 教师活动：① 教师组织学生开展评价活动和总结；② 对学生本实训项目单元成绩做出综合评价		
教学资料	（1）城市轨道交通运输设备教材 （2）城市轨道交通概论等参考书 （3）实训项目学生学习活页（附页）		
指导教师		教学时间	年　月　日

2. 实训项目学生学习活页

实训项目学生学习活页　　NO：______

实训项目3　　城市轨道交通通信系统设备认知

班级：__________ 姓名：__________ 学号：__________时间：__________

一、实训目标

1. 专业能力目标

（1）能说出城市轨道交通通信系统的构成及作用；

（2）能说出城市轨道交通通信系统主要设备名称及作用；

（3）能说出信息传输子系统的类别和功能；

续表

(4) 能说出数字程控系统设备的组成，解释不同交换机控制方式

(5) 能说出闭路电视监控系统的组成及作用；

(6) 能说出无线通信系统的作用；

(7) 能说出广播系统设备的构成及作用。

2. 方法能力目标

(1) 能综合运用专业知识，通过利用专业书籍、多媒体课件和图片资料获得帮助信息；

(2) 能根据实训项目学习任务确定实训方案，从中学会表达及展示活动过程和成果。

3. 社会能力目标

(1) 在实习训练中保持积极向上的学习态度；

(2) 能与小组成员和教师就学习中的问题进行交和流沟通；

(3) 能与他人共享学习资源，具有较好合作能力和团队协作精神。

二、知识总结

1. 简要说出城市轨道交通通信系统的构成及作用。

2. 简要说出闭路电视监控系统的组成及作用。

3. 简要说出无线通信系统的作用。

4. 简要说出广播系统设备的构成及作用。

三、操作运用

1. 城市轨道交通控制中心（OCC）一般设有四门调度电话，解释这四门电话的不同功能，根据要求进行调度电话操作，并填写操作要点。

(1) 单呼：________________。

(2) 组呼：________________。

(3) 全呼：________________。

(4) 切换：________________。

(5) 呼入：________________。

2. 根据下面的专用电话网络系统结构示意图，填出1—6所示位置的设备名称。

续表

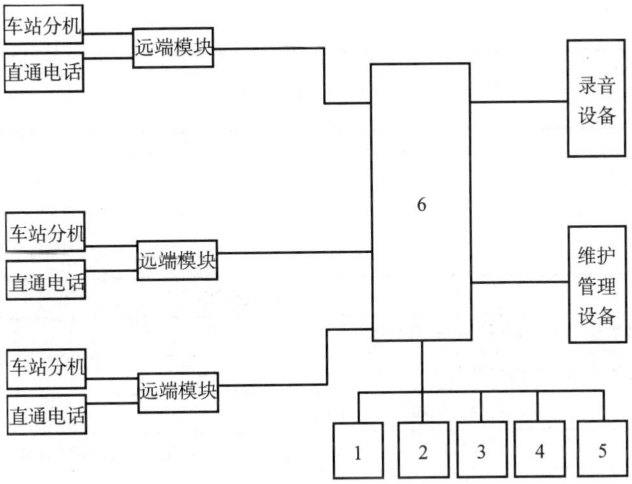

（1）________；（2）________；

（3）________；（4）________；

（5）________；（6）________。

3. 画出程控交换机的基本结构示意图，并解释各子系统的基本功能。

4. 绘制无线通信系统设备分布图。

四、实训小结

____

____

____

五、成绩评定

1. 学生评价

评价等级	A—优	B—良	C—中	D—及格	E—不及格
学生自评					
组内互评					
他组互评					

2. 教师评价

评价等级	A—优	B—良	C—中	D—及格	E—不及格
专业能力					
方法能力					
社会能力					
评价结果					

续表

3. 综合评价

评价等级	A—优	B—良	C—中	D—及格	E—不及格
评价结果					

注：按照学生自评占10%、组内互评占10%、他组互评占20%、教师评价60%的比例计分。其中，A—100分，B—85分，C—75分，D—60分，E—50分。

4. 评价量规

等　级	行为表现描述
A	能圆满高效地完成实训任务的全部内容
B	能顺利完成实训任务的全部内容
C	能完成实训任务的全部内容，但需要一些帮助和指导
D	自己只能完成实训任务的部分内容，但在现场的指导下，已经能完成任务的全部内容
E	不能完成实训任务的全部内容

思考与练习

1. 简述城市轨道交通信号机的作用和信号机的分布。
2. 简述轨道交通道岔线路的基本结构和作用。
3. 简述电动转辙机的基本结构和作用。
4. 简述轨道交通正线轨道电路类型。
5. 什么是电气集中连锁？简述电气集中连锁的设备组成。
6. 什么是计算机连锁？简述计算机连锁设备的特点。
7. 简述计算机连锁设备中监控机、连锁机、执表机的作用。
8. 分别解释计算机连锁中如何排列进路、取消进路和人工解锁进路。
9. 什么是城市轨道交通的列车自动控制系统？
10. 简述轨道交通中列车自动防护系统（ATP）的功能。
11. 如何实现轨道交通列车自动驾驶？如何传送轨道交通的列车自动监控信息？
12. 如何实现轨道交通系统中的列车自动监控？
13. 简述城市轨道交通系统中通信设备的组成。
14. 简述轨道交通通信传输系统的作用。
15. 简述程控交换设备的功能。
16. 简述轨道交通系统中的电话分布，并画出分布图。
17. 轨道交通系统中闭路电视设备是如何分布的？
18. 简述轨道交通系统中广播设备的作用。
19. 如何使用轨道交通系统中的无线通信设备？
20. 简述轨道交通系统中时钟设备的作用。

项目四　城市轨道交通客运设备

城市轨道交通应用环境特殊，运营业务面广，对自动化系统的要求极为苛刻。不仅每一个子系统自动化系统形态各异，而且全线的系统分散于方圆数十千米范围内。目前，建设一条城市轨道新线路时，同时要求为新线路建设一个信息共享平台已经成为一种国际潮流，也成为国内轨道交通自动化系统发展的方向。因此，应用开放系统，满足用户最终应用要求，以无缝的接口应用子系统构建信息共享平台，已经成为提升城市轨道交通技术水平、促进城市轨道交通运营现代化的最有效手段。

任务一　认知自动售检票系统

学习目标

（1）了解自动售检票系统的基本组成和作用；

（2）了解自动售检票系统的工作原理和结构；

（3）了解车站终端设备的组成和结构；

（4）了解车票、终端设备、车站计算机系统、线路中央计算机系统和清分系统的使用和操作方法。

学习任务

认知自动售检票系统，主要包括自动检票机、自动售票机、半自动售/补票机、自动加值机、分拣编码机、验票机和车票读/写器等设备。

工具设备

城市轨道交通车票、分拣编码机、自动检票机、自动售票机、半自动售/补票机、自动加值机、便携式验票机和车票读/写器的实物或模型、图片及仿真三维立体图多媒体课件。

教学环境

城市轨道交通模拟实验室或实训基地。

基础知识

城市轨道交通自动售检票系统是城市轨道交通运营中普遍应用的现代化联网收费系统。城市轨道交通自动售检票系统（AFC）是基于计算机网络通信、现金自动识别、微电子计算机、机电一体化、嵌入式系统集成和大型数据库管理、自动控制等技术，实现轨道交通售票、检票、计费、收费、统计、清分、管理等全过程的自动化系统。

城市轨道交通的自动售检票系统用于处理城市范围内众多轨道交通线路的售检票业务，涉及路网业务、线路业务、车站处理、终端处理和车站媒介等方面的内容。根据业务和应用，自动售检票系统的架构一般包括五个层次：第一层是路网层，第二层是线路层，第三层是车站层，第四层是终端层，第五层是车票层。在自动售检票系统架构中，相邻层次是通过相应的接口和协议实现连接的，在对乘客一次乘车的完整处理过程中，各个层次系统作业，各行其责，共同完成完整的处理。

自动售检票系统的执行过程流程图如图 4.1 所示，其系统架构如图 4.2 所示。

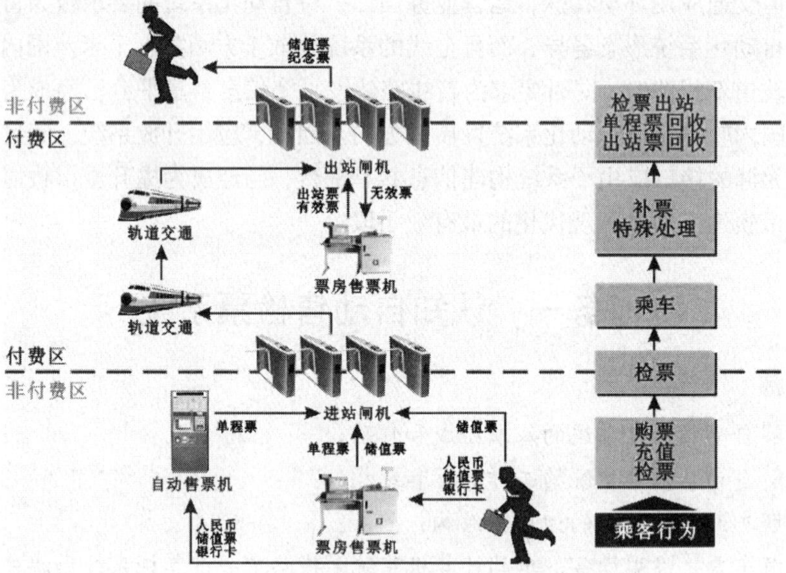

图 4.1　自动售检票系统的执行过程流程图

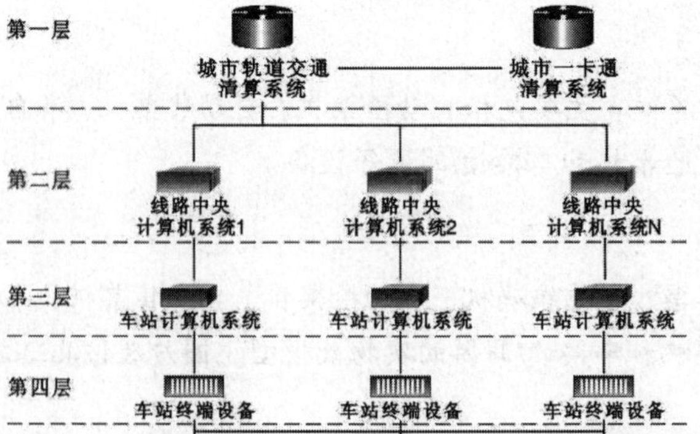

图 4.2　自动售检票系统架构

一、车票

车票是乘客乘车的凭证。车票记载了乘客从购票开始，完成一次完整旅行所需要和产生的费用、时间、乘车区间等信息。由于车票记载了有关乘车信息，所以也将其称为车票媒介。

不同车票媒介记载信息的方式和数量是不同的，根据信息记载方式的不同，识别方式也不相同。不同的车票媒介分别对应不同的识别系统。

根据信息认读方式的不同，车票媒介可分为视读和机读两种认读方式；信息记录介质有印刷、磁记录和数字记录三种；售检票方式分为人工方式、半自动方式和自动方式；每种售检票方式都要涉及不同的车票媒介和识别技术（由不同的终端设备或人工完成）。

车票的有效性是通过车票媒介携带的信息识别的。识别方式可以是人工视读识别，也可以是自动识别。人工识别是通过人的眼睛获取车票的可视信息，确定车票的有效性。自动识别是通过识别装置和被识别物之间的信息交互，自动获取被识别物的相关信息，并提供给计算机处理系统完成相关处理的一种技术。目前常见的车票媒介有三种：纸质、磁卡和智能卡。

（一）纸质车票

常见的纸质车票有普通纸票和条形码纸票。

（1）普通纸票是将车票的所有信息都直接印刷在车票上，由票务人员视读确认，如图 4.3 所示。

图 4.3　北京地铁纸质车票

（2）条形码纸票是将车票的相关信息通过条形码编码储存，由条形码扫描仪完成信息识别，标识的信息只供读取而不能改写。

（二）磁卡车票

磁卡车票有纸质磁卡和塑质磁卡车票两种。二者多是在基片上设置磁记录区域，存储有关的信息，由磁卡读/写设备获取相关信息，信息是可修改的。图 4.4 所示为上海地铁磁卡车票。

磁卡车票的结构主要由基质卡片和贴或涂在其上的磁条组成。通常磁条上有 2～3 条存储信息的磁道。ISO 标准明确规定了磁卡车票的物理特性、磁条的尺寸、位置、读/写性能以及各磁道的数据格式等。

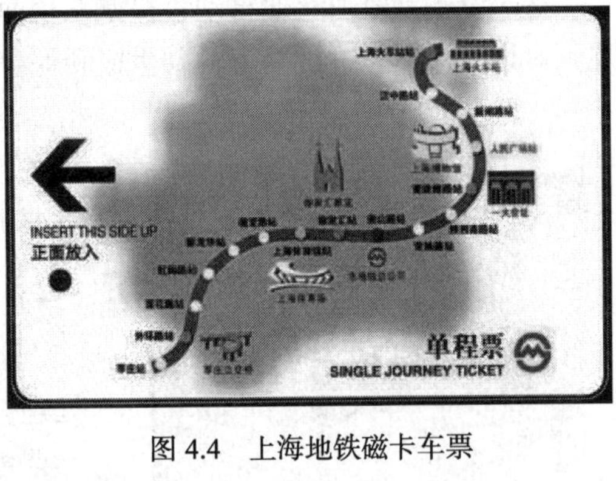

图 4.4　上海地铁磁卡车票

（三）智能卡车票

智能卡又叫 IC 卡，按读/写方式可分为接触式智能卡和非接触式智能卡。接触式智能卡是将智能卡的绝大部分电气部件进行封装，而将外部连接线路做成触电外露，按一定的规则排列接触电极，在进行读/写操作时卡片必须插入读卡器的卡座中，通过触点与读/写设备交换信息。非接触式智能卡通过智能卡的收发天线与读/写设备交换信息。

由于非接触式 IC 卡不存在外露接触电极，不怕潮湿和污染，所以车票一般采用非接触式 IC 卡。非接触式 IC 卡又分逻辑加密卡和微处理器（CPU）卡两种类型。非接触式 IC 卡车票的特点是信息储存量大，并且可修改。目前，轨道交通使用的非接触式 IC 卡单程车票有两种类型：卡型、筹码型（Token）。

1. 卡型 IC 车票

上海城市轨道交通使用单程车票是卡型塑质非接触式集成电路 IC 卡，简称 IC 卡。卡型 IC 车票的优点是可以印刷各种图案，美观大方，可以发行各种纪念票；可以刻印（激光）物理编号，防止芯片损坏时无法识别。其缺点是不坚固，使用过程中损耗高，设备传输机构复杂；车票生产过程比较麻烦，国内只有少数厂家可以量产。图 4.5 所示为香港地铁卡型 IC 车票。

2. 筹码型 IC 车票

部分城市轨道交通使用单程票是筹码型非接触式集成电路（IC）卡，简称筹码。筹码型（IC）卡的优点是坚固，使用中损耗率小；设备维护简单，磨损小；生产加工相对简单。其缺点是易四处滚动，如掉入轨道内，会造成很多麻烦；卡面狭小，不易印刷广告与发行纪念卡。图 4.6 所示为广州地铁筹码型车票。

图 4.5　香港地铁卡型 IC 车票

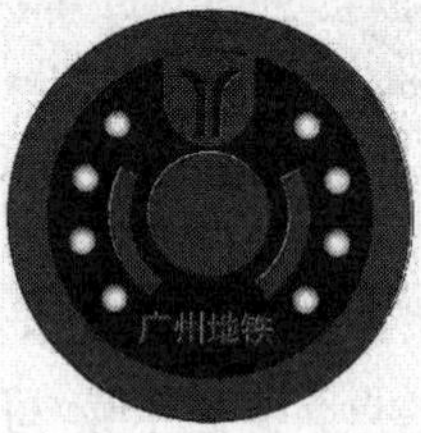

图 4.6　广州地铁筹码型车票

二、终端设备

终端设备是轨道交通自动售检票系统面向乘客的操作应用设备，将自动根据票务处理规则对售、检车票进行处理，并生成和保存车票处理的结果及其他管理信息。

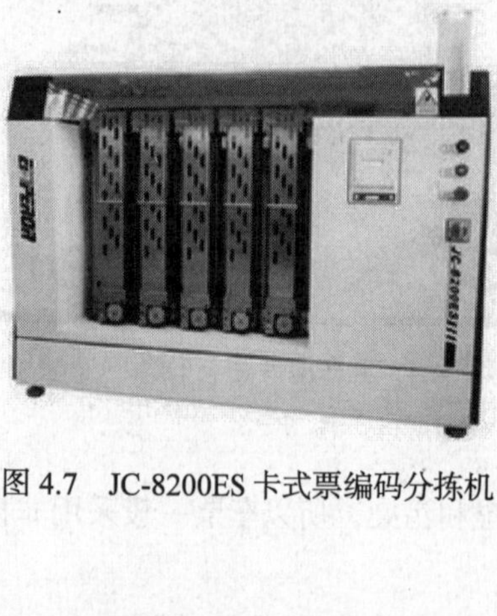

图 4.7　JC-8200ES 卡式票编码分拣机

自动售检票系统中的终端设备根据用途可分为分拣编码机、自动检票机、自动售票机、半自动售/补票机、自动加值机、便携式验票机和车票读/写器等。

（一）分拣编码机

分拣编码机用于对车票进行批量的编码和分拣处理，通常安装在票务中心，根据需要可以安装在车站票务室，如图 4.7 所示。

采购回来的票卡均需要通过分拣编码机进行初始化处理后才能在系统中投入使用。分拣编码机必须直接与中央计算机系统连接，其编码情况都要通过中央计算机检查和确认，以确保自动生成车票密钥和编号的有效性和唯一性。

根据应用需求，既可将功能分离，设置成单独的分拣机或编码机，也可将分拣、编码功能相结合，设置成分拣编码机。

1. 设备功能

分拣编码机是专门用于对车票进行批量处理的设备，其主要功能包括分拣和编码两大类：分拣是将一批车票按照某个或某几个特征值将其分开，分别存放到不同的票箱中，车票分拣操作中一般不改变车票内的数据内容。编码是指对车票进行某种功能的批量处理，如初始化、预赋值、注销、更新等操作。编码将改变车票内某一字段或某几个字段的数据，这是编码功能与分拣功能的最大区别。使用编码功能时，通常要为每张车票生成一条交易记录；而使用分拣功能时，大多数情况下只要生成统计记录即可。

分拣编码机的分拣功能和编码功能有时可以结合在一起。例如，对一批车票进行处理，将使用次数超过规定次数（如 10 万次 IC 票）的车票注销，使用次数不超过规定次数的车票则清除余值，并分别分拣到指定的票箱内，这时分拣功能和编码功能是在一次交易内完成的。

分拣编码机主要功能模块包括分拣编码工作站、主控制器、车票处理装置、车票读/写器、打印机、紧急按钮及 UPS 等。

2. 设备组成

分拣编码机一般由显示器、控制面板、IC 卡车票读/写器及天线、主控单元、卡故管理单元、车票读/写模块、票卡传送装置、票卡安放装置、机身、电源模块（含 UPS 或电池）、支持软件和操作平台等部件组成。

支持软件由初始化模块、参数设置模块、状态监控模块、动作控制模块、报警指示模块、日志处理存储模块、通信模块、设备诊断测试模块等组成。

（二）自动检票机

自动检票机是实现乘客自动进出站检票交易（在非付费区和付费区间通行）的设备。对于有效车票，检票机通道阻挡解除（门扇开启或释放转杆），允许乘客进出站。

自动检票机安装于车站付费区与非付费区的交界处，用于实现自动的进出站检票。

自动检票机一般包括乘客显示器、方向指示器、警示灯及蜂鸣器、读/写器及天线、通道阻挡装置（门式检票机采用拍打扇门或剪式扇门，转杆式检票机采用转杆装置）、乘客通行传感器（适用于门式检票机）、检票机控制单元、主控单元、票卡传送/回收装置、维修键盘/移动维护终端接口、电源模块（含 UPS 或电池）、机身和支持软件等部件，如图 4.8 所示。

自动检票机根据功能可以划分为进站检票机、出站检票机和双向检票机三种。进站检票机用于完成进站检票，检验端在非付费区；出站检票机用于完成出站检票，检票端在收费区；双向检票机既可完成进站检票也可完成出站检票，在非收费区和收费区可分别按照进站和出站的处理规则完成检票功能。

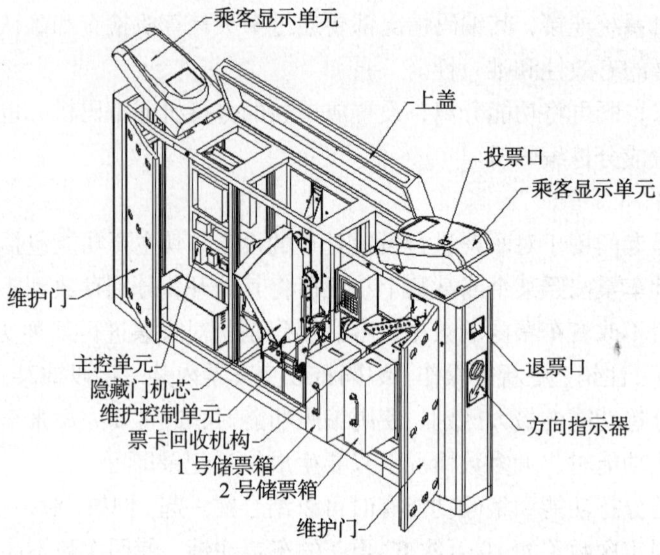

图 4.8　自动检票机内部结构

自动检票机根据阻挡装置的类型可以分为三杆检票机和门式检票机两大类型，根据通道宽度可以分为普通检票机和宽通道检票机两种类型。

自动检票机的基本功能是对乘客所持的车票进行检验，并完成进站或出站的交易处理。在计时记程的收费规则下，在进入收费区及离开收费区时都需要进行车票检验，进入收费区时检查车票的合法性并记录进入时的地点和时间；离开收费区时检查车票的合法性、进站信息的合法性及收费区内的停留时间；并根据进入位置和离开位置计算本次旅程的费用，完成车票扣款操作。

1. 设备功能

（1）自动对车票进行有效性检验，对有效车票进行相应处理后放行乘客，对无效车票拒绝放行。

（2）对车票处理结果给出明确的提示信息。

（3）对通道的通行状态给出明确的指示。

（4）对特殊车票的使用给出明确的提示。

（5）对需要回收的车票执行回收操作。

（6）对各部件的工作状态进行自动监测，并向车站计算机系统上报工作状态。

（7）接受车站计算机系统下发的参数和控制命令，并执行相应的操作。

（8）存储并上传交易信息。

（9）接受紧急按钮信号并控制设备的操作。

2. 设备组成

1）阻挡装置

自动检票机的阻挡装置有很多种，最常见的包括三杆装置、扇形门装置、拍打门装置等。

三杆装置是使用最广泛的阻挡装置，由旋转三杆机构和控制板组成，如图 4.9 所示。旋转三杆机构由可转动圆盘、三根不锈钢管壁和若干电磁铁控制开关组成。三根不锈钢管臂分别成 120°。旋转三杆机构在控制部件的控制下可以顺时针或逆时针转动。在完成一次交易后，主控单元发送命令控制三杆旋转一次，允许一名乘客通过。在紧急状态时，三杆中的水平杆可以落下或三杆可以自由转动，可以使乘客快速疏散。

图 4.9　三杆装置

三杆装置可以设置为常开或常闭模式。无论是常开还是常闭模式，在每个乘客通行时主控单元都需要发送命令给控制板。发送命令的方式可以采用 I/O 脉冲信号，也可以采用串行通信的方式。在常开模式下，三杆控制板在接收到主控单元的命令时并不做实际的动作，即三杆平时处于打开模式，允许乘客通行。如果三杆控制板没有收到命令而三杆发生转动，则三杆控制板可以迅速吸合电磁铁，从而锁定三杆，防止非正常的通行。在常闭模式下，三杆控制板在接收到主控单元的命令时将吸合电磁铁，使三杆释放，这时三杆可以转动一次。由于在大多数情况下乘客的习惯是正常使用车票后再通过三杆，所以如果采用常开模式，可以大大减少电磁铁的吸合次数，对延长三杆装置的使用寿命有明显的好处。

扇形门装置是另一种得到广泛应用的检票机阻挡装置。扇形门装置由扇形门、机械控制结构和控制板组成，如图 4.10 所示。

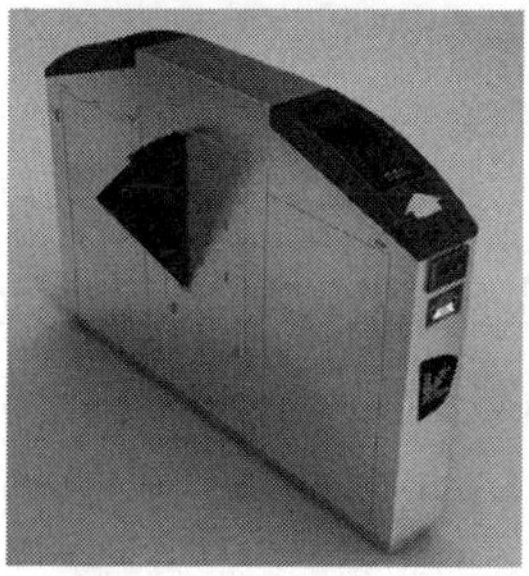

图 4.10　扇形门装置

扇形门由软性塑胶盒内置钢板组成。门的边缘部分采用软性塑胶材料生产，从而能最大限度减少强行通过时对人体的损害。其内部的钢板可保证扇形门有效地快速关闭和阻止强行推动扇形门。扇形门为三角形，由可吸收能量的软性材料组成，当受到冲击时发生变形并自动恢复到原来状态。

当扇形门需要动作时，控制板驱动电动机，通过减速齿轮提供动力给转换器，在操作杆连接处产生力矩，通过电磁铁传递运动，带动扇形门运动。控制板负责对机械的控制功能及传感器信号的处理。

拍打门装置的工作原理与扇形门装置基本相同，只是阻挡门的形式发生了变化，如图 4.11 所示。

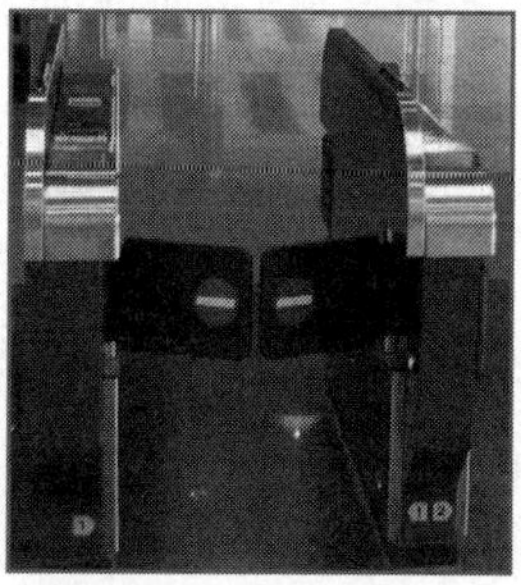

图 4.11　拍打门装置

三杆阻挡装置的优点是结构简单、成本较低、维护方便，但通行速度较低。门式阻挡装置结构比较复杂、成本较高，但可以提供更宽的通道宽度和更高的通行速度。在产品设计时应根据实际需要选用合适的阻挡装置。

门式阻挡装置与三杆阻挡装置的另一个显著的不同是在乘客正常通行时，门式阻挡装置不会与乘客发生接触，即门式部件本身不能直接对通行人数进行计数，也不能判断乘客通行的状态。因此使用门式阻挡装置的检票机通常都需要配置通行传感器以确定乘客在通道中的位置及通行人数。

2）车票处理装置

车票处理装置是自动检票机的另一个关键部件，车票处理装置负责完成车票读/写、传送及回收处理。车票处理装置主要包括两大部分：车票读/写设备和车票传送设备。

磁质车票的车票传送装置和车票读/写设备采用一体化设计。由于磁质车票的读/写具有方向性要求，所以车票只能一个方向插入车票处理装置，或由车票传送装置自动完成转向操作。磁质车票的读/写需要在匀速运动中完成，整个处理过程可分为读票、写票和校验三个阶段，分别由三个（或更多个）磁头完成。读/写完成的车票将返回乘客（进站）或被回收（出站）。当车票读/写失败时，该车票将被返还给乘客，乘客需要到人工售（补）票机上进行处理。

对于IC车票，目前使用的基本上都是非接触式IC芯片，只要车票停留在天线感应的范围内都可以读/写。因此对于进站交易而言，只需要使用车票读/写器就可以完成进站处理而不需要配置传动装置。由于出站时单程使用的IC车票都需要回收，所以当使用单程IC车票出站时，必须将IC车票投入（筹码型）或插入（方卡型）车票处理装置中，车票通过传送装置（通道）到达天线感应区并在此完成车票读/写，交易成功的车票继续经传送装置回收到票箱中，非法车票或交易失败的车票将返回给乘客，由乘客到车站服务中心完成票务更新后再次使用。对于不需要回收的IC车票，与进站类似，仅使用车票读/写器就可以完成出站处理。

（三）自动售票机

自动售票机安装于车站非付费区，用于实现乘客自助购买车票，如图4.12所示。

自动售票机一般由乘客显示器、触摸屏、运营状态显示器（可选）、IC车票读/写器及天线、纸币处理单元、纸币找零模块（可选）、硬币处理单元、主控单元、票卡发送装置及控制单元、维修面板/移动维护终端接口、乘客接近传感器（可选）、机身、电源模块（含UPS或电池）、支持软件等部件组成，如图4.13所示。

1．设备功能

自动售票机的基本功能是通过乘客的自助操作完成自动售票。自助购票的基本过程包括购票选择、接收购票资金、自动出票及找零等过程，在必要时还可包括购票凭证打印等。

自动售票机的应用功能主要包括如下几项。

1）交易处理

自动售票机能接受乘客的购票选择，并在购票过程中给出提示信息及操作指导；可自动接受硬币、纸币、银行卡等的一种或数种支付方式，并自动完成识别，对无法识别的现金（或储值票、信用卡）予以退还；能自动计算乘客投入的现金数量及购票金额，自动找零，一般具有0.5元和1元找零功能，能出售多个收费等级的车票，可同时出售多张（一般10张以下）单程票；在车票开始发行前，可用取消键中止发行，送入的钱币自动退出，如果车票发行处理已经开始，则取消键失效；在出售每一张车票前，均对车票进行检验，对不符合要求的车票送入回收票盒中，并重新发行一张车票。

2）数据管理

自动售票机对各部件的工作状态进行自动监测，并向车站计算机系统上报工作状态；接收车站计算机系统下发的参数和控制命令，并执行相应的操作；存储并上传交易信息；对本机接收的现金及维护操作进行管理。

该设备能向车站计算机传递设备状态信息，包括设备号、运行记录数据和运行状态等，并接收中央计算机下达的命令、票价表、黑名单及其他运行参数。在与车站计算机数据传输信号中断的情况下，自动售票机可独立运行，并保存 7 天的运行数据；中断恢复后，可及时将保存的信息传送至车站计算机。

对于电子钱柜及其他维护操作，均应输入相应操作员的 ID 和 PIN。输入后，不管有效与否，售票机均记录该事件，并向车站计算机发送该事件信息；在自动售票机 LCD 显示器上能调取售票机各种状态，一般要求回溯最近 100 次的交易信息；当停电时，自动售票机由 UPS 支持供电完成最后一个处理过程和数据保存。

3）自动报警

当票盒里的票出售完（或将出售完时）或钱箱快满时，自动售票机向车站计算机报警，并显示设备号，出售完时自动停止使用，并有停用显示；当对自动售票机的票盒或者钱箱进行调换安装结束后，售票机能自动恢复服务，并向车站计算机发送相关信息。

一旦出现故障，及时向车站计算机报警，并传递故障码等。

2. 设备组成

（1）机箱：主要起支撑和保护机内机电部件的作用。其外形设计符合人体工程学；有机械锁定装置，须使用钥匙开启，后门可以开启；装有传感器，用于防止非法开启。

（2）“召援”按钮：乘客如果在操作中有疑问，可使用该按钮，请求车站工作人员帮助。

图 4.12　自动售票机

（3）整机状态指示器：显示设备工作状态的部件，如暂停服务等。

（4）硬币入币口：进行购票操作时，从此处投入硬币。

（5）照明设备：为乘客操作和维护工作提供照明。

（6）乘客显示器和红外触摸屏：该屏幕上有站点、票价等信息，供乘客购票时用于选择目的站和购票张数的屏幕。并可显示有关售票操作指示和交易信息，中英文双语提示，触摸式操作。

（7）出票口和找零口：从此处收取车票和找零。

（8）交流电源：为自动售票机中电子和电气部件提供交流输入。

（9）维护单元：供车站人员对设备进行登录、加币、加票、回收清点等日常操作及维护人员进行维护操作时使用。

（10）纸币识别单元：用于识别乘客购票的小额纸币，并将不符合识别参数指标的纸币退返给乘客。识别币种可通过参数设置，一般带有缓存功能，如深圳地铁一期工程自动售票机的纸币单元可连续接收 15 张纸币。

（11）主控单元：控制设备内部各单元协调工作。作为协调自动售票机动作的中枢，完成自动售票机总体管理功能。

（12）直流电源：为自动售票机中所有电子和电气部件提供稳定可靠的直流电源。

（13）单程票回收箱、废票箱：回收单程票或接收废票。

（14）硬币回收箱：回收硬币或收集溢出硬币。

（15）硬币处理单元：接收乘客用于购票的硬币或用于找零。它包括硬币鉴币器、硬币钱箱组件和硬币传送机构。硬币鉴币器用于硬币识别；硬币钱箱组件用于硬币储存和周转；硬币传送机构用于硬币找零、回收。

（16）单程票处理单元：根据乘客选择的目的站点和购买张数自动发售相应票价和数量的单程票。它包括单程票处理机构和单程票读/写器。前者用于单程票的馈出及回收，后者用于对馈出的单程票进行读/写。

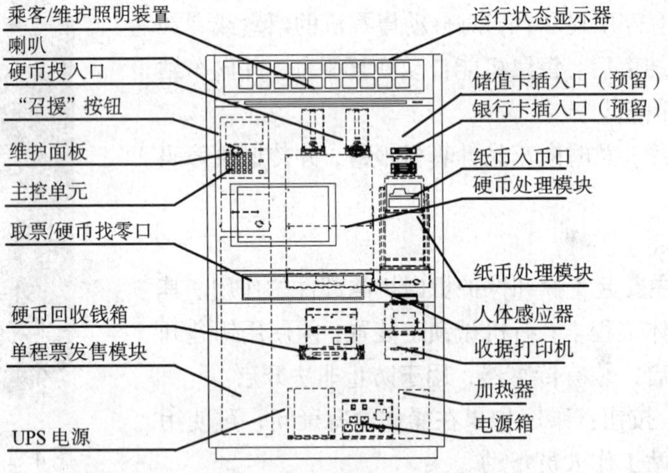

图 4.13　自动售票机内部结构

3. 性能指标

自动售票机的主要指标有：外形尺寸、重量、工作温度、存储温度、电源、功率消耗、钱币识别检测能力、发售处理速度、钱币储存容量、票箱容量、网络接口、可靠性指标（MCBF 和 MTTR）、最大购票速度等。

其中，最大购票速度是较重要的综合性指标。最大购票速度指标通常包括单张购票速度指标和连续购票速度指标。

单张购票速度指标主要用于衡量自动售票机应用软件及各部件的处理能力，一般定义为：购买单张车票的情况下，从投入足够金额开始到完成出票及找零的总时间，在使用IC车票的情况下，单张购票速度通常可以达到1张/秒。

连续购票速度指标用于衡量自动售票机的连续工作能力，该指标的衡量容易受到人为因素的影响（如购票选择及投币的速度），因此通常只能作为参考指标。

表4.1　自动售票机的主要技术指标（参考值）

指 标 名 称	指标参考值
电压	220V+15%、−10%；50Hz±4%
功率	260W
重量	300kg
外形尺寸	600mm×660mm×1800mm（厚×宽×高）
可靠性	MCBF≥50 000，MTTR≤30min
通信速率	10Mb/s
环境温度	0～45℃
票盒容量	1500张/个
单张购票速度	≥1张/秒

（四）半自动售/补票机

半自动售/补票机（BOM）通常安装在售/补票房或车站服务中心内，采用人工方式完成票务处理、车票发售、加值、车票分析（验票）、退票及其他服务，因此半自动售/补票机又称为人工售/补票机或票房售/补票机。图4.14所示为半自动售票机。

根据应用需要，可将功能分离设置成单独的半自动售票机或半自动补票机，也可设置成具有半自动售票和补票功能结合的设备。

功能单一的半自动售票机应部署在非付费区，而半自动补票机则用于付费区内服务。功能结合的半自动售/补票机可以同时为非付费区和付费区服务，兼顾售票及补票功能，使用同一车票处理设备，但需对两个区域分别设置单独的乘客显示器，适应处理不同区域乘客票务。

半自动售/补票机通常由主控单元、乘客显示器、操作显示器、票卡发送装置（可选）、读/写器与天线、键盘与鼠标、机身、电源模块（含UPS或电池）、支持软件等部件组成。

1. 设备功能

半自动售/补票机的功能比较丰富，基本功能可以分为三大类。

1）车票发售功能

半自动售/补票机可以发售包括单程票、储值票、纪念票在内的各种类型的车票；可对乘客所持的储值票进行加值。

2）车票分析功能

对各种需要查询的车票进行查询并进行数据分析；在编码发行车票的同时，对将发行的车票进行检查，如果发现车票有问题，发出车票失效蜂鸣，由售票员及时收回，并向乘客说明问题所在；对车票有效性进行分析，查询车票历史交易信息。

3）票务处理及服务功能

对无法正常完成进出站的车票进行票务更新，发售出站票，进行退票处理，受理车票挂失，完成车票续期（年审），查询票价及其他服务；设有中英文显示器，能够对乘客显示车票的信息，以便乘客对所查车票的情况及时了解；能向车站计算机发送设备号、设备运行状态、票务及财务等记录报告；能接收中央计算机下达的运行参数；具有故障自诊断和显示故障码功能；当与车站计算机数据传输信道中断时，能独立运行，并保存7天的运行数据，中断恢复后能及时将保存的信息传送至车站计算机；当停电时，由UPS供电支持半自动售票机完成最后一个处理过程和数据保存。

2. 设备组成

半自动售票机的主要元件有票据打印机、乘客显示屏、密码键盘、自动出票机构、外置读卡器、收银钱箱等。

（1）自动出票机：用于出售城市轨道交通单程车票和储值，具有质量轻、运输方便等特征，可监测票箱空、满状态。出票快速平稳，不会对车票有任何的损伤。

（2）多串口盒：方便各部件之间的连接。

（3）乘客显示屏：供乘客查看信息用，采用LCD点阵方式显示字符和数字，应具有高亮度、高清晰度、高可靠性和寿命长等特点。

（4）外置读/写器：可读/写单程票、储值纪念票、“一卡通”储值卡等。

（5）工控机：主要配置有主板、CPU、硬盘、内存和显卡等。

（6）密码键盘：用于记名卡用户密码的录入和设置。

（7）收银箱：通常采用钢结构，有各档的纸币和硬币存放格，可按面值存放，提供电子锁和机械锁双重锁定。

（8）票据打印机：可打印中英文字符，可根据需要打印乘客单据。

图4.14 半自动售票机

（五）自动加值机

自动加值机（AVM）通常安装在非付费区，用于乘客自助完成对储值票的加值。自动加值机还可以提供车票查验等其他服务。

自动加值机一般由乘客显示器、触摸屏、IC车票读/写器及天线、纸币处理单元、主控单元、维修面板/移动维护终接口、乘客接近传感器、机身、支持软件、电源模块（含UPS或电池）等部件组成。

1. 设备功能

自动加值机的功能主要分为三大类。

（1）储值票加值功能。自动加值机允许乘客使用现金或银行卡对储值票进行加值操作。

（2）车票查验功能。自动加值机可以用于乘客验票，给出车票内的各种信息和历史交易数据。

（3）其他服务功能。自动加值机还可以增加其他自助式查询功能，即提供多媒体查询能力。例如，查询路网票价、车站出入口分布图、地面道路及公交换乘信息等。这些自助式查询功能并不是自动加值机必须具备的功能，但自动加值机上增加这些增值服务并不复杂，可以丰富设备功能，提高设备的利用率。

2. 设备组成

（1）机箱：包括机架、底座、内部支撑机构和前、后厢门等，主要起支撑和保护机柜内机电部件的作用。其设计符合人体工学要求，通常采用不锈钢外壳，外形采用流线型，设备表面平滑，边角圆滑过渡，不会对使用者造成伤害；有机械锁定装置，后门须使用钥匙开启；装有传感器，用于防止非法开启。

（2）整机状态显示器：显示设备当前工作状态。

（3）乘客显示器和乘客触摸屏：可进行触摸式操作，用于显示有关增值操作指示和交易信息，具有中英文双语提示。

（4）票据打印机：用于打印乘客增值交易的凭据，为针式，带自动切纸、出纸器和卷纸器。

（5）请求帮助按钮：当乘客在操作中有疑问或不能正确完成操作时，可按下请求帮助按钮，请求车站工作人员帮助。

（6）纸币识别单元：包括纸币识别器和纸币钱箱，其中钱箱为折叠式设计，用于存储乘客投入的纸币，质量轻、操作方便、使用安全。纸币识别器是用于纸币识别的一体化设备，方便打开外壳、处理夹币、清洗、更换等操作。它能高安全性、高可靠性地工作并具有自校准功能。接收乘客用于现金充值的纸币（国内地铁人民币面额一般为 50 元或 100 元），可接收的币种和面额可通过软件进行设置，不符合识别类型的纸币和假币退还乘客。一般来说，自动充值机的纸币单元不具备找零功能。

（7）储值卡处理单元：包括储值卡传送机构（TTC）和储值卡读/写器两个部件，它能接收乘客的储值卡，按要求充值成功后将卡退回给乘客。储值卡传送单元是一种 IC 卡传送机构，用于储值卡的输入和退出，目前只有在设备启动发现 TTC 通道中有卡的情况下才会进行回收卡（即吞卡）处理；储值卡读/写器用于对乘客插入的储值卡进行读/写。

储值卡经过有效性检查验证为有效后，乘客显示器显示卡余额，卡增值是通过写操作实现的。在乘客取消或完成增值交易前，所插入的增值卡是不能退回或取出的。用增值卡出票时间不超过 2s。

（8）银行卡处理单元：包括银行卡读/写器和银行处理模块。前者用于读取乘客放入的银行卡卡号；后者是乘客的银行卡与银行的信息交换接口，保障乘客银行卡的安全，符合中国人民银行的相关规范。银行卡处理单元接收乘客银行卡，按要求扣取相应转账的金额后将卡退回给乘客。

（9）照明设备：为乘客操作和维护工作提供照明。根据操作范围、操作频度，考虑设备发热合理安排。

（10）交流电源：为自动加值机中电子和电气部件提供交流输入。

（11）直流电源：为自动加值机中所有电子和电气部件提供稳定可靠的直流电源。

（12）强电进线盒：为自动加值机接入交流电源。

（13）维护维修单元：供维护维修工作人员在进行安装、调试、检修和处理故障等情况下使用，完成维护维修功能。自动加值机设计成从前、后进行维护的结构，维护人员在打开机柜门之后，由设备验证维护人员员工编号和维护级别权限。如果检测到门已经打开而没有合法的维护人员信息，自动加值机立即报警。维护人员根据维护显示屏上的信息，按照操作指引进行。

（14）主控单元：为协调自动加值机动作的中枢，控制设备内部各单元协调工作，完成自动加值机总体管理功能。

（15）弱电进线盒：为自动加值机接入请求帮助按钮信号线和系统网络线。

三、车站计算机系统

（一）系统功能

在轨道交通线网自动售检票系统的架构中，车站计算机系统位于第三层。车站计算机系统安装在各车站的车控室内。

车站计算机系统由车站操作员控制计算机（SOC）和车站网络计算机（SNC）、监视器、紧急控制系统、网络系统及不间断稳压电源系统组成。

车站计算机系统的主要功能是负责采集本车站范围内的售检票交易数据、设备状态数据和其他运营数据，监视终端设备的运行状态，根据需要向单个或者一组终端设备下达运营参数和设备控制指令。车站控制系统的业务功能包括：票务管理、收益管理、设备管理、设备控制、运营参数下载。

车站计算机系统负责以下工作：

（1）采集和储存车站终端设备的车票交易数据、寄存器数据、状态数据、收益管理数据及维护管理数据等，并上传给线路中央计算机系统。

（2）接收和储存线路中央计算机系统下达的系统运行参数和控制指令，并下达至车站终端设备。

（3）实时监控车站自动售检票系统设备（包括车站计算机和车站终端设备）和网络运行情况，具有车站自动售检票（AFC）系统自诊断、车站设备控制和故障告警等功能。

（4）对车站的客流、车票和现金收益进行统一管理，具有报表统计分析、相关业务查询和报表打印等功能。

（5）负责车站级自动售检票（AFC）系统参数的维护和自动售检票（AFC）系统运作模式的控制。

（6）紧急情况下，按下紧急按钮或通过操作车站计算机启动紧急运行模式，控制本车站所有进、出站检票机的通道阻挡解除（门扇敞开，三杆落下），便于乘客快速疏散，同时控制所有的自动售票机、加值验票机等退出服务。

（7）能实时操作车站计算机系统使车站终端设备进入特殊运营模式。

（二）系统组成

1. 硬件

车站计算机系统设备主要包括车站服务器、监控工作站、票务工作站、UPS 电源、紧急按钮和打印设备等。图 4.15 所示为南京地铁 AFC 车站计算机系统网络拓扑图。

2. 软件

车站计算机系统软件由操作系统软件、数据库系统软件、车站级应用软件和防病毒软件构成。

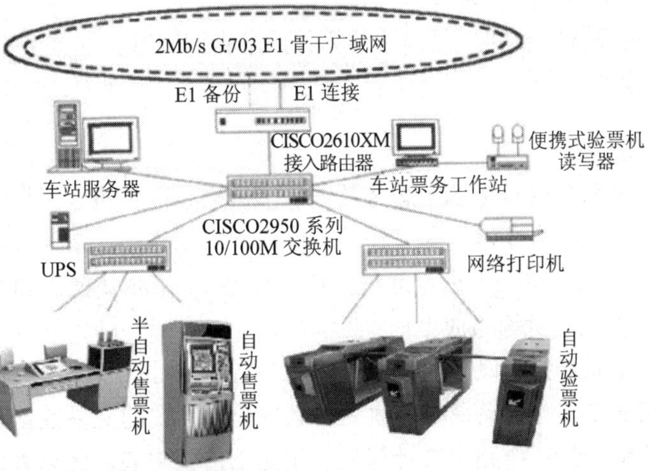

图 4.15　南京地铁 AFC 车站计算机系统网络拓扑图

四、中央计算机系统

在轨道交通线网自动售检票系统的架构中，线路中央计算机系统位于第二层。线路中央计算机系统设备安装在线路控制中心内。

线路中央计算机系统的主要功能是负责采集全线路的售检票数据、设备状态数据和其他运营数据，监视全线路的运行状态，根据需要向一个或者多个车站、单个或者一组终端设备下达运营参数和设备控制指令。

线路中央计算机系统的业务功能包括：票务管理、对账处理、收益管理、设备管理、设备控制、运营参数管理、黑名单管理、软件管理等。

（一）系统功能

（1）收集和保存车站计算机上传的各类有关票务、账务、客流等数据。

（2）监视和控制本线路所有车站设备的运行状态，收集和保存车站设备运行状态数据。

（3）按照设定的周期（日、月、季、年）处理和统计收集到的各类数据，生成相应的各类报表。

（4）管理线路中央计算机系统与车站计算机系统或远程工作站之间的通信。

（5）设置线路自动检售票系统运营参数及运行模式，并下传至车站计算机系统和车站终端设备。

（6）管理及维护黑名单。

（7）实现线路自动售检票系统设备故障统计及维修管理。

（8）线路自动售检票系统时钟的同步管理。

（9）线路自动售检票系统权限及安全管理。

（10）现金收益与对账管理。

（11）资料统计分析及决策支持管理。

（12）数据库维护与系统网络管理。

（13）提供车站设备层或客户工作站的相关信息查询服务。

（14）其他功能。

（二）系统组成

线路中央计算机系统设备由若干服务器、磁盘阵列、磁带机、工作站（系统管理工作站、数据管理工作站、网络通信管理工作站、参数下载工作站、票卡管理工作站、设备监控工作站、报表查询工作站、中央及远程维修工作站）、千兆交换机和路由器等局域网设备、打印机、UPS 及编码机等组成。

线路中央计算机系统是自动售检票系统的管理控制中心。线路中央计算机系统与各车站计算机系统进行通信；可自动采集全线路自动售检票系统的交易数据和设备运营状态信息，进行财务和客流统计；线路中央计算机系统能下传费率表、优惠表、黑名单及其他参数和控制命令至各车站计算机系统及车站终端设备。

线路中央计算机系统将需要清分的信息上传给清分系统，接收清分系统下传的清分数据、黑名单、费率表等数据。它实现本线路自动售检票（AFC）系统数据的集中采集、统计及管理，实现本线路自动售检票（AFC）系统运行、收益及设备维护集中管理，实现对本线路自动售检票系统内所有设备的监控。

线路中央计算机系统可通过通信系统的时钟子系统获取标准时间，自动进行同步，并将标准时间信息下传至车站计算机系统和各车站终端设备。线路中央计算机系统有备份和恢复功能及灾难恢复功能。

五、清分系统

网络化运营的城市轨道交通自动售检票系统多设置清分系统。在轨道交通线网自动售检票系统的架构中，清分系统位于第一层。清分系统设备安装在票务清分中心。

清分系统即综合中央计算机系统。其主要功能是统一城市轨道交通自动售检票系统内部的各种运行参数，收集自动售价票系统单程票产生的交易和审计数据并进行数据清分和对账，负责单程票的初始化和调配、应急票的制作、进行线路之间的票款清分和客流统计，进行数据挖掘，并辅助各业务部门进行分析决策，同时负责城市轨道交通自动售检票系统与城市一卡通清算系统之间的对账、清分和结算等。其管理部门就是俗称的票务清分中心。

清分系统不仅是票务数据的汇总和处理，实际上也是全路网系统中各条线路和各个车站客流的分析系统，所以像北京地铁公司将各条线路的调度控制中心和 AFC 清分系统汇集于同一大楼，及时分析各条线路、各个车站的客流数据，当某一条线路或某一个车站发生突发事件时，可以及时地向相关线路和相关车站做出应急处置。

清分系统同时附带了编码分拣机（ES），以分拣现时流通车票、编码员工票。

清分系统制订清分规则，制订对车票管理、票务管理、运营管理和系统维护管理的技术要求。

（一）系统功能

1. 信息管理

清分中心中央计算机系统可以对各种明细数据及统计数据进行深入分析、挖掘、比对和模拟，获取各种类型的数据分析图（如饼图、直方图和折线图等）和决策辅助信息，为各业务部门进行运营管理决策提供有力的支持。

2. 参数管理

自动售检票系统运行应配置各种运行参数，主要参数包括运营类参数和车票类参数两大类。这两类参数由清分系统制订并下发至各相关设备。

3. 报表管理

自动售检票系统在运营过程中产生的各类客流数据与营收数据都将以各类报表的形式体现出来，有很多种类的自动售检票系统报表。按其功能来分，可分为发售收入报表，客流统计类报表、运营收入类报表和车站设备故障统计类报表。

（二）系统组成

清分中心中央计算机系统由两台冗余配置的服务器、磁盘阵列、磁带机、工作站（系统管理工作站、数据管理工作站、网络通信管理工作站、参数下载工作站、票卡管理工作站、设备监控工作站、报表查询工作站、中央及远程维修工作站）、千兆交换机和路由器等局域网设备、打印机、不间断电源及编码机等组成。

清分中心中央计算机系统采用的群集方式（Cluster 系统），其基本原理可以概括为：同一群集内的节点机所有关键业务数据存储于共享磁盘组，通常是磁盘阵列；故障节点被其他节点替换时，故障节点管辖的数据所在的数据设备（共享磁盘组的一部分）被接管；节点替换/接管的时机取决于集群内运行的监视软件；节点机上运行数据库管理系统，管理该节点机控制的设备上的数据；客户应用可以使用群集中的一个或多个数据库服务器。

清分系统使用的是非对称式模式。典型的非对称式的高可用性系统包括两台服务器，一台是主服务器，客户机从它存取数据和获得服务；另一台是备份服务器。两台服务器通过心跳（Heartbeat）方式检测彼此的状态，实现热备份。当主服务器出现问题时，备份服务器能够自动立即接替工作，不会中断正常工作。

相关案例

[案例 1]　筹码式车票编码分拣机

（一）设备介绍

JC—8200ES（Token）筹码式车票编码分拣机采用先进的自动控制原理及精密的机电一体化设计，由车票分发模块、编码读/写模块、分拣模块、回收模块四部分组成，与编码分拣计算机连接，通过编码分拣软件完成设备的控制。编码分拣机具备 14 种票务中心系统对车票的管理功能；同时，具备强大的车票数量清点功能，能轻松完成大量轨道交通票卡的自动编码、清点、分拣工作。它适合应用在地铁、轻轨等轨道交通行业清算管理中心及各线路票务中心。图 4.16 所示为 JC—8200ES（Token）筹码式车票编码分拣机。

（二）性能特点

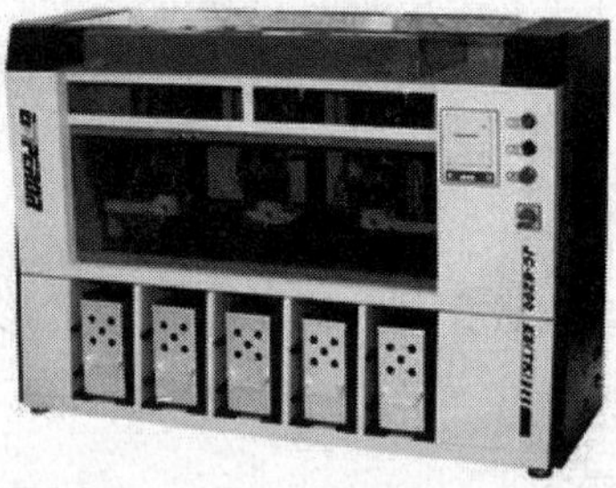

图 4.16　JC—8200ES（Token）筹码式车票编码分拣机

可设置：多重可预设功能；

重置编码：可重新编码赋值；

降级运作：通信中断仍能工作；

监控功能：可监控设备运行状态；

赋值功能：根据需要自定义赋值；

时钟同步：与中心计算机时钟同步；

分拣功能：根据规则自动分拣卡片；

初始化：七步实现对卡片的初始化；

诊断功能：具有自动和人工诊断功能；

紧急停机：具有暂停、复位紧急按钮。

（三）技术参数

工作温度：5～35℃；湿度：20%RH～95%RH；

存储温度：−10～40℃；湿度：20%RH～95%RH；

车票编码速度：≥6000 张/小时；

车票清点速度：≥9000 张/小时；

机器功率：1500W 单相三线；

电源：220V+10%　50Hz+2%；

MCBF ：>100000 次（参与机械传动的部件）；

MTBF ：>20000h（不运动部件）；

MTTR ：≤30min；

机器尺寸：1800mm（长）×800mm（宽）×1200mm（高）；

机器重量：250kg。

[案例 2]　便携式检验票机

（一）设备介绍

JC—5300PCA 多功能手持 POS 机是一款基于 GPRS 的手机开发平台，应用于工业生产的手持终端，具有丰富的扩展性能及灵活的连接选项，是为各类客户量身打造的一款精品，确保用户拥有最合适的通信、数据读取、刷卡消费、数据实时上传的设备。图 4.17 所示为 JC-5300PCA 便携式检验票机。

（二）性能特点

兼容读/写 ISO14443 Type A&B 和 Sony Felica 三种卡；

支持符合 ISO7816 及建设部标准的 SAM 卡驱动；

有多种扫描选择可选的 1D 激光扫描模块，可选的 2D COMS 图像扫描模块，可选的 30 万、130 万像素照相、摄像功能；

强大的通信功能，Bluetooth（蓝牙）、GSM/GPRS/CDMA、IrDA、USB、WiFi（数据传输）；

具备 IC 卡安全认证模块；

具有 4 字节唯一的硬件序列号电子标识；

有丰富的接口，支持 micro SD 存储、USB 端口、RS232 端口、IrDA 端口；

人机界面友好，有彩色 TFT 液晶显示/指示灯；

具有防震、防水、防尘、防电磁干扰功能的结构工艺设计；

配备大容量电池，可超长待机；

（三）技术参数

工作环境：温度–20～+50℃，湿度 5%RH～95%RH；

传输速度：USB≥1Mbps；RS232：9600～115200bps；

数据通信接口：RS232/USB；

存储容量：可存储 1 万条交易记录，至少 20 万条黑名单；

图 4.17　便携式检验票机

机器尺寸（mm）：180(长)×60 (宽)×35 (高)；

机器重量：300g。

[案例 3]　国内 AFC 系统现状

（一）香港地铁

储值票：Felica、卡式封装；

单程票：磁卡、回收；

设备制式：剪式门装置、拍打门装置、三杆装置、自动售票机、自动充值机。

（二）南京地铁

储值票：Desfire（Type A　CPU 卡）、卡式封装；

单程票：UltraLight（Type A）、Token、回收；

设备制式：剪式门装置、自动售票机（含充值功能）、自动充值机、半自动售票机（自动出票）；

供应商：Thales-熊猫。

（三）广州地铁

储值票：Mifare1（Type A）、Type B、卡式封装；

单程票：Type B、UltraLight（Type A）、Token、回收；

设备制式：剪式门装置、三杆装置、自动售票机（含充值功能）；

供应商：CUBIC、韩国三星、新加坡新科电子。

（四）上海地铁

储值票：Mifare1（Type A）、卡式封装；

单程票：UltraLight（Type A）、卡式封装、回收；

设备制式：三杆装置、自动售票机（含充值功能）、半自动售票机（自动出票）；

供应商：上海华虹、上海华腾、上海邮通、CUBIC、Indra（西班牙）。

（五）深圳地铁

储值票：Felica 、卡式封装；

单程票：Felica、Token、回收；

设备制式：剪式门装置、自动售票机、自动充值机（具有银行卡转账充值功能）、半自动售票机（自动出单程票和储值卡）；

供应商：深圳市现代计算机有限公司。

（六）重庆地铁

储值票：Mifare1（Type A）、卡式封装；

单程票：UltraLight（Type A）、卡式、回收；

设备制式：三杆装置、自动售票机、半自动售票机（自动出票）；

供应商：深圳市现代计算机有限公司。

（七）武汉地铁

储值票：Mifare1（Type A）、卡式封装；

单程票：UltraLight（Type A）、Token、回收；

设备制式：三杆闸机、自动售票充值机、半自动售票机（不自动出票）；

供应商：韩国三星、深圳现代计算机有限公司。

拓展知识

上海城市轨道交通自动检售票系统

（一）售检票系统的发展

上海轨道交通1号线首批建成的13个车站于1995年5月正式投入运营，使用纸质票，人工检售票。到1999年3月，地铁1号线采用的美国CUBIC公司磁卡自动售检票系统正式投入运营，采用循环使用的卡型塑质磁票。

2000年，在地铁1号线原自动售检票系统的基础上叠加了由上海华虹集团生产的以上海公共交通卡作为储值票的系统，并行使用磁卡和非接触式城市公共交通卡，同时实现了地铁运营商与公共交通卡公司的交易数据清算和账务结算。

2001年，上海地铁2号线投入运营，同步将1号线自动检售票系统扩展到2号线。上海轨道交通3号线于2001年10月启用西班牙Indra公司的自动售检票系统，使用一次性卡型纸质磁票。2002年地铁1号线北延伸段11个车站开通，采用上海华虹计通公司的自动售检票系统，车票采用与原地铁1号线兼容的塑质磁卡票，采用中央系统间互联以交换数据。2005年12月建立了上海新标准的自动售检票网络化系统，完成了对原来地铁1、2、3号线的改造，建立了4、5号线自动售检票系统，设立路网清分中心，负责进行票卡发行、数据汇集处理。

上海轨道交通售检票系统的票价体系大致经历了四个阶段：

（1）人工售检票方式，单一票价，普通纸票，如1号线开通初期；

（2）人工售检票方式，但票价采用多级计程票制，车票为纸质车票，如3号线试运营期间；

（3）自动售检票系统，采用计程票价制，如1、2、3号线，车票介质包括磁卡和IC卡；

（4）路网自动售检票系统，计程票价，实现收费区内直接换乘和多元收益方的精细清分，使用IC卡车票。

（二）车票管理方式

1. 车票介质

上海轨道交通售检票系统曾使用过纸质车票、纸质磁卡和塑质磁卡车票，目前全部采用非接触式IC卡车票。

2. 车票种类

上海轨道交通车票的种类包括单程票、储值票和许可票三大类。

3. 车票发行管理

目前储值票为公共交通卡，由上海公共交通卡股份有限公司发行管理；单程票和许可票由清分中心统一管理和发行，各线路根据需要可发行纪念票，清分中心完成票卡的采购入库、初始化、调配（线路内各车站间）、坏卡回收和销卡等工作。

（三）自动检售票系统结构

上海轨道交通自动售检票系统已实现1～5号线的“一票换乘”、一级线路之间的清分、线路与城市公共交通卡的结算。

（1）清分中心：负责交易数据的清分、票卡的管理以及票款和客流的统计与分析。

（2）线路中央计算机系统：负责交易数据的接收、处理和分析，与清分系统的数据交换，以及应用的管理等。

（3）线路车站计算机系统：负责收集、处理交易数据，监控运行状态等。

（4）终端设备：负责售票、检票以及数据的采集。

（5）车票介质：非接触式IC卡，是进出车站的凭证。

任务二　认知电梯与自动扶梯

学习目标

（1）了解电梯与自动扶梯的基本组成和作用；
（2）了解电梯与自动扶梯的工作原理和结构；
（3）了解电梯与自动扶梯的使用和操作方法。

学习任务

认知城市轨道交通电梯与自动扶梯等设备。

工具设备

城市轨道交通电梯与自动扶梯等实物或模型、图片及仿真三维立体图多媒体课件。

教学环境

城市轨道交通模拟实验室或实训基地。

基础知识

电梯与自动扶梯是城市轨道交通站台、站厅、地面间运送客流的主要设备，对及时疏散客流起着至关重要的作用。此外，车站内还设置残疾人液压梯、楼梯升降机以满足残障人士的需要。

图4.18　自动扶梯

一、自动扶梯

自动运行的自动扶梯，能自动检测客流量和方向、自动切换运动速度和停止运行。图4.18所示为自动扶梯。

自动扶梯对驱动装置通电时，制动器松闸，主电动机转动，通过减速器带动驱动链轮转动，使主链轮和轴转动，轴上梯级主链轮带动链条转动，与扶梯尾部张紧链轮和张紧装置形成循环运行的链条传动，带动梯级运行。主轴上另外一个链轮带动扶手传动链条运行，从而带动扶手带做循环运转。

自动扶梯具有过电流保护装置、限速装置、紧急制动装置和牵引链条安全保护装置。当运行速度超过额定速度30%～40%时，能自动安全停车；当传动环节损坏时能制动并切断主电源电路；当链条因磨损伸长超过限度或因故障使梯级梯路张紧装置移动至极限位置时，自动切断控制电路使自动扶梯停车；紧急状况时能手动制动，切断控制电路使自动扶梯停车。

（一）自动扶梯的定义和分类

1. 自动扶梯的定义

自动扶梯带有循环运动梯路向上或向下倾斜输送乘客的固定电力驱动设备。

2. 自动扶梯的分类

1）按扶手装饰分类

（1）全透明式：指扶手护壁板采用全透明的玻璃制作的自动扶梯，按护壁板采用玻璃的形状又可进一步分为曲面玻璃式和平面玻璃式。

（2）不透明式：指扶手护壁板采用不透明的金属或其他材料制作的自动扶梯。由于扶手带支架固定在护臂板的上部，在扶手支架导轨上做循环运动，所以不透明式的稳定性优于全透明式，主要用于地铁、车站、码头等人流集中的高度较大的自动扶梯。

（3）半透明式：指扶手护壁板为半透明的，如采用半透明玻璃等材料的扶手护壁板。就扶手装饰而言，全透明的玻璃护壁板具有一定的强度，其厚度不应小于6mm，加上全透明的玻璃护壁板有较好的装饰效果，所以护壁板采用平板全透明玻璃制作的自动扶梯占绝大多数。

2）按梯级驱动方式分类

（1）链条式：指驱动梯级的原件为链条的自动扶梯。

（2）齿条式：指驱动梯级的原件为齿条的自动扶梯。

由于链条驱动式结构简单，制造成本较低，所以目前大多数自动扶梯均采用链条驱动式结构。

3）按提升高度分类

（1）小提升高度的自动扶梯：指提升高度为3～10m。

（2）中提升高度的自动扶梯：指提升高度为10～45m。

（3）大提升高度的自动扶梯：指提升高度为45～65m。

4）按驱动装置位置分类

（1）端部驱动自动扶梯：驱动装置位于自动扶梯的头部，并以链条为牵引元件。它由一系列的梯级与两根牵引链条连接在一起，运行在按一定线路布置的导轨上。牵引链条绕过上牵引链轮和下张紧装置并通过上、下分支的若干直线、曲线区段构成闭合环路。该环路的上分支中的各个梯级应严格保持水平，以供乘客站立。上牵引链轮通过减速器等与电动机相连以获得动力。扶梯两边装有与梯级同步运行的扶手装置，以供乘客扶手之用。为了保证自动扶梯乘客绝对安全，要求装设多种安全装置。

（2）中间驱动自动扶梯：驱动装置位于自动扶梯的头部，并以齿条为牵引元件。一台自动扶梯可以装多组驱动装置，也称为多级驱动组合式自动扶梯。运行时，电动机通过减速器将动力传递给两侧的构成闭合环路的传动链条，每侧的传动链条之间铰接一系列的滚子，滚子与牵引齿条的牙齿啮合，驱使自动扶梯运行。

（二）自动扶梯的基本构造

自动扶梯是由一台链式输送机和两台胶带式输送机组合而成的升降传送系统。自动扶梯的基本结构包括主驱动系统、润滑系统、安全保护系统和电气控制系统。主驱动系统由驱动曳引主机、主驱动链条、主驱动轮系统组成；润滑系统对主驱动链、扶手带驱动链及扶梯进行实时润滑，确保扶梯平稳运行；电气控制系统包括主控制柜、操纵面板、检修控制盒及各种安全保护开关。

自动扶梯主要设备包括桁架、梯级、裙板、扶栏、驱动链、梯级链、减速机、电动机、主驱动轴、梯级链张紧装置、导轨、扶手带驱动装置、扶手带、梳齿板、控制系统、安全装置等。

（1）桁架：（机架）架设在建筑结构上，供支承梯级、踏板以及运动机构等部件。

（2）梯级：在扶梯桁架上循环运行，供乘客站立的部件。

（3）裙板：与梯级、踏板两侧相邻的金属围板。

（4）驱动链：传递运动并带动梯级运行的部件。

（5）梯级导轨：供梯级滚轮运行的导轨。

（6）梳齿板：位于运行的梯级出入口，为方便乘客的上下过渡，与梯级踏板相啮合的部件。

（7）驱动装置：指驱动扶梯运行的部件（包括电动机、减速器、驱动链轮主轴、驱动链轮等）。

（8）扶手带装置及扶手带：在扶梯两侧，对乘客起安全防护作用，也便于乘客扶握的部件。

（9）扶手带张紧装置：指当扶手带被拉长或安装过紧时，用于调节其长度的部件。

（10）控制柜：主要由主机板、变频器、主开关、各种继电器、接线端子、通信接口、接地保护装置等构成。

（11）自动润滑系统。

（12）安全装置。

（三）自动扶梯的优缺点

（1）结构紧凑、重量轻、输送能力大、生产效率高、提升高度较大。

（2）运行平稳、舒适感好、能连续运送乘客。

（3）通过控制，可上下逆转，满足不同需要，安装维修方便。

（4）可设置为省电模式（即没人使用时，通过控制运行速度从而降低电能消耗）。

（5）当停电或零件损坏时，可作步行梯用。

（6）与液压梯相比，电扶梯在提升乘客高度的同时，花费的时间也较长。

（7）造价较高。

（8）对乘客造成伤害的概率高，梯级的间隙容易夹伤乘客，如果有乘客摔倒会导致后续乘客接连摔倒而造成较大伤害。

二、楼梯升降机

楼梯升降机是一种比较新颖的设备，属于电梯的一个分支。楼梯升降机一般设置在出入口或站厅至站台，专为坐轮椅的残疾人服务，属于车站无障碍设计的组成部分。

（一）楼梯升降机的类型

楼梯升降机从服务功能上可分为座椅式和轮椅平台式两种类型。

1. 座椅式楼梯升降机

这种升降机主要为行动不便者提供上下楼梯的服务，一般由座椅、托架和导轨等组成。

座椅设有座位、扶手、靠背和搁脚板。为了方便乘坐，座椅一般设计成能转动的。在不使用时，座椅和搁脚板能够折叠起来，以减少对空间的占用。

托架除用以支承座椅外，将驱动装置也安装在其内，通过传动装置，使座椅沿着导轨面运动。座椅式楼梯升降机的导轨一般直接安装在楼梯面上，座椅直接支承在导轨面上，结构和安装都比较简单。

2. 轮椅平台式楼梯升降机

这种升降机主要为使用轮椅者提供上下楼梯的服务，为了防止平台倾翻，设两根导轨。驱动装置分为内部驱动和外部驱动两种：内部驱动的驱动装置安装在轮椅平台内，外部驱动的驱动装置安装在楼梯的上部。

轮椅平台主要由工作平台、支承架、护栏组成，主体是钢结构。工作平台是升降机的工作部分，表面覆有防滑材料。平台的三个外向面都安装有安全护板，当平台运动受阻时，能使升降机停止运动。平台在不使用时可以向上折叠，以减少占用空间。

支承架用于支承工作平台的重量，为了使用安全，支承架的最小高度为 1100mm。支承架上安装有操纵开关，还可附设可折叠的简易座位，使其同时具备座椅式楼梯升降机的功能。

安全护栏安装在支承架上，由人工或自动收放，只有放下护栏，升降机才能启动运行。公共场所一般都选用这种楼梯升降机，广州地铁 2 号线已安装使用 30 台轮椅平台式楼梯升降机。

（二）楼梯升降机的主要设备

楼梯升降机的主要设备包括轮椅平台、驱动机、导轨、控制柜、充电装置、低电源蜂鸣器和安全装置等。

1. 轮椅平台

由于采用自动平台，故可通过操作外召唤盒的上或下按钮来控制平台收放。在升降机到达端点位置后，只要持续按住上或下按钮，底板便会自动向上折放，护栏会向下折放。在平台折叠或者张开过程中，如果遇到故障，也可以通过手动方式完成。轮椅平台由钢铁构件制成，其结构有足够的强度和刚度。平台包括钢板、安全护栏、活动板、安全挡板等。

2. 驱动机

驱动机采用直流电动机，电动机额定功率为 540W，电压为 24V。升降机运行速度由电动机通过齿轮减速后得到。六个钢制驱动滚轮等距地分布在滚轮支架上，在任何地方总有两个滚轮同时附着在导轨上，如此循环转动使升降机上升或下降。驱动机内有制动器，制动器断电抱闸，通电松闸，制动弹簧是压缩弹簧。

3. 导轨

导轨固定在楼梯表面。导轨和支承件采用钢铁制作，表面热镀锌后涂有富锌防锈漆和耐磨面漆共两层，能保证 15 年不生锈。导轨的单个部件不需要润滑。

4. 控制柜

控制柜放置在楼梯升降机的内部，包括直流电动机、蓄电池、主电源开关、上行继电器、下行继电器、中间继电器、时间继电器、电动机辅助继电器等。出入口的楼梯升降机控制柜能适应露天的工作条件。

5. 充电装置

（1）绿色指示灯：若充电装置电源供给正常，该灯始终亮。

（2）黄色指示灯：当楼梯升降机正确驶入充电装置，蓄电池开始充电时，该灯快速闪烁；当电池充满电后，该灯慢速闪烁。

6. 低电源蜂鸣器

该声音信号用做电池需要充电时的提醒。当蓄电池电压低于 22.5V，升降机运行时会发出蜂鸣信号。此时应立即将升降机驶向充电点，并尽可能向下方向行驶，让升降机充电几小时。充电是自动进行的，当充电适当后，蜂鸣器会停止鸣叫。

7. 安全装置

安全装置主要包括限速开关、侧板开关、底板开关、护栏开关、限位开关、极限开关、抱闸装置和旁通开关等。

三、电梯

电梯是垂直运行的交通工具，由曳引机牵引上下运动。电梯曳引机分为有齿轮曳引机（用于低、快速交流电梯）和无齿轮曳引机（用于高速直流电梯）两类。电梯控制屏装在曳引机附近，电梯的电气装置、信号系统大多数集中在控制屏中。图 4.19 所示为电梯。

图 4.19 电梯

乘客直接运用的是选层器，选层器与轿厢同步运行，反映轿厢运行位置，以电器触头的电信号实行多种控制功能。选层器的功能是按所记忆的内选、外呼信号与轿厢的位置关系，确定运行方向，发出减速指令，确定是否停层和预告停车，指示轿厢位置，消去应答完毕的呼梯信号，控制开关门和发车等。

除考虑便捷快速之外，电梯安全运行也是乘客重点关心的。电梯安全保护系统就是防止和消除电梯在运行中可能发生的不安全状态。为保证安全，升降电梯安装有限速器、极限开关、缓冲器、减速开关、限位开关、安全钳装置、称载装置等。

电梯限速器是限制电梯在超载、打滑、断绳等失控情况下轿厢超速下降的重要安全装置。

极限开关分为机械式和电气式，机械开关设置在机房，由轿厢“开关板”碰触安装于井道上、下两端的滚轮，经钢丝绳拉动而动作，极限开关动作时使整台电梯电源切断（除照明电源外），每次动作后应查明原因排出故障后，到机房用手动复位；电气式开关一般采用行程开关，安装在井道上、下适当位置。该开关在轿厢开关打板碰触减速开关、限位开关但仍未起作用时动作，切断电梯控制电源或切断上、下行接触器电源，该开关动作后电梯不能再启动，需查明原因排除故障后才能复位。

缓冲器是电梯最后一道安全保护装置，当电梯失控撞向底坑时吸收和消耗电梯的能量，使其安全减速停止在底坑里。

减速开关安装在电梯井道顶部和底坑内。当电梯失控冲顶或撞底时，轿厢上的上、下开关先使减速开关断开，将快车继电器切断转入平层慢车速度，能保证电梯有足够的换速距离，防止轿厢越位。对于高速电梯，考虑到短距离运行（如单层运行）时换速距离不够，可加设一单层强迫减速开关，其位置在多层减速开关之后，井道顶层和底坑各有两个减速开关。

限位开关由上、下限位开关组成，当减速开关失灵未能使电梯减速、停车，轿厢越过上、下端站平层位置时，上或下限位开关动作，迫使电梯停止。上限位开关动作后，如果轿厢下面层楼有召唤，电梯能下行。下限位开关动作后，如果轿厢上面层楼有召唤，电梯能上行。

安全钳是在轿厢或对重向下运行发生断绳、打滑、超速、失控等情况时由限速器动作，断开安全钳开关，切断曳引机电源使之制动，并拉起安全钳拉杆使安全钳钳头卡住导轨，不使轿厢下坠的最有效的安全装置。

称载装置主要为了防止电梯超载而设置的。

此外，电梯门装有门光电装置、门电子检测装置、门安全触板构成门安全保护，防止夹持人员和物品；轿厢内还装有警铃、电话、对讲机，便于与外部联系；轿厢安全窗、轿厢门手动开门设计、安全门、曳引机手动盘车装置、自发电运行装置等安全逃生自救装置。

相关案例

[案例 1] 电梯使用方法

（1）电梯在各服务层站设有层门、轿厢运行方向指示灯、数字显示轿厢、运行位置指层器和召唤电梯按钮。电梯召唤按钮使用时，上楼按上方向按钮，下楼按下方向按钮。

（2）轿厢到达时，层楼方向指示即显示轿厢的运动方向，乘客判断欲往方向和确定电梯正常后进入轿厢，注意门扇的关闭，勿在层门口与轿厢门口对接处逗留。

（3）轿厢内有位置显示器、操纵盘及开关门按钮和层楼选层按钮。进入轿厢后，按欲往层楼的选层按钮。若要轿厢门立即关闭，可按关门按钮。轿厢层楼位置指示灯显示抵达层楼并待轿厢门开启后即可离开。

（4）一般电梯额定载重为13人，不能超载运行，人员超载时请主动退出。

（5）乘客电梯不能经常作为载货电梯使用，绝对不允许装运易燃、易爆品。

（6）当电梯发生异常现象或故障时，应保持镇静，可拔打轿厢内救援电话，切不可擅自撬门，企图逃出轿厢。

（7）乘客不准倚靠轿厢门，不准在轿厢内吸烟和乱丢废物，要保持轿厢内的清洁与卫生。

（8）乘客要爱护电梯设施，不得随便乱按按钮和乱撬厢门。

（9）司机要严格履行岗位职责，电梯运行期间不得远离岗位，发现故障应及时处理和汇报。

（10）司机要经常检查电梯运行情况，定期联系电梯维修保养，做好维保记录。

（11）电梯停止使用时，司机应将轿厢停于基站，并将操动盘上的开关全部断开，关闭好层门。如遇停电通知，应提前做好电梯停驶工作。

[案例 2]　自动扶梯的相邻区域

1. 出入口的通行区域

自动扶梯的出入口，应有充分疏通的区域，以容纳进（出）自动扶梯的乘客，该区域的宽度应大于或等于扶手带中心线之间的距离，其在深度方向，从自动扶梯的扶手带端部起，向外延伸至少2.5m。

若该通行区域的宽度达到扶手带中心距的两倍以上，则其深度方向尺寸可减至2m。

设计人员应将该通行区域视为整个交通输送系统的一部分，因此实际上有时需要适当增大。

2. 梯级、踏板上方的平安高度

自动扶梯的梯级上方，应有不小于 2.3m 垂直净通过高度。该净高度应沿整个梯级、踏板的运动全行程，以保证自动扶梯的乘客平安无阻碍地通过。

3. 扶手带外缘与建筑物或障碍物之间的平安距离

扶手带中心线与相邻建筑物墙壁或障碍物之间的水平距离，任何情况下均不得小于500mm，该距离应保持到自动扶梯梯级上方至少 2.1m 高度处。如果采取适当措施可避免伤害的危险，则此 2.1m 高度可适当减少。

对平行并列布置或交叉布置的自动扶梯，为防止相邻自动扶梯运动引起的伤害，相邻两台自动扶梯扶手带外缘之间距离应大于 500mm。

4. 与楼板交叉处以及交叉安排的自动扶梯之间的防护

自动扶梯与楼板交叉处以及各交叉布置的自动扶梯相交叉的三角形区域，除了应满足上述平安距离的要求外，还应在外盖板上方设置一个无锐利边缘的垂直防碰保护板，其高度不应小于 0.3m，如用一个无孔的三角形维护板。

如果扶手带中心线与任何障碍物之间的距离大于或等于 0.5m，则无须采用防碰保护板。

5. 自动扶梯上端部楼板边缘的维护

自动扶梯与上层楼板相交处，为了满足上述梯级、踏板上方的平安高度，上层楼板上应开有一定尺寸的孔，为了防止乘客有坠落或挤刮伤害的危险，开孔楼板的边缘应设有规定高度的护栏。

6. 自动扶梯的照明

自动扶梯及其周边，特别是梳齿板的附近应有足够的照明，室内或室外自动扶梯出入口处地面的照度分别至少为 50lx 或 15lx。

拓展知识

[拓展]　电梯与自动扶梯的历史

1887 年，美国奥的斯公司制造出世界上第一台电梯。这是一台以直流电动机传动的电梯，它于 1889 年装设在纽约德玛利斯大厦。这座古老的电梯，每分钟只能走 10m 左右。当初设计的电梯纯粹是为了省力。

1900 年，以交流电动机传动的电梯问世了。1902 年，瑞士的迅达公司研制成功了世界上第一台按钮式自动电梯，它采用全自动的控制方式，提高了电梯的输送能力和安全性。

随着超高层建筑的出现，电梯的设计、工艺不断得到提高，电梯的品种也逐渐增多。1900 年，美国奥的斯公司制成了世界上第一台电动扶梯。1950 年又制成了安装在高层建筑外面的观光电梯，使乘客能在电梯运行中清楚地眺望四周的景色。

中国最早的一部电梯出现在上海，是由美国奥的斯公司于 1901 年安装的。1932 年由美国奥的斯公司安装在天津利顺德酒店的电梯至今还在安全运转着。1951 年，党中央提出要在天安门安装一台由我国自行制造的电梯，天津从庆生电机厂荣接此任务，四个月后不辱使命，顺利地完成了任务。十一届三中全会后，沐浴着改革开放的春风，我国电梯业进入了高速发展的时期。如今，在我国任何一个城市里，电梯都在被广泛应用着。电梯给人们的生活带来了便利，也为我国现代化建设的加速发展提供了强大的保障。

任务三　认知屏蔽门系统

学习目标

（1）了解屏蔽门系统的基本组成和作用；

（2）了解屏蔽门系统的工作原理和结构；

（3）了解屏蔽门系统的使用和操作方法。

学习任务

认知屏蔽门系统及紧急停车按钮。

工具设备

城市轨道交通屏蔽门系统及紧急停车按钮等实物或模型、图片及仿真三维立体图多媒体课件。

教学环境

城市轨道交通模拟实验室或实训基地。

基础知识

屏蔽门是安装于地铁、轻轨等轨道交通车站站台边缘，使轨道与站台候车区隔离，设有与列车门相对应、可多级控制开启与关闭滑动门的连续屏障。

屏蔽门系统作为城市轨道交通的新型设备系统，最早出现于20世纪80年代。1988年，世界地铁第一套屏蔽门系统在新加坡地铁NEL线安装。其后不少城市地铁，如伦敦、新加坡、吉隆坡、曼谷地铁等相继采用了这一系统，并取得了良好的运行效果。在我国轨道交通建设中，2003年7月广州地铁2号线在国内首次正式引入并使用该系统。目前国内大部分地铁都安装了屏蔽门系统。

屏蔽门系统是现代化城市轨道交通工程的必备设施，它沿城市轨道交通站台边缘设置，将站台区与轨行区进行隔离。安装屏蔽门系统，不仅可以防止乘客跌落或跳下轨道而发生危险，还可消除活塞风对站台乘客的影响，提高乘客候车舒适度，让乘客安全、舒适地乘坐地铁。而且屏蔽门系统作为一种高科技产品所具有的节能、环保和安全功能，减少了站台区与轨行区之间冷热气流的交换，降低了环控系统的运营能耗，从而节约了运营成本。

一、屏蔽门的分类

屏蔽门系统作为站台公共区域与轨道列车之间的可控通道，列车进站时配合列车车门动作打开或关闭活动门，为乘客提供上下列车的通道。图4.20所示为屏蔽门。

图4.20 屏蔽门

屏蔽门在整个站台长度上将车站的站台区域与轨道区间分隔开来，它是环控系统气流组织的一个不可缺少的物理屏障，也是事故工况气流导向的重要组成部分。屏蔽门主要有两种类型：第一类屏蔽门是全立面玻璃隔墙和活动门，沿车站站台边缘和站台两端头设置，把站台乘客候车区与列车进站停靠区域分隔开，属于全封闭型，如图 4.21 所示。这种形式的屏蔽门一般应用于地下车站，其主要功能是增加车站站台的安全性、节约能耗以及加强环境保护。

图 4.21　全封闭型屏蔽门

第二类屏蔽门系统是一道栏杆式的玻璃隔墙和活动门，属于半封闭型，如图 4.22 所示。其安装位置与第一种方式基本相同，这种类型的屏蔽门系统比第一种类型屏蔽门相对简单，高度比第一种屏蔽门低矮，空气可以通过屏蔽门上部流通。它主要起隔离作用，保障站台候车乘客的安全。

图 4.22　半封闭型屏蔽门

二、屏蔽门的组成

屏蔽门系统在站台设有应急门、端头门。应急门一般当做固定门使用，在列车进站无法停靠在允许的误差范围位置时，必有一道车门对准应急门，此时若需要由应急门紧急疏散，可由乘客在轨道侧列车上打开相对应的列车门后推动应急门的解锁装置或由站台工作人员在站台侧用专用钥匙打开应急门进行紧急疏散。应急门使用后必须确保关闭与锁紧。端头门是车站工作人员通道，可在轨道侧推动端头门的推杆锁的解锁装置或由站台工作人员在站台侧用专用钥匙打开。

屏蔽门系统由机械和电气两部分组成；机械部分包括门体结构和门机系统，电气部分包括电源系统和控制系统。

1. 门体结构

1）门体结构组成

门体结构由钢架、顶盒、门体组合、下部支撑结构组成。

2）门体的功能

（1）固定门：隔断站台和轨道。端头门配有极安全的通用门锁，即在轨道侧均可用把手、在站台侧均可用“通用”钥匙进行开/闭操作。

（2）端头门：主要用于车站工作人员在站台和轨道之间的进出，同时兼顾紧急情况下疏散乘客的要求。端头门有门锁装置，并且在列车活塞风作用下不会开启。

（3）活动门：为中分双开式门，关闭时隔断站台和轨道，开启时供乘客上下列车，在非正常运行模式和紧急运行模式下，也可作为乘客的疏散通道。活动门设手动开锁机构，并与置于顶盒内的闭锁机构联动，在活动门关闭后，闭锁机构可防止外力作用将门打开。在活动门开启并处于正常运行模式时，活动门的门锁可自动解锁；但在非正常运行模式和紧急运行模式时，站台工作人员或乘客可手动打开活动门，实现解锁，即每镗活动门在轨道侧均可用把手、在站台侧均可用“通用”钥匙对门进行开/闭操作。

（4）应急门：在正常情况下不开启。在紧急情况下，列车停车位置与活动门不对应时，可通过应急门疏散乘客。应急门就是将某一固定门改成可开启的应急门。应急门设有锁紧装置，且开启方便。

2. 门机系统

（1）门机系统组成：门机系统主要由驱动装置、传动装置、锁紧装置、DCU 等组成。

（2）门机系统功能：门机系统主要满足正常运行模式、非正常运行模式和紧急运行模式下开、关、锁定活动门的要求。

相关案例

[案例 1]　杭州地铁 1 号线屏蔽门

屏蔽门系统不仅可防止站台坠轨等意外发生，保障列车进出站时乘客的绝对安全；同时，还能有效减少空气对流造成的站台冷热气流失，并大幅降低列车噪声对车站的影响，从而为乘客提供舒适的候车环境，具有节能、安全、环保、美观等功能，优化居民出行的候车环境，提高城市轨道交通的服务水平。

2012 年通车的杭州地铁 1 号线设置了两种屏蔽门。第一类屏蔽门是自上而下的玻璃隔墙和滑动门，沿车站站台边缘和两端头设置，如图 4.23 所示。

第二类屏蔽门系统是一道上不封顶的玻璃隔墙和滑动门或不锈钢篱笆门，高度比第一类屏蔽门矮，通常为1.2～1.5m，也称安全门。

图 4.23 杭州地铁 1 号线屏蔽门设计效果图

图 4.24 杭州地铁安全门设计效果图

杭州地铁 1 号线将在所有的地下车站设置第一类屏蔽门系统，并在高架车站设置第二类屏蔽门系统（安全门）。

拓展知识

屏蔽门运行模式

屏蔽门系统的控制模式一般有系统级、站台级、人工操作（或称手动操作）3 种正常控制模式。系统级控制执行信号系统命令模式；站台级控制执行站台操作盘发出的命令模式；手动操作即站台工作人员在站台侧用专用钥匙解锁或由乘客在轨道侧使用解锁装置打开活动门。

（一）系统级控制

在正常运行模式下，屏蔽门处于系统级控制状态。列车、信号系统和屏蔽门系统之间存在着一定的连锁关系，列车到站并停在允许的误差范围内，信号系统发出允许开门的命令，各种安全因素经过列车驾驶员的人工确认后，按压开门按钮，整列屏蔽门自动打开；当列车停站时间到，信号系统发出允许关门命令，各种安全因素经过列车驾驶员的人工确认后，按压关门按钮，整列屏蔽门自动关闭。

（二）站台级控制

屏蔽门的站台级控制实质上就是通过操作就地控制盘（PSL）来实现对屏蔽门的控制。

当信号系统故障失效或屏蔽门系统控制柜对屏蔽门控制单元控制故障时，由司机或被授权操作人员操作就地控制盘（PSL）控制屏蔽门的开关。

1. 开门的操作

插入钥匙，转动到“门关闭”位停顿 1s，再打开“门打开”位保持 5s，确保整侧屏蔽门打开完毕。

2. 关门操作

转动钥匙到“门关闭”位置保持5s，整侧屏蔽门关闭完毕，屏蔽门PSL上的“ASD/EED门关闭”绿灯亮后，才可将钥匙回到禁止位，并取出钥匙带走。

（三）就地级控制

就地级控制是指工作人员用屏蔽门专用钥匙手动打开屏蔽门，下面分别介绍三种门体手动操作的方法。

1. 滑动门手动操作

适用范围：当系统级控制和站台级控制均不能操作屏蔽门时。

（1）站台侧：在站台侧由站台工作人员用钥匙打开滑动门，用力向两边推开，拔出钥匙，门头灯亮。

（2）轨道侧：在轨道侧由司机通过车内广播通知乘客使用滑动门上的手动解锁把手自行开启屏蔽门。

2. 应急门手动操作

适用范围：当列车无法在规定范围内停车，偏离量较大，而且乘客无法从滑动门进出时。

（1）站台侧：站台工作人员在站台侧用钥匙打开应急门，用力朝站台方向拉开，拔出钥匙，门头灯亮。

（2）轨道侧：在轨道侧由司机通过车内广播指导乘客压推杆锁打开应急门。

3. 端门的手动操作

适用范围：当隧道内发生火灾、列车出轨等情况，需要在隧道内停车时。

开门方法与应急门相同，端门开启时，门头灯亮。

此外，屏蔽门系统还设置有火灾控制模式，即在相应的火灾模式下，车站值班人员在车站控制室操作消防联动盘操作屏蔽门紧急控制开关，配合打开活动门，疏散乘客和配合环控系统排烟。上述模式的控制优先级从高到低依次是人工操作（或称手动操作）、火灾控制模式、站台级控制模式、系统级控制模式。

屏蔽门同时还具有障碍物检测功能，即活动门关闭时检测到障碍物，会后退做短暂停止以释放夹到的障碍物，然后再关闭，以免夹伤乘客。如果第二次关门时依然检测到障碍物存在，屏蔽门会重复上次操作（会后退作短暂停止以释放夹到的障碍物，然后再关闭），一般重复三次，若三次关门障碍物依然存在，则屏蔽门全开并报警。此时须由站台工作人员应急处理，解决问题。

屏蔽门系统与车站机电设备监控系统之间或主控系统之间设有通信接口，用于传送屏蔽门系统运行状态、故障诊断信息，便于车站控制室人员、维修人员监视屏蔽门状态。

任务四　城市轨道交通客运设备的操作运用案例

【操作运用案例1】　城市轨道交通自动检售票系统终端设备认知

1. 实训项目教师工作活页

实训项目教师工作活页　　NO：______

<table>
<tr><td>实训项目</td><td colspan="4">城市轨道交通自动检售票系统终端设备认知</td></tr>
<tr><td>学　时</td><td colspan="2">2</td><td>班　级</td><td>略</td></tr>
<tr><td>实训场所</td><td colspan="4">城市轨道交通模拟实验室或实训基地</td></tr>
<tr><td>工具设备</td><td colspan="4">城市轨道交通分拣编码机、自动检票机、自动售票机、半自动售/补票机、自动加值机、便携式验票机和车票读/写器等</td></tr>
<tr><td rowspan="3">教学目标</td><td>专业能力</td><td colspan="3">（1）能说出城市轨道交通自动检售票系统的结构
（2）能指认城市轨道交通自动检售票系统部件，说出部件的名称
（3）能说出城市轨道交通车票、分拣编码机、自动检票机、自动售票机、半自动售/补票机、自动加值机、便携式验票机和车票读/写器的构成与作用
（4）能解释城市轨道交通终端设备的主要技术参数</td></tr>
<tr><td>方法能力</td><td colspan="3">（1）能综合运用专业知识，通过利用专业书籍、多媒体课件和图片资料获得帮助信息
（2）能根据实训项目学习任务确定实训方案，从中学会表达及展示活动过程和成果</td></tr>
<tr><td>社会能力</td><td colspan="3">（1）能在实习训练活动中保持积极向上的学习态度
（2）能与小组成员和教师就学习中的问题进行交流和沟通
（3）能与他人共享学习资源，具有较好的合作能力和团队协作精神</td></tr>
<tr><td>教学活动</td><td colspan="4">略（详见教学活动设计）</td></tr>
<tr><td>教学评价</td><td colspan="4">学生活动：① 以8～10人小组为单位开展实训活动，根据本组同学在实训过程中的能力表现及结果进行自评组内互评；② 根据其他小组同学在成果展示活动中的表现及结果进行互评
教师活动：① 教师组织学生开展评价活动和总结；② 对学生本实训项目单元成绩做出综合评价</td></tr>
<tr><td>教学资料</td><td colspan="4">（1）城市轨道交通运输设备教材
（2）城市轨道交通概论等参考书
（3）实训项目学生学习活页（附页）</td></tr>
<tr><td>指导教师</td><td colspan="2"></td><td>教学时间</td><td>年　　月　　日</td></tr>
</table>

2. 实训项目学生学习活页

实训项目学生学习活页　　NO：______

实训项目 1　　城市轨道交通自动检售票系统终端认知

班级：__________ 姓名：__________ 学号：__________时间：__________

一、实训目标

1．专业能力目标

（1）能说出城市轨道交通自动检售票系统的结构；

（2）能指认城市轨道交通自动检售票系统部件，说出部件的名称；

（3）能说出城市轨道交通车票、分拣编码机、自动检票机、自动售票机、半自动售/补票机、自动加值机、便携式验票机和车票读/写器的构成与作用；

（4）能解释城市轨道交通终端设备的主要技术参数。

2．方法能力目标

（1）能综合运用专业知识，通过利用专业书籍、多媒体课件和图片资料获得帮助信息；

续表

（2）能根据实训项目学习任务确定实训方案，从中学会表达及展示活动过程和成果。

3. 社会能力目标

（1）在实习训练中保持积极向上的学习态度；

（2）能与小组成员和教师就学习中的问题进行交流和沟通；

（3）能与他人共享学习资源，具有较好的合作能力和团队协作精神。

二、知识总结

1. 简要说出城市轨道交通自动检售票系统的结构。

2. 简要说出城市轨道交通自动检售票系统终端设备各部件的名称。

3. 简要说出城市轨道交通分拣编码机和车票读/写器的构成与作用。

三、操作运用

1. 指认下图半自动售票机部件，并填出部件名称。

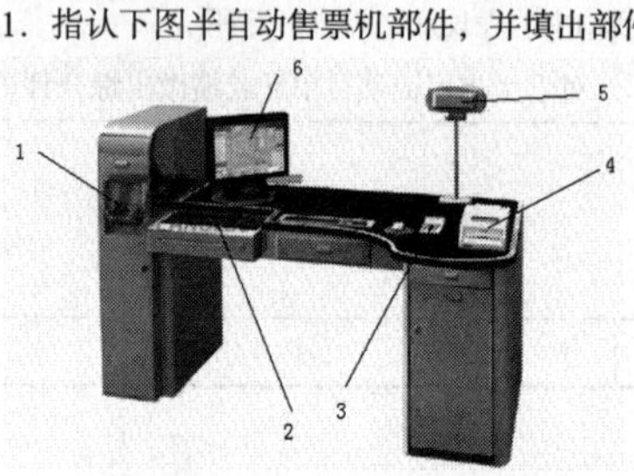

（1）________________________；（2）________________________；

（3）________________________；（4）________________________；

（5）________________________；（6）________________________。

2. 判断闸机的状态，并进行更换票箱操作。

3. 使用自动售票机购买单程票，补充硬币、单程票、取出钱箱。

4. 使用半自动售票机进行车票分析、无效更新、退款等操作。

续表

四、实训小结

____

____

____

五、成绩评定

1. 学生评价

评价等级	A—优	B—良	C—中	D—及格	E—不及格
学生自评					
组内互评					
他组互评					

2. 教师评价

评价等级	A—优	B—良	C—中	D—及格	E—不及格
专业能力					
方法能力					
社会能力					
评价结果					

3. 综合评价

评价等级	A—优	B—良	C—中	D—及格	E—不及格
评价结果					

注：按照学生自评占10%、组内互评占10%、他组互评占20%、教师评价60%的比例计分。其中，A—100分，B—85分，C—75分，D—60分，E—50分。

4. 评价量规

等 级	行为表现描述
A	能圆满高效地完成实训任务的全部内容
B	能顺利完成实训任务的全部内容
C	能完成实训任务的全部内容，但需要一些帮助和指导
D	自己只能完成实训任务的部分内容，但在现场的指导下，已经能完成任务的全部内容
E	不能完成实训任务的全部内容

【操作运用案例2】 城市轨道交通自动扶梯认知

1. 实训项目教师工作活页

实训项目教师工作活页　　NO: ______

实训项目	城市轨道交通自动扶梯认知		
学　时	1	班　级	略
实训场所	城市轨道交通综合实验室或仿真实验室		
工具设备	城市轨道交通电梯与自动扶梯等		

续表

教学目标	专业能力	（1）能说出城市轨道交通自动扶梯的结构 （2）能指认城市轨道交通自动扶梯主要部件，说出部件的名称 （3）能说出城轨自动扶梯的构成与作用 （4）能解释城市轨道交通自动扶梯的主要技术参数
	方法能力	（1）能综合运用专业知识，通过利用专业书籍、多媒体课件和图片资料获得帮助信息 （2）能根据实训项目学习任务确定实训方案，从中学会表达及展示活动过程和成果
	社会能力	（1）能在实习训练活动中保持积极向上的学习态度 （2）能与小组成员和教师就学习中的问题进行交流和沟通 （3）能与他人共享学习资源，具有较好的合作能力和团队协作精神
教学活动	略（详见教学活动设计）	
教学评价	学生活动：① 以8～10人小组为单位开展实训活动，根据本组同学在实训过程中的能力表现及结果进行自评组内互评；② 根据其他小组同学在成果展示活动中的表现及结果进行互评 教师活动：① 教师组织学生开展评价活动和总结；② 对学生本实训项目单元成绩做出综合评价	
教学资料	（1）城市轨道交通运输设备教材 （2）城市轨道交通概论等参考书 （3）实训项目学生学习活页（附页）	
指导教师		教学时间　　年　　月　　日

2. 实训项目学生学习活页

实训项目学生学习活页 NO：______

实训项目 2　　城市轨道交通自动扶梯认知

班级：__________ 姓名：__________ 学号：__________时间：__________

一、实训目标

1. 专业能力目标

（1）能说出城市轨道交通自动扶梯的结构；

（2）能指认城市轨道交通自动扶梯主要部件，说出部件的名称；

（3）能说出城市轨道交通自动扶梯的构成与作用；

（4）能解释城市轨道交通自动扶梯的主要技术参数。

2. 方法能力目标

（1）能综合运用专业知识，通过利用专业书籍、多媒体课件和图片资料获得帮助信息；

（2）能根据实训项目学习任务确定实训方案，从中学会表达及展示活动过程和成果。

3. 社会能力目标

（1）在实习训练中保持积极向上的学习态度；

（2）能与小组成员和教师就学习中的问题进行交流和沟通；

（3）能与他人共享学习资源，具有较好的合作能力和团队协作精神。

二、知识总结

1. 简要说出城市轨道交通自动扶梯的结构。

续表

2．简要说出城市轨道交通自动扶梯的主要技术参数。

3．简要说出城市轨道交通自动扶梯的类型和作用。

三、操作运用

1．指认下图自动扶梯部件，并填出1—4部件名称。

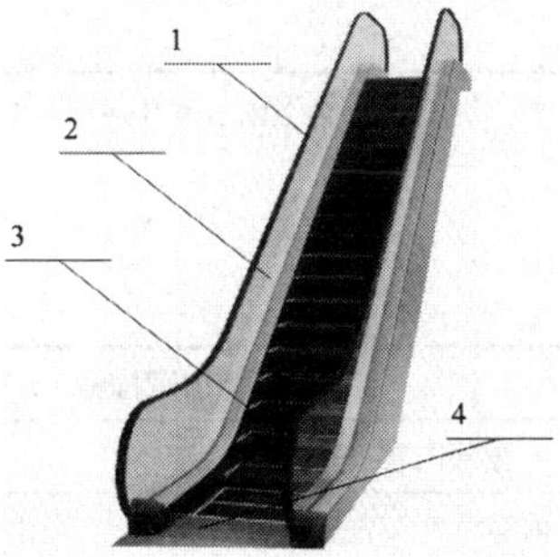

（1）____________________；（2）____________________；

（3）____________________；（4）____________________；

2．解释并操作自动扶梯的开启与关闭。

3．演示紧急停止自动扶梯的操作。

四、实训小结

五、成绩评定

1．学生评价

评价等级	A—优	B—良	C—中	D—及格	E—不及格
学生自评					
组内互评					
他组互评					

续表

2. 教师评价

评价等级	A—优	B—良	C—中	D—及格	E—不及格
专业能力					
方法能力					
社会能力					
评价结果					

3. 综合评价

评价等级	A—优	B—良	C—中	D—及格	E—不及格
评价结果					

注：按照学生自评占10%、组内互评占10%、他组互评占20%、教师评价60%的比例计分。其中，A—100分，B—85分，C—75分，D—60分，E—50分。

4. 评价量规

等　级	行为表现描述
A	能圆满高效地完成实训任务的全部内容
B	能顺利完成实训任务的全部内容
C	能完成实训任务的全部内容，但需要一些帮助和指导
D	自己只能完成实训任务的部分内容，但在现场的指导下，已经能完成任务的全部内容
E	不能完成实训任务的全部内容

【操作运用案例3】　城市轨道交通屏蔽门认知

1. 实训项目教师工作活页

实训项目教师工作活页　　NO：______

实训项目	城市轨道交通屏蔽门认知			
学　时	1		班　级	略
实训场所	城市轨道交通模拟实验室			
工具设备	城市轨道交通屏蔽门仿真模型，多媒体软件及设备			
教学目标	专业能力	（1）能说出城市轨道交通屏蔽门的结构和类型 （2）能指认城市轨道交通屏蔽门主要部件，说出部件的名称 （3）能分析与比较不同类型的城市轨道交通屏蔽门		
	方法能力	（1）能综合运用专业知识，通过利用专业书籍、多媒体课件和图片资料获得帮助信息 （2）能根据实训项目学习任务确定实训方案，从中学会表达及展示活动过程和成果		
	社会能力	（1）能在实习训练活动中保持积极向上的学习态度 （2）能与小组成员和教师就学习中的问题进行交流和沟通 （3）能与他人共享学习资源，具有较好的合作能力和团队协作精神		
教学活动	略（详见教学活动设计）			

续表

教学评价	学生活动：① 以 8～10 人小组为单位开展实训活动，根据本组同学在实训过程中的能力表现及结果进行自评组内互评；② 根据其他小组同学在成果展示活动中的表现及结果进行互评 教师活动：① 教师组织学生开展评价活动和总结；② 对学生本实训项目单元成绩做出综合评价		
教学资料	（1）城市轨道交通运输设备教材 （2）城市轨道交通概论等参考书 （3）实训项目学生学习活页（附页）		
指导教师		教学时间	年　　月　　日

2. 实训项目学生学习活页

实训项目学生学习活页　　NO：______

实训项目 3　　城市轨道交通屏蔽门结构认知

班级：__________ 姓名：__________ 学号：__________时间：__________

一、实训目标

1．专业能力目标

（1）能说出城市轨道交通屏蔽门的结构的类型；

（2）能指认城市轨道交通屏蔽门主要部件，说出部件的名称；

（3）能分析与比较不同类型的城市轨道交通屏蔽门。

2．方法能力目标

（1）能综合运用专业知识，通过利用专业书籍、多媒体课件和图片资料获得帮助信息；

（2）能根据实训项目学习任务确定实训方案，从中学会表达及展示活动过程和成果。

3．社会能力目标

（1）在实习训练中保持积极向上的学习态度；

（2）能与小组成员和教师就学习中的问题进行交流和沟通；

（3）能与他人共享学习资源的，具有较好的合作能力和团队协作精神。

二、知识总结

1．简要说出城市轨道交通屏蔽门的结构和类型。

2．简要说出城市轨道交通屏蔽门主要部件的名称。

3．简要分析与比较不同类型的城市轨道交通屏蔽门。

续表

三、操作运用

1．指认下图屏蔽门部件，并填出 1—4 部件名称。

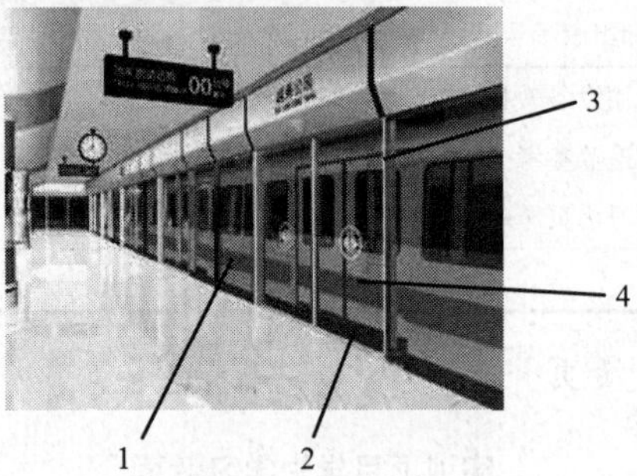

（1）________________________；（3）________________________；

（2）________________________；（4）________________________。

2．对屏蔽门进行站台级控制。

3．演示手动操作屏蔽门。

四、实训小结

____

____

____

____

五、成绩评定

1．学生评价

评价等级	A—优	B—良	C—中	D—及格	E—不及格
学生自评					
组内互评					
他组互评					

2．教师评价

评价等级	A—优	B—良	C—中	D—及格	E—不及格
专业能力					
方法能力					
社会能力					
评价结果					

续表

3. 综合评价

评价等级	A—优	B—良	C—中	D—及格	E—不及格
评价结果					

注：按照学生自评占 10%、组内互评占 10%、他组互评占 20%、教师评价 60%的比例计分。其中，A—100 分，B—85 分，C—75 分，D—60 分，E—50 分。

4. 评价量规

等　级	行为表现描述
A	能圆满高效地完成实训任务的全部内容
B	能顺利完成实训任务的全部内容
C	能完成实训任务的全部内容，但需要一些帮助和指导
D	自己只能完成实训任务的部分内容，但在现场的指导下，已经能完成任务的全部内容
E	不能完成实训任务的全部内容

思考与练习

1. AFC 系统是由哪几部分组成的？
2. AFC 系统各部分的主要功能是什么？
3. AFC 系统车站计算机系统由哪些主要设备构成？
4. AFC 系统车站终端设备有哪些？其布置位置在哪里？
5. 简单叙述 AFC 系统是如何进行票务管理的，其运行模式是怎样的？
6. 自动扶梯主要由哪几部分组成？
7. 组成屏蔽门系统的设备有哪些？
8. 屏蔽门控制系统的主要功能有那些？
9. 屏蔽门系统有哪几种控制模式？

项目五　新型城市轨道交通设备

城市轨道交通种类繁多，技术指标差异较大，按运能范围、车辆类型及主要技术特征可分为城市地下铁道、轻轨交通、城市快速铁路、有轨电车、单轨交通、新交通系统、磁浮交通七类。目前，我国已建成通车和正在兴建的城市轨道交通基本上是采用钢轮、钢轨走行系统的地铁和轻轨，如地铁、轻轨、有轨电车、城市快速铁路等，通常称为传统型城市轨道交通。而单轨交通、新交通系统、磁浮交通等称为新型城市轨道交通。

任务一　认知单轨交通

学习目标

（1）了解单轨交通的发展简况；

（2）知道单轨交通的特点；

（3）知道单轨交通的系统组成。

学习任务

认知单轨交通的发展情况、特点及其系统组成。

工具设备

单轨交通系统模型或设备实物零部件、多媒体设备、图片等。

教学环境

理实一体化教室或轨道交通综合实验室。

基础知识

单轨交通又称独轨铁路，是一种把单轨铺设在高架桥上的新型铁路，简称单轨或独轨。单轨的特点是使用的轨道只有一条，而非传统铁路的两条平衡路轨，通常分为跨座式和悬挂式两种。单轨交通的路轨一般以混凝土制造，比普通钢轨宽很多，而单轨铁路的车辆比路轨更宽。单轨交通属于中等运量的一种公共交通，主要应用于城市人口密集的地方，用来运载乘客，也有在游乐场内建筑的单轨交通，专门运载游人。

一、单轨交通发展简况

单轨交通从萌芽诞生到现在已近200年，比地下铁道早面世近40年。但由于技术方面的因素，运量小，同时受到公共汽车与有轨电车发展的影响，发展非常缓慢。单轨交通的发展，若按其牵引动力的不同可分为萌芽、蒸汽动力和电力驱动三个不同发展阶段。

（一）萌芽时期

1821 年，英国人亨利·帕尔默就开发了独轨铁路，在英国登记并获得发明权。亨利·帕尔默用马牵拉的木制轨道跨座式单轨于 1824 年在伦敦码头建成使用，这是世界上最早用于运送货物的单轨线路。一年后，他又在跨越杰逊特湿地到里尔河修建了一条运砖的单轨线路。这时期单轨线路比较原始，均没有机电动力牵引，全靠马拉，是单轨交通的萌芽时期。1826 年亨利·帕尔默在德国展览了单轨模型，为德国以后发展单轨交通打下基础。

（二）蒸汽动力时期

1814 年，英国史蒂芬孙发明了蒸汽机车，促进了铁路的发展。19 世纪 70 年代末，蒸汽机在单轨方面开始试用，促进了单轨交通的发展。但真正应用于单轨作客货混合运输交通的是在 1888 年，由法国人查尔·拉里格设计，并在爱尔兰利斯特维尔建造的 15.3km 跨座式单轨。它由两台蒸汽机构成的单轨机车作为驱动力，运行速度为 28～30km/h，最高速度为 43m/h。这条线路前后运营了 37 年，一直到 1924 年由于汽车工业的崛起才被迫停运。

（三）电力驱动时期

1898 年，在比利时布鲁塞尔博览会上展出了电动力单轨车，这是最早使用电力牵引的单轨车。随后，法国人奥根·兰根在德国乌帕塔尔的巴门至埃尔伯费尔德之间，设计并建成了长 13.3km 的悬挂式单轨线路。该线在 1901 年 3 月先建成一段并开始运营，后于 1903 年全线建成通车。这条线路因适应该城市的地理环境，到目前已安全运营有 100 多年，仍然是该城市的交通主要干线。

1952 年，瑞典人艾尔克·温尔·格林按 1/2.5 比例设计制造出跨座式单轨车模型，在德国科隆近郊菲林根修建的 1.9km 长的线路上进行试验，最高速度达到 130km/h。在此基础上，于 1957 年研制成单轨样车，在同一地点修建了长 1.8km 的试验线，命名为 ALWEG（阿尔威克）式跨座式单轨车。

1960 年，法国的雷诺、米西兰、里昂水电公司等厂商，合作研制成功一种新型的悬挂式单轨车，命名为 SAFEGE（萨菲基）悬挂式单轨，在巴黎南部奥尔良附近的波坦、沙特努夫修建了相应的试验线进行运行试验。这两种形式的单轨在日本、美国、意大利等国家的许多城市的娱乐场所或博览会上，作为娱乐或运送观光旅客得到广泛应用。

1962 年，美国西雅图为博览会修建了 1.59km 跨座式单轨线路，并作为现代化城市交通继续使用。美国飞机制造厂商洛克希德公司研制了洛克希德式单轨。

1960～1965 年，日本引进阿尔威克式、萨菲基式与洛克希德式三种类型单轨的原型技术后，结合本国的技术，以发展城市现代化交通系统为目标，开发研制成日本式单轨，于 1964 年建成连接东京市中心至羽田机场的羽田单轨线。同年，在日本运输省的指导下，统一了单轨类型，制定了设计标准，并取 ALWEG 式、洛克希德式和东芝式单轨的优点，设计出日本式的跨座式单轨。1970 年，日本大阪举行的万国博览会，为解决会场内的客流交通，修建了一条长 4.3km 的环形跨座式单轨。

目前，单轨铁路仍在不断发展中，全世界已经有 50 多条单轨交通线路。

二、单轨交通的特点

单轨交通与城市其他公共交通系统相比有以下特点。

（一）占地面积少，空间轨道结构宽度小

单轨一般利用城市道路中央隔离带设置墩柱，墩柱直径约 1～1.5m。区间双线轨道结构宽度，跨座式为 5m，悬挂式为 7m。地铁与轻轨区间高架结构宽度，地铁为 8.5～9.0m，轻轨为 8.0～8.5m。墩柱直径 2m 左右。

（二）速度快，运量大

单轨交通最高速度可达 80km/h，平均旅行速度约 30km/h。其运量在公共汽车和轻轨交通之间，属于中等运量交通系统，每小时单向断面客流量可达 5000～20000 人次。

（三）能适应陡坡急弯，便于在城市内选定线路

单轨电动客车爬坡能力很强，最大坡度可达 10%，并能通过半径为 30m 的曲线，易适应城市多变的地形地貌和复杂的地理环境，可避免不必要的拆迁，减少工程投资。一般正线上选用不小于 100m 的曲线半径和不大于 60‰的坡度。

（四）施工简便，工程造价低

单轨交通轨道结构比较简单，标准轨道梁可在工厂预制，现场拼装，既保证了精度又便于施工，从而可缩短工期。

单轨交通的工程造价比较低，据日本有关资料介绍，在日本单轨交通的工程造价仅为地下铁道工程造价的 1/3 左右。

（五）运营费用低

单轨交通的车辆和轨道易检查和维修保养，轨道使用寿命相对较长，运营管理费用相对较低。

（六）安全、舒适，不与其他交通干扰

单轨的轨道结构不同于其他轨道交通，车、轨的构造本身就保证了在列车高速运行时，没有脱轨掉道的危险。由于车辆采用橡胶轮胎，其转向架又有空气弹簧，所以乘客乘坐单轨车会感到非常舒适。

单轨交通是高架结构，与其他交通各行其道，互不干扰。乘坐时视野宽广、眺望条件好，特别是在城市中运行，乘客可观光景色和市容。它既是安全舒适的交通工具，又能起到游览观光的作用。

（七）噪声小、无废气，有利保持清洁安静的城市环境

单轨车辆采用橡胶轮胎和空气弹簧转向架，在运行中振动小、噪声小。

单轨交通为电气牵引，没有污染空气的废气排出，有利于保持优美的城市环境。

（八）无电磁波干扰

据日本东京羽田单轨线对电磁波干扰电视的实验，把电视天线放到离行驶列车 5m 远的地方，结果当列车通过时，电视画面仍很清晰。这说明单轨列车运行时，对市民家的电视不会产生干扰，因为实际安装天线的距离还要大于 5m。

（九）遮挡日光照射小

单轨交通的轨道是细长的，与其他高架轨道交通和高架道路相比，是目前地上高架交通设施中遮挡日光照射最小的建筑物。

虽然独轨铁路具有优点，但它也有以下缺点。

1. 能耗大

单轨交通的能源消耗比公共汽车节省约 15%，但比地铁要高约 50%。能耗与轮轨系统有关，在相同情况下，钢轮钢轨系统的交通要比橡胶轮系统的交通节省能源。

2. 有粉尘污染

单轨车辆的集电器与接触导体间的滑行摩擦产生的金属粉尘和车辆橡胶轮胎在轨道上行走产生的橡胶粉尘，对大气都有一定的污染。

3. 落下物会影响道路上的车辆、行人安全和污染环境

单轨列车在道路上空行驶，车辆的跌落零件和乘客往车窗外扔弃废弃物，都有危及地面上的交通安全和污染环境的弊端。

4. 列车运行的区间发生事故时，救援工作比较困难

如果出现紧急情况，单轨铁路上的乘客没有逃生的地方。车的两旁没有可站立的路轨，而且离地面很高。头尾两端的路轨也很窄。有些单轨铁路因此在路轨的两旁建有可供人行的紧急通道。

5. 车场工程投资大

单轨交通是高架轨道结构，悬挂式单轨车辆不能在地面上运行，跨座式单轨的轨道梁本身有一定的高度，贴地面设置，有碍检修工人的安全作业。因此，单轨交通车场内的存放与检修库线都要架高，库房也相应增高，从而增加了车场的工程投资。

三、单轨交通的车辆组成

单轨交通系统主要由车辆、轨道结构、设备系统和车站等建筑构成。

城市单轨分跨座式、悬挂式两种。这两种类型的车辆形式是不同的，与之相适应的轨道结构形式也完全不同。但两种车辆都是在走行轨道上采用橡胶轮行驶的电动客车，并且在供电、通信信号、运营管理等方面也是相似的。

（一）跨座式单轨电动客车

1．车体

单轨车辆受橡胶轮胎载重的限制，为了多载乘客必须使车体轻量化，所以车体一般采用全轻合金焊接结构。

车内根据客流量的需要设纵列式、横列式或纵横混合式座位。坐席一般占车内定员数的40%左右。客流量大的城市可选用纵列式，并可适当减少坐席以增加车辆定员人数。日本规定坐席前扣除100mm为站立面积，定员每人占0.35m^2，超员每人占0.1m^2；我国快速轨道交通一般规定定员为6人/ m^2，超员为9人/m^2。

司机室设在列车的两端，设侧开门，并与乘客车厢隔开。车厢两侧各设两个侧门，门宽1.3m。车厢间设全贯通式通道。车的头部设有紧急出口门。

车上电器等设备设在地板下面的车底部分。为了减少主电动机、减速齿轮装置等主噪声源往外扩散的噪声，车辆两侧都设裙板进行包封，既美观又能减噪。

2．转向架

转向架为金属焊接结构，设有空气弹簧。每辆车有两个二轴转向架，每轴装有两个橡胶走行轮。两侧上方各设两个导向轮，下方各设一个稳定轮，都是充气橡胶轮，其作用分别是引导列车运行方向和稳定车体不倾覆用的。为防止轮胎放炮，装有备用轮，并设车轮放炮检测器。

转向架上还安装有集电装置和列车控制系统传送天线。

（二）悬挂式单轨电动客车

1．车体

车辆分大、中型两种，列车通常为4辆或6辆编组。两端设司机室，端部还设有紧急出口门。车辆的结构、车厢内的布置与车门的设置要求，以及车辆的连接方式等都同跨座式车辆一样。唯一不同之处是走行部分设在车辆的上方，车体从转向架上悬挂而下，故名为悬挂式。设备不是布置在车辆的底部，而是布置在顶部，连接器同样设在车辆的上部。

2．转向架与悬挂装置

转向架为钢板焊接结构，齿轮箱为铸钢，设两轴。每个转向架设走行轮和导向轮各4个，均为充气橡胶轮，并配有备用轮以保证安全。

连接转向架和车体的悬挂装置是由连接杆、安全钢索、油压减振器和制动器构成的。连接杆为钢板焊接结构，万一损坏，安全钢索就会起到安全保障作用。

四、单轨交通的适用范围

单轨交通一般适用于下列情况之一。

（一）高峰小时单向断面客流量在5000～20000人次/h的交通干线上

城市交通工具的运送能力同车辆的大小、一列车的车辆编组辆数和列车运行间隔时分有着密切的关系。首先是车辆的定员数，单轨交通车辆比较短小，载客量受到一定限制；

其次是列车编组的车辆数与列车运行间隔的大小等，都直接影响着运送能力，由于单轨交通道岔转换时间较长，一般需要 10s，从而延长了列车的折返时间，列车运行最小间隔一般为 3min，考虑到城市景观及消防救援等原因，一般单轨列车最大编组车辆数为 6 辆；最后单轨交通还受橡胶轮胎载重的制约，一般每一橡胶轮胎的承载力不超过 5.5t，四轴车的总承载力为 44t。因此，单轨交通的运量单向运送能力为 5500～21000 人次/h。当远期单向断面预测客流量不超过 2 万人次/h，而近期客流量大于 5000 人次/h 时，可以考虑选用单轨系统。

（二）连接大城市中心城和卫星城之间的交通主要干线

当预测客流量适合时，中等运量的单轨交通可以发挥其积极作用，由于它的造价相对比较便宜，容易集资修建。它的安全、快速、舒适，不但缩短了乘车时间，而且通勤、通学的乘客乘坐舒适的单一轨列车，还可观光沿途景色，消除途中疲劳。所以，单轨交通是解决中心城与卫星城镇之间交通问题较理想的交通工具之一。

（三）作为城区通往机场、码头、铁路干线等对外交通枢纽中心的客运交通干线

国家间（如国际机场）和城市间（如铁路、客运码头等）的交通是直接为城市服务的，交通量比较集中，且往往远离市区。一般飞机场选在距城市规划边缘 10km 左右，机场交通枢纽中心的乘客除少数过境者外，绝大多数都是从市内去和回到市内来的，全天客流一般在 10 万人次左右。客流性质比较单一，基本上是两点间的运输，但乘客对交通服务质量要求较高，希望得到快速、准点、安全、舒适的交通服务。因此，单轨交通是理想的交通工具之一。

（四）大城市中心区与郊外大住宅区之间的交通连接线

城市的旧城区往往是城市的中心区，它历史悠久，已逐步形成政治、经济、文化、商业中心，人口密度和建筑密度都很稠密，这就导致城市交通非常拥挤。为适应城市的发展，一方面要发展集团式的卫星城镇，另一方面要在市郊区发展大住宅区。住宅区的人口往往在万人以上，有的甚至规划发展成十几万或几十万人的住宅小区。单轨交通可以满足这些居民的交通需求。

（五）大城市中的环行线

交通路网呈放射状的大城市，为减少不必要的往市中心区换乘到其他交通线上去的客流，使旅客能尽快得到换乘，可以考虑修建单轨交通环行线。环行线还可根据客流的实际情况，建成单线或双线，从而提高城市交通服务水平。

（六）作为城市风景观光游览线的交通干线

修建单轨交通作为城市风景观光游览线的交通干线，既不会破坏名胜地的景观，又可使游客饱览沿途风光，若在建筑艺术上处理得好，还可增添游览区的景观，吸引更多的游客。在条件许可的情况下修建单轨交通系统有助于促进旅游业的发展。

（七）其他方面

为了适应地理环境需要，如在博览会、游乐场等处所作为短途交通运输或观光，修建单轨交通也是很合适的。

相关案例

[案例 1]　世界上著名的单轨铁路

德国乌帕塔的悬挂列车（1901 年建成）是目前最早，仍然持续营运的悬挂式单轨铁路。其独一无二的钢轨式运行令每日载客量超过 7 万人次。

日本有 7 个城市有单轨铁路。其中东京的单轨铁路年载客量超过 1 亿人次。

美国加州迪士尼乐园度假区及佛罗里达州华特迪士尼世界度假区都建有单轨铁路。每年载客量超过 500 万人次。

美国拉斯维加斯于 2004 年建成了连接各赌场及会议中心的单轨铁路。

马来西亚首都吉隆坡的单轨铁路主要用于连接市内的主要商场。

中国重庆市的城市轨道交通网络中有两条跨座式单轨铁路，其中重庆轨道交通二号线已于2005年正式运营，在两条轨道之间设有乘客紧急通道的重庆轨道交通三号线也于2011年1月开始载人实验运行。

中国沈阳市设有单轨铁路连接棋盘山风景区各景点，包括东陵公园、世博园、秀湖等。

图 5.1 所示为世界部分城市的单轨交通。

中国重庆

澳大利亚悉尼

美国纽约

加拿大温哥华

图 5.1　世界部分城市的单轨交通

沙特阿拉伯王国利雅得

美国拉斯维加斯

德国乌帕塔

日本东京

图 5.1　世界部分城市的单轨交通（续）

任务二　认知自动导向交通

学习目标

（1）了解自动导向交通的发展简况；

（2）知道自动导向交通的特点；

（3）知道自动导向交通的系统组成。

学习任务

认知自动导向交通的发展情况、特点及其系统组成。

工具设备

自动导向交通系统模型或设备实物或模型、多媒体设备、图片等。

教学环境

理实一体化教室或轨道交通综合实验室。

基础知识

近年来，在北美、欧洲、日本等一些国家的城市轨道交通家族中出现了 AGT（Automated Guideway Transit）系统，也就是“自动导向交通”系统。AGT 系统就是非常规的轮轨城市轨道交通系统，通常是以单辆或数辆胶轮车编组在专用混凝土轨道上导向运行的。其单车定员一般为 20～80 人，载客量与单轨系统差不多，是一种中小容量的客运交通系统，比单轨交通系统稳定性好，并可实现全自动驾驶。因为使用橡胶轮胎，其噪声也很小。

目前，各国对 AGT 系统的分类还不完全统一。我国和日本将 AGT 称为“新交通系统”，但是其他国家所指的新交通系统一般还包括道路轨道双模式交通系统等。有的不限运量与速度，将具有自动运行和专用导轨的所有自动导轨交通系统都统称为 AGT，包括磁浮、单轨、直线电动机交通系统甚至缆车等，如法国里尔市的 VAL 系统，加拿大温哥华、多伦多和美国底特律的直线电动机轨道交通系统。有的将 AGT 系统进一步分成三个子系统，即个人快速交通系统（PRT）、自动客运系统（APM）和无人驾驶直线电机交通系统（LM）；也有的文献严格定义 AGT 只包括自动驾驶 PRT 和 APM，而把直线电动机交通系统和单轨交通系统单列，这可称为狭义的分类，显然是突出了其短途、小运量的特点，有的文献也称这类系统为“超轻型轨道交通系统”。

一、自动导向交通的起源

AGT 的概念最早出自 1972 年美国的华盛顿杜勒斯机场的世界交通博览会。AGT 系统能自动行驶，用电气牵引，具有特殊导向，车辆可以是钢轮-钢轨、胶轮-导轨、磁浮或空气悬浮，单车或编组运行在专用轨道梁上。这种轨道运输系统多设置在道路及公共建筑物的上部空间，具有中小运量；其最大速度一般为 90 km 以下，广泛用于中短途的干线交通、机场专用线、城市商业区和大型娱乐场所等的交通系统。由于具有成本低、运行灵活可靠、对环境影响小、更加人性化等优点，目前美国、英国、日本、法国、德国等国家都在积极发展这种新型的交通系统。

新交通系统的核心是新型轨道交通系统和复合交通系统，鉴于新交通系统中的列车或车辆都是自动控制和沿着导轨导向运行的，因此又将它们统称为自动导向交通。

二、自动导向交通的技术特征

（一）线路

通常以单线为主，路权专用。线路大多采用高架结构，但也有一些地面线路。轨道通常为混凝土整体道床结构，在轨道的中央或两侧矮墙上安装导向轨。

（二）车辆

通常采用轻小型和橡胶轮胎，外观类似公共汽车，车辆定员在 20～80 人每间。车辆采用电力驱动和导向运行方式，有的车辆还采用直线电动机驱动技术。导向运行方式有中央导向和侧面导向两种。在中央导向时，车底架下的导向轮沿着轨道中部的导向轨引导车辆运行。在侧面导向时，车辆走行部外侧的导向轮沿着轨道两侧矮墙上的导向轨引导车辆运行。

（三）列车运行

自动导向交通实行自动控制，能实现列车运行控制自动化和运营调度管理自动化。列车运行控制自动化功能包括列车驾驶、速度调节、停车定位和车门开关等的自动控制，可以实现无人驾驶；运营调度管理自动化功能包括发车控制，列车运行状态及车辆、线路和信号等设备的监控，车辆调度和车站管理等的自动调度管理。

自动导向交通是一种中小运量的新型城市轨道交通。车辆既可单车运行，也可编成列车运行。在欧美国家，自动导向交通的列车编组通常为1～2辆，单向小时运输能力为5000～10000人；在日本，由于自动导向交通的列车编组辆数较多，运输能力相应大一些。

三、自动导向交通的系统组成

（一）车辆

自动导轨交通（AGT）的车辆，基本特征是体型比一般轨道交通的车辆小，车辆运行由计算机系统全自动控制。

1. 美国的 AGT 车辆

美国的 AGT 系统主要采用由西屋公司研发和生产的车辆，后来有些城市直接引进了法国的 VAL 系统，同时引进了法国马拉特公司生产的 VAL 系统的车辆。

西屋公司出产的车辆有两种形式：一种为标准型 C-100 型，另一种为小型车种 C-45 型。两种车型不仅车体大小不一样，而且轨距也不一样，不能混行。C-100 标准车的车体尺寸约为长 12m，宽 2.8m，高 2.4m，每节车流的两侧各有两个车门，门宽约为 2.1m。每节车辆一般载客 100 人，最高可达 155 人。每节车体由两个单轴转向架支承，每个转向架安装有一对走行轮和两对导向轮，导向轮从两侧夹紧设置在行车道中央的钢质导轨行驶，其作用是导向运行和防止车辆出轨。

2. 日本 AGT 车辆

20 世纪 70 年代是日本 AGT 技术研制快速发展阶段，在这时期推出的主要车种有 8 种之多，包括：

（1）KVC（Kawasaki Computer-controlled Vehicle System）；

（2）KRT（Kobe Rapid Transit System）；

（3）NTS（New Tram System）；

（4）VONA（Vehicle of New Age）；

（5）MAT（Mitsubishi Automatic Transportation）；

（6）FAST（Fuji Advanced System of Transportation）；

（7）PARATRAN（Public and Automated Rapid Transportation System）；

（8）CVS（Computer-controlled Vehicle System）。

1983 年，日本政府运输省和建设省联合制定了《新交通系统基本规格》，统一了自动导轨交通的技术标准。

3. 法国 AGT 车辆

法国称为 VAL 系统的 AGT 系统，在问世之前就提出了较高的水准，因而法国的 VAL

系统的发展得到了很大的鼓励，并最终实现了包括舒适程度较高、运营费用低廉等在内的高标准。法国的 VAL 系统采用的都是 VAL206 型车，并以两辆固定编组运行。

美国芝加哥等一些城市和中国台北市采用的是法国 VAL 系统的车辆——VAL256 型车。

4. 车体材料

早期的车辆多采用钢质焊接车体，现在已普遍采用铝合金车体，也有采用不锈钢车体的。

5. 走行机构

自动导轨交通车辆的走行机构中的走行轮、导向轮均采用橡胶车轮。走行轮为充气橡胶车轮，气体为氮气，内布置有铝合金制造的辅助轮，可防备当充气轮胎万一漏气和爆裂时，车体不会发生危及安全的异常倾斜。导向轮一般采用内部填充聚氨酯的实心轮胎。自动导轨交通车辆每节车前后各有一台转向架，转向架均为单轴转向架，采用空气弹簧与车体连接。

（二）轨道结构

自动导轨的轨道结构主要包括导向轨、走形轨道、道岔等。它的线路形式多为高架线路，也有部分走行于城市地下以及高架向地下过渡的少量地面线。

1. 导向方式与导轨

自动导轨交通设有专门的导向轨（简称导轨）进行行车导向，导向方式分为两侧导向和中央导向两种。

2. 行车轨道

行车轨道一般由左右分开的两条连续的钢筋混凝土带形平台构成，考虑纵向变形，通常每隔 100m 处设置一道伸缩缝。

法国的 VAL 系统，沿线两侧各设有一条宽约 0.7m 的通行便道，单线线路则设在线路的一侧，主要供检修人员行走和乘客的疏散。

3. 道岔

自动导轨交通中用于转换行车方向的道岔，在日本新交通系统中采用垂直沉浮式和平面移动式两种，平面道岔由于水平转移的方式和构造不同又分成几种不同的形式。法国的 VAL 系统在道岔区则采用在线路中心另设置专用的第二导向系统，实现行车方向的转换。

1981 年日本第一条投入运营的新交通系统神户港岛线，道岔选用的是垂直沉浮式。构造相对复杂，因而后期就较少采用这种形式的道岔转换形式了。

（三）供电系统

AGT 系统的牵引供电，通常由城市电网将高压交流电输入 AGT 系统的各变电所，再由变电所变成 600V 三相交流电或 750V 的直流电，通过导电轨输送给车辆上的驱动电动机，牵引车辆行驶。

两侧导向的 AGT 系统利用两侧导轨兼作正、负极导电轨，即一侧馈电、一侧回流。在中央导向的 AGT 系统中，采用侧面送电，用中央导轨回流。供电系统以控制中心集中监视控制方式进行监控管理。

（四）控制系统

AGT 系统采用了一套现代化的自动控制管理系统实现整个系统包括列车运行、行车指挥、设备监控、车站业务管理等的全自动化的监控管理。由计算机运作，实现全自动化管理是自动导轨交通最为突出的技术特征。

目前，AGT 系统多采用由列车自动防护（ATP）、列车自动驾驶（ATO）和列车自动监控（ATS）等子系统组成的列车自动控制系统（ATC）。

四、自动导向交通的几种类型

（一）网络型小运量自动导向交通（PRT）

PRT 是一种采用小型车辆、设想用来替代私人汽车的网络型小运量新型轨道交通系统。PRT 车辆具有私人汽车的优点，可在任何时间运行至导轨网上的任何地点，不存在换乘和搭乘的情况。车辆自动控制，无人驾驶，运行速度较高。乘客可用智能卡启动车辆。根据乘客输入的到站指令，车辆会自动运行到目的地停车。

1979 年，美国摩根城建成了世界上第一条商业运营的 PRT 线路，线路连接市区和西弗吉尼亚大学，单线，大部分是高架结构，全长约 7km，设车站 5 座。车辆定员 20 人，其中座位 8 人。单车编组，侧面导向，无人驾驶运行，最高运行速度为 48km/h。车辆运行最小间隔时间为 15s。全线配备车辆 73 辆，运营人员 72 人。

除美国外，德国、日本、英国和法国也在进行 PRT 的研究开发，也有类似摩根城的 PRT 线路建成运营，但由于均未形成网络，真正意义上的 PRT 系统事实上至今也未建成。

（二）专线型中运量自动导向交通（PM 或 AGT）

PM 技术在许多方面与 PRT 技术类似，主要区别在于 PM 是一种采用中型车辆、在固定线路上往返或循环运行、设想用来替代步行的专线型中运量新型轨道交通系统。PM 车辆也是自动控制、无人驾驶，但运行速度较低。PM 的概念和技术在日本等国家称为 AGT。

1974 年，美国达拉斯的沃斯堡机场建成了世界上第一条商业运营的 PM 线路。线路为单线高架结构，长约 21km，有 14 个车站，一些车站设有配线，追踪运行列车可在车站内外多条线，可以完成列车的超越。车辆定员 40 人，其中座位 16 人。列车 2 辆编组，侧面导向，无人驾驶运行，最高运行速度为 27km/h。车辆运行最小间隔时间为 18s。全线配备客车 51 辆，此外还有货车 17 辆。

目前，美国、日本、澳大利亚、加拿大、英国、法国、德国和新加坡都有建成运营的 PM 或 AGT 线路，这些线路大都建在机场、中央商务区、购物中心、医院、娱乐场所和动物园等地点。

（三）轨行公共汽车（Railbus）

轨行公共汽车能在导轨线路和普通街道上以不同的控制方式行驶，即在导轨线路上沿着导向轨以自动控制和侧面导向的方式运行，在普通街道上以人工驾驶方式行驶。因此，轨行公共汽车既是一种复合交通系统、也是一种自动导向交通。

1986 年，澳大利亚的阿德莱德建成世界上第一条商业运营的轨行公共汽车线路。该线路为双线地面线路，路权专用，全长约 12km。车辆的最高运行速度可达 100km/h。

由于轨行公共汽车具有快速、安全和用地少等优点。在 20 世纪 80 年代中期，德国、日本等国家也进行了轨行公共汽车的研究开发。日本在轨行公共汽车试验运行成功后，已先后在一些城市中修建了轨行公共汽车线路。

相关案例

[案例 1] 个人快速交通系统与自动客运系统

（一）个人快速交通系统

1953 年，美国提出了个人快速交通系统（Personal Rapid Transit，PRT）的概念；1969 年，在杂志上公开介绍了这种系统，引起了各国的兴趣。该系统是一种微型自动驾驶快速轨道车辆（最少乘坐 2～6 名乘客），可以分为轮轨和磁浮两大类。

该系统具有如下特点：

（1）从始发站到终点站之间不需要换乘或停靠（点对点）；

（2）是个人或小集体使用的小型车辆（2～6 人/车）；

（3）没有固定的时刻表，根据乘客的个人需求运行（车等客）；

（4）全自动（无人）驾驶，24 h 运行，无停运日；

（5）车辆有专用轨道；

（6）小型轨道一般是架空的，也有接近地面甚至在地下的；

（7）车辆可以在 PRT 系统内的任何一段轨道上运行。

PRT 这个名字并不反映系统的车辆驱动或轨道的特点，而只是体现运行的特点。因为该系统的牵引电动机可以是直线异步电动机、直线同步电动机或旋转电动机；车辆可以坐落在单梁（单轨）或多根梁上，也可以悬挂在梁下；可以是轮轨系统，也可以是磁浮系统。因此，不能用“单轨”、“轮轨”或“磁浮”来将其分类。国内一些文献曾指出 PRT 的特点是采用轮轨系统，也有的定义 PRT 为单方向行驶，实际上这可能只是发明者最初的观点，现在 PRT 的定义已经更为宽广。

目前正在试验或运行的 PRT 主要有以下几种。

1. aRail/MicroRail

由美国研制。两种系统相似，但MicroRail车型（如图5.2所示）更小（载客4人），目前仅制成比例为1/5的样车。采用双梁，梁的内侧有槽，车轮在槽内，可以保证车辆在雨雪天气正常行驶（如图5.3所示）。

图5.2　美国研制的MicroRail车型

图5.3　美国研制的MicroRail车运行轨道

2. Mitchell

系统采用两根平行工字钢梁，客车载客1～2人，车辆本身无驱动设备，轨道梁上分布电动机，起到牵引、制动和控制车辆的作用。从1967年开始研制，已经制成3条200 m长的环形试验轨道，时速24 km/h。目前该系统接近成熟，开发工作完成95%。

3. Taxi 2000

系统用单根箱型轨道梁，上下开槽，车在梁上运行，车轮在梁内。其另外一个车型是PRT2000。目前通过对该车的研究，已经解决了很多PRT的共性问题，但尚未造出样车。

4. ULTra

该系统于1995年开始研制，采用类似道路的轨道梁，车辆由电池供电，载客4人。目前由英国投资研制的样车（如图5.4所示）已经制成功并正在加的夫市试验，据说在技术上已经非常成熟。

图5.4　英国研制的ULTra系统

5. Austrans

该系统由澳大利亚设计，从1975年开始试验，车辆有9个座位，采用双轨，轨道与车轮是倾斜的，以增加牵引力、减小噪声。该车比典型的 PRT 要大，所以也称为 Group Rapid Transit（GRT）。

6. Autran

该系统（如图 5.5 所示）采用箱型单梁，梁上面开槽，车辆分为客车和专门运载轿车的底盘车。客车有 4 人 PRT 和 8 人 GRT 两种。已经制成样车，但临界条件试验采用模型车，目前处于初级工程开发阶段。

图 5.5 美国欧文市的自动客运系统

7. Morgantown PRT 系统

该系统是目前世界上唯一投入运行的 PRT 系统，连接美国西弗吉尼亚大学市中心的校区和两个郊区校区。车辆 8 个座位，13 个站位，最高速度 30 英里/h。

目前正在研究的 PRT 系统还有 Cybertran、Urbanaut、higherway、swedetrack、Mait 等。

（二）自动客运系统

自动客运系统载客量比 PRT 要大，技术上也成熟得多，载客量一般为 30～100 人/车，运行速度低于 48km/h。该系统是在客流稠密、分布范围较大的地区载客并迅速运走，所以目前主要用在机场等客流活跃场所。建设较早的有美国迈阿密的自动客运系统（如图 5.6 所示）、得克萨斯州欧文市的自动客运系统（如图 5.7 所示）和佛罗里达州杰克逊维尔市的自动客运系统（如图 5.8 所示）等，是 20 世纪 70 年代初开始建造的。

图 5.6 美国迈阿密的自动客运系统图

图 5.7 美国欧文市的自动客运系统

图 5.8　美国杰克逊维尔的自动客运系统

其中，杰克逊维尔的自动客运系统总长 2.5 英里，总站在佛罗里达社区学院，线路是 Y 形的，两个分支各有一个终点站，均为无人值守车站，采用跨坐单轨车辆。美国华盛顿国会大厦地下自动客运系统的牵引方式比较独特，采用了地面分段定子直线感应电动机驱动，这可以使车辆轴重大大降低，而且供电十分安全。

欧洲、日本的自动客运系统发展也很快，德国法兰克福机场的自动客运系统采用胶轮形式（如图 5.9 所示）。

图 5.9　法兰克福机场的胶轮自动客运系统

AGT 系统作为一种新型城市交通工具，建设成本较低，车辆结构简单，比较易于实现完全国产化，因此可以作为我国城市轨道交通系统建设的一个选择。

任务三　认知磁浮交通

学习目标

（1）了解磁浮交通的发展历史；

（2）知道磁浮交通的特点；

（3）了解日本常导型常速磁浮交通、德国常导型高速磁浮交通及日本超导型高速磁浮交通的系统组成。

学习任务

认知磁浮交通的发展情况、特点及其常见类型。

工具设备

磁浮交通系统模型或设备实物模型、多媒体课件、图片等。

教学环境

理实一体化教室或轨道交通综合实验室。

基础知识

速度是人类在交通技术领域探索的永恒主题；能源则是全世界可持续发展研究中一个无法回避的主题。高速磁浮列车系统恰是 20 世纪人类在交通技术领域围绕这两个主题的一项技术发明。它高速、安全、舒适、节能、环保，是继汽车、轮船、火车、飞机和管道运输之后，填补火车和飞机之间速度空白的一种新型的城市轨道交通系统。

一、磁浮列车

磁浮列车是一种非轮轨黏着传动，悬浮于地面的交通运输系统，是介于常规高速铁路和航空运输之间的一种独特的运输方式。磁浮列车利用常导磁铁或超导磁铁产生的吸引力或斥力使车辆浮起，用以上的复合技术产生导向力，用直线电动机产生牵引动力，使其成为高速、安全、舒适、节能、无公害、噪声小、维护简单、占地少的新一代交通运输工具。

磁浮列车从悬浮机理上可分为常导电磁浮（EMS）、超导电动悬浮（EDS）和永磁补偿悬浮三种。常导电磁浮就是对于车载的、置于导轨下方的悬浮电磁铁通电励磁而产生磁场，悬浮电磁铁与轨道上的铁磁性构件相互吸引，将列车向上吸起悬浮于轨道上，悬浮间隙一般为 8～10 mm，通过控制悬浮电磁铁的励磁电流来保证稳定的悬浮间隙。导向原理与悬浮原理相同，是通过车辆下部侧面的导向电磁铁与轨道侧面的导向轨道磁铁相互作用，实现水平方向的无接触导向。列车的驱动是通过直线电动机来实现的。由于电磁式悬浮采用普通导体通电励磁，所以又称为常导磁浮。因为常导电磁式悬浮技术的悬浮高度较低，所以对线路的平整度。路基下沉量及道岔结构方面的要求较高。

二、日本常导型常速磁浮交通（HSST）

（一）HSST 系统的特点

1. 高效

HSST 需要较低的初期投资和运行费用，由于系统简单和车辆较轻，轨道结构相对也轻。因为是无轮轨接触，轨道变形和下沉而引起的费用较之传统系统有所减少。由于它占用很小的土地空间，和传统的高架系统相比它的细长墩柱较易施工，对梁部作用的是均布荷载，整体费用大幅下降。

2. 安全

HSST 是车体紧扣轨道，完全消除任何脱轨或倾覆的可能性，每列列车的位置和速度受经常性监控，中央计算机运行系统将保证不发生列车碰撞的现象。在断电的情况下，HSST 系统会提供几种备用和安全系统，车载辅助电源会自动供电，使车辆浮起继续行驶，甚至在极端事故情况下，系统瞬间不能运行时，车辆装在车底的滑靴会使车体缓慢地下降到轨道上，并且高效的盘式制动系统将阻止列车继续运行。

3. 快速

传统列车的驱动系统是依靠轮轨之间的黏着，并且在车速达到 300km/h 之前要刹车，存在一个速度极限。相反，磁浮电磁铁和直线感应电动机相结合的列车，并不依赖黏着而使 HSST 列车浮升，理论上也没有获得最高速度的限制，试验证明 HSST 系统能有效率地达到速度 300km/h。

4. 运营效率可靠

HSST 系统这种无摩擦无运动部件的概念，提供了一个市内、市内至郊区或中距离的集体运输系统，它的维修成本和运营费用很少。即使早在 1985 年日本筑波世界科学博览会上，运行 6 个月载客 75 万人，运营效率可靠性也已经达到 99.96%。

5. 无污染

当今社会面临两个主要的污染问题就是有毒物质散发和噪声。HSST 系统不像飞机和汽车，它没有废气排出，噪声与振动和轮轨系统比较可以说已经消除。

6. 适应性广泛

HSST 的爬坡能力（14%）和通过小半径曲线（50m）的性能，使它在复杂的地形地貌能较自由地定线。由于没有车轮，雪天不存在打滑问题，而且有优越的耐久性能，在潮湿或干旱地区，环境即使较恶劣也能适应。由于它是安静的系统，清晨、深夜对环境没有很大的影响。

（二）HSST 系统主要类型

1. 车型

HSST-03 型样车是日本磁吸式磁浮车的样板，因设计合理、技术引进方便等优点受到国际重视。在商业运行的车型中，HSST—100L 比较成熟，达到商业运行的要求。

2. 技术特性

HSST-100 型的具体情况如下。

1）磁转向架

模块由左右对称的两悬浮架通过防滚梁弹性联结构成。各组件及悬挂装置逐个安装在悬浮架上，构成独立的悬浮、导向、驱动单元。

（1）悬浮构架梁（模块架）。悬浮构架梁的作用是承载和作为各组件的安装基础，必须有足够的强度和较大的刚度，为铝合金板焊接结构，它由三部分构成：上梁、下梁及防侧滚梁和客气弹簧连接端盒。上梁的下平面安装直线电动机，下梁内侧安装悬浮电磁铁，两根梁均为封闭箱型结构。

（2）防侧滚梁。防侧滚梁共 4 片，一端与悬浮架端盒连接，另一端相互弹性连接，与悬浮架一起组成一个弹性矩形框架，作用是防止左右悬浮架侧向滚动，但允许左右悬浮架在小范围内各自俯仰、摇头及浮沉运动。

防侧滚装置设计的关键是合理确定抗侧滚刚度及连接点允许运动的范围。它与整体尺寸、电磁吸力、悬浮气隙等因素有关，必须经过计算分析确定，以保证必要的约束又尽量减少左右两悬浮架之间的机械耦合。

（3）直线电动机、电磁铁的安装与调整。每个悬浮架安装一台直线电动机、4 个悬浮电磁铁。直线电动机采用螺栓固定在下梁的安装平面，由一台尺寸小、重量轻的 VVVF 逆变器控制，并使用铝作为电动机绕组以减轻自重，它与反应板之间的间隙及平行度利用垫片调整，电磁铁借螺栓与下梁侧面刚性连接。4 个电磁铁纵列布置，每两个为一对，每对电磁铁横向与导轨中心相互错开约 5mm，产生水平回复力以利于导向。磁铁位置及与导轨的平行度利用垂直调整螺栓及侧面垫片进行调整。

（4）应急支承轮。每个悬浮架两端内侧偏离轨道中心约 150mm 处，各装有一套由油缸控制的应急支承轮，其作用是当悬浮失效时，支承轮伸出以支承列车，或者在无电牵引回送时作为走行轮。在缩回状态时支承轮不能起支承作用，从提高悬浮系统功能冗余性角度考虑采用常设固定式支承轮。

（5）液压制动器。每个悬浮架中部装有一台液压制动器。运行速度在 8 km/h 以上时，列车制动依靠电气制动，当速度低于 8 km/h 时，主要依靠液压制动，最后停车定位也是依靠液压制动实现的。制动时液压缸伸出，制动活塞使闸片夹紧钢轨两侧，利用闸片与钢轨间摩擦产生制动力。制动力的实施可以自动控制，也可以根据需要由司机控制。

制动机的设计与一般液压制动器类似。

（6）导向轮组。为提高系统冗余性，模块架两端还装有导向轮组。导向轮组为两个相对布置的滚轮，置于轨道两侧，当磁力导向失效或不足时，起导向作用。

（7）支承滑靴。应急支承轮后方装有支承滑靴。其作用是在电气制动故障或紧急制动时，依靠自重落车使滑靴压在轨道上而产生摩擦实现制动，也可作为停车后的无动力制动。如前所述，若采用固定支承轮方案，则滑靴可改为液压控制。

（8）二系悬挂系统。二系悬挂系统由空气弹簧、滑动台、横向拉杆及液压缸、牵引杆组成。空气弹簧每两个为一组，一个正置、一个倒置装于悬浮架端盒内，每个模块共 4 组 8 个空气弹簧，通过滑动台、横向拉杆及液压缸与车厢底板相连。支承在滑动台上的车体相对模块可横向移动。为降低横移阻力，滑动台采用了直线滚动轴承。液压缸可提供横向复原力，同时也是阻尼器。磁浮列车的车辆是受到轨道约束的自激振动系统，对车辆动力学的运动稳定性、运行平稳性和曲线通过性能是重要的设计和试验的内容。

2）供电系统

供电系统主要包括变电所、供电电缆、汇流排、集电靴、逆变器、斩波器和各种辅助电源设备。电能通过上述设备送至磁浮列车或地面用电器，以供磁浮列车牵引、悬浮、导向、制动、控制、通信信号、照明以及地面设备使用。HSST—100 车型采用 DC 1500V 作为牵引供电电压制，DC 280V 作为电磁铁使用的电压。采用刚性接触导线为铝和不锈钢制成的车辆提供电力。这种集电方式可使受电靴平稳集电，甚至在高速的情况下也能使用。

3）轨道与道岔

轨道呈倒 U 形结构，磁轨中心距为 1700mm，轨道与两侧车辆模块的电磁铁吸引而使车辆上浮。轨道与钢枕连接，最终将荷载传给钢筋混凝土梁。轨道的上部铺直线电动机二次侧的反应板，与车载的直线电动机的短定子一次侧相作用而产生推力或制动力。

道岔是钢制的梁，其构造分成三段，可水平转动，能在 13s 内完成转辙就位。

三、德国常导型高速磁浮交通（TR）

（一）TR 系统的特点

（1）采用无接触悬浮和驱动，运行速度范围为 300～500km/h，启动 5km 之后就可达到 300km/h，短距离运输具有一定的优势。

（2）列车系统的悬浮和导向是按照电磁浮原理，悬浮磁铁从轨道下面利用吸引力使列车浮起，导向磁铁从侧面使车辆保持运行轨迹。

（3）在悬浮状态下轨面和列车底面之间的距离是 15cm，可以超越轨面上低于 15cm 的障碍物或积雪。

（4）悬浮和导向系统以及车上的装置，由悬浮磁铁中的直线发电机无接触供电。因此磁浮高速列车系统不需要划接线和集电器，当供电中断时由车上蓄电池供电。

（5）磁浮高速列车系统的驱动和制动，靠同步长定子直线电动机实现。轨道绕组中的电流产生一个电磁行波场，作用于车上的悬浮磁铁从而带动列车，用逆变器改变交变电流的强度和频率，可以在静止和运营速度之间无级调速。如果改变行波磁场的方向，将使电动机变为发电机，列车可以实现无接触制动，制动的能量可反馈回电网。

（6）磁浮高速列车系统的悬浮、导向和驱动系统，均装有冗余部件，同时装有自动化检测装置，当某个部件发生故障时，冗余部件立即接替工作，在最不利的情况下，也只是功率受到限制。

（7）TR07 列车由两节车厢组成，根据需要一列车最多可由 10 节车厢组成。每节车厢可安装 90 个座位，每节高速货车最多可承载 18.3t 货物。

（8）磁浮高速列车的线路可以是单线或双线，线路的空间位置可以是地面、高架或地下 3 种形式。

（9）列车通过钢制弯曲道岔是一根 78～148m 的钢梁，借助机电扳道装置使钢梁弹性弯曲达到换线目的。

（10）磁浮高速列车系统的运行控制技术符合高速铁路所用的可靠信号技术的标准。

（11）TR 系统听不到动力噪声，不产生滚动噪声，只在速度达到 200km/h 之后才会产生随速度增长的空气动力噪声。

（12）磁浮高速列车无摩擦损耗。

（13）TR 系统磁浮高速列车的磁场强度非常低，不会产生对人体或货物的危害。

（二）TR 车辆系统的构成

TR 车辆系统主要由轨道、电磁铁、磁浮框、二次系、车厢和控制系统 6 部分构成。

电磁铁沿着车辆的长每隔两个磁浮架的中间）安装了涡流制动器，全车共 2 对，这样 TR07 就有 26 个侧向电磁铁。车辆的支承和导向的功能是通过电磁铁与轨道之间的电磁吸引力来实现的。车体的悬浮电磁铁在轨道定子的地面产生一个垂直吸引力，将车体提起。车上的导向电磁铁在轨道侧面产生侧向吸力为车辆导向。

（三）机械结构

1．磁浮架结构

磁浮转向架的作用是装载电磁铁，并应使列车具有顺利通过曲线和坡道的能力。自磁浮列车技术开始研究以来，一直在不断地改善磁浮转向架的设计。TR07 一个电磁铁的两端分别有两个独立的控制点，采用链式结构使相邻电磁铁搭接在一个转向架上，在某个电磁铁的一个控制端发生故障时，所在的磁浮架仍能托起发生故障的悬浮控制端。TR06 的各个电磁铁是完全独立的，不能起到相互搭接支撑的作用。

2．电磁铁结构

1）悬浮电磁铁

Transrapid 系列的悬浮电磁铁，同时具备悬浮、推进和发电 3 种功能，是悬浮列车最核心的部件。

悬浮电磁铁由叠片叠成，密度为 350 片/0.5m。两节车厢的悬浮电磁铁 30 个，共重 11.8t，占车辆总重的 15.9%，即每个电磁铁模块重约 393kg。导向电磁铁 26 个，共重 9.4t，每个重约 361kg，占车辆总重 12.6%。

悬浮电磁铁自重与可悬浮的最大重量之比为 1∶10，因此每辆车 5.9t 的悬浮电磁铁，可悬浮最大重量为 59t，车辆总重（100 位乘客时）为 45t，车辆超载余量为 14t，每人按 80kg 计算，可超载 175 人，也就是 TR07 最大载客能力为每辆车不超过 275 人。

2）导向电磁铁

TR07 的导向电磁铁采用非整体结构。TR08 的导向电磁铁采用镶嵌结构，有 6 个磁轭与线圈组合体。间隙测量单元分布在电磁铁两端，采用抽插式以便更换。

（四）车载供电系统

TR07 车载供电的系统是与悬浮电磁铁组合在一起的直线发电机。车载电网通过直线发电机或备用电池为列车提供所需电能。车上最大供电容量为 230kW/车。TR07 在静态稳定悬浮及运行速度较低时（速度低于 100km/h）通过备用电池提供车上电能。车上有四组互相独立的 440V、40A 蓄电瓶组。运行时蓄电瓶由直线发电机充电，在车站或达到终点时，通过滑动接触由地面充电。TR07 车载发电机的次级绕组分布在悬浮铁的磁极上。每一个激磁绕组的极靴上有 4 个安放发电机绕组的槽。TR08 只有中间 6 个磁极上安放有发电机绕组。当列车速度低于 100km/h 时，直线发电机的输出由升压斩波器进行调整。当速度高于 100km/h 时，发电机的输出经电源变换器变换成使列车助悬浮、导向及其车载设备所需的电能，并同时向车载电瓶充电。变换辅助电路具有保护功能，使蓄电瓶不致于过量充电，保证发电机电压升高时各种设备能可靠地工作。

（五）列车紧急制动

TR07 有两套相互独立的制动系统，第一套为直线同步电动机制动，第二套为涡流制动器制动。

（六）悬浮控制系统

悬浮控制系统（电磁铁控制器）安装在每个悬浮框上，每套电路控制一个电磁铁的一半。一套控制电路由 2 个间隙测量单元、1 个数字控制器、1 个斩波器以及电磁铁组成。控制方案能确保列车在整个速度范围内的动态稳定性和非接触运行。

四、日本超导型高速磁浮交通

（一）技术特点

超导磁浮系统的超导圈装在车上，与其相互作用产生推进、悬浮、导向功能的各种线圈都装在地面轨道内。借助这些线圈的作用，使车上超导线圈产生推进、悬浮、导向力。悬浮线圈设在地面上，推进与导向两用线圈设在轨道内侧，超导线圈装在车辆框架的外侧。超导线圈顺着超导磁铁布置，在磁铁的上方有液氦冷却罐供给液氦来冷却超导线圈。

在超导磁浮系统中，推进、悬浮、导向线圈均为无铁芯的空心线圈，不存在铁芯饱和问题，不加任何控制的磁通在空间是发散的，会产生三维空间力。由于在车上装有超导线圈，结果导致推进、悬浮、导向三者均有作用，形成了地上线圈具有推进与导向、悬浮与导向的综合功能。

（1）推进特点。作为同步直线发电机励磁用的超导线圈，极距很大，超导线圈的长度与悬浮气隙 10cm 相比是很大的，因为推力与电流成比例，电流又与速度有关，所以在高速时有良好的推力特性。同时又因为产生推力的能量是由地面提供的，所以不存在受流问题。因此，在高速时能产生很大的推力。

（2）悬浮特点。由于地面线圈的悬浮电流是由车辆通过时感应而产生的，所以悬浮系统是一个无须反馈控制的自稳定系统，而且悬浮气隙又比较大，悬浮高度高约为 10cm，这是超导磁浮的优点。在这种悬浮方式中，车辆启动时，在低速运行条件下，不能发挥足够的悬浮力，需要辅助支撑装置，这也是其缺点。

（3）导向特点。导向特点几乎与悬浮特点相同，如果车辆在线路中心线上运行，并不会产生导向力和损耗。

（二）超导磁铁

1. 超导磁铁

超导磁铁是指超导线圈及其维持低温容器的总称。超导磁铁是超导悬浮交通的最重要的核心部件，车辆的推进、悬浮、导向力均由超导线圈产生。像永久磁铁一样，超导磁铁能提供稳定的磁场，并且超导磁铁还能提供一般永久磁铁所不能提供的高强磁场，这也是磁浮交通采用超导磁铁的理由。目前磁浮交通采用的超导材料是在液氦冷却条件下具有稳定性能的 NbTi（铌钛）系材料。冷却温度为 4.3～4.4K（约–269°C），超导磁浮交通应用的超导材料及其构成的磁铁应满足如下条件：

（1）能产生有效的推进力、悬浮力和导向力。

（2）在接近和离开地面设备状态时，能在永久电流方式下工作。

（3）作为车载设备，质量小、体积小。

（4）为具备良好的电气性能，超导线圈与冷却容器外壳表面的间隔尺寸要小。

（5）为减小车载冷却设备的工作负荷，要有良好的隔热层。

（6）为防止运行中机械与电器的干扰，要有足够的机械强度和稳定性。

2. 超导磁铁的干扰及影响

当车辆运行时，超导磁铁遭受各种外来干扰，如机械的振动、电气的干扰等。其中特别重要的是外部电气对超导磁铁的干扰和内套中电涡流产生的热负荷。

超导线圈、辐射屏蔽板及外壳等由于电气干扰还会引起机械振动。在发生共振时热负荷增大的很多，查其原因是超导线圈与辐射屏蔽板及外壳之间的相对位置变动而产生的。改进和加固超导磁铁内部紧固结构形式，改进和加固超导磁铁转向架的安装方法，是减少此类电气干扰的重要方法。此外，地面线圈的布置方式对于减少外来电气干扰也有很重要的作用。

（三）车辆

高速磁浮车辆，每节车辆长度约为 20m，通常几节连挂列车编组运行。日本高速磁浮车辆主要有 ML-500、MLU-001 和 MLU-002 等型号，下面介绍 MLU-002 型车辆。

1. 车体

MLU-002 型车辆的主要特点是质量小和采用流线型车体以减少空气阻力和噪声。车辆是由一个车体和两个转向架组成的。每辆车分成三段，即两个端部段和一个中间段，车辆采用集中的超导电磁铁结构，每组电磁铁是间隔安装。

每辆车设 44 个座位，并配有液晶电视和空调等设备，以满足商业运行需要。MLU-002 型车辆除两端采用 CFRP 复合材料外，中间段使用 0.8mm 厚的铝合金点焊蒙皮和 1.5mm 厚的加轻结构件，以改善蒙皮承受纵弯曲的强度，同时使每米长度的总重减少至 0.1t 以下。

MLU-002 车辆转向架的固有频率垂直方向为 29.9Hz，横向为 31.7Hz，设计固有频率是为了在高速运行时，转向架不会和超导磁铁及地面线圈产生共振。

车辆的辅助支承装置和辅助导向装置是用橡胶轮胎固定在转向架的 4 个角，以支承和引导车辆在弱浮力或在低速运行（150km/h 以下）时工作。

2. 车载冷却系统

在超导磁铁的上面，合装有小型液氦冷却机。氦冷却机与氟利昂冷却机不一样，超导磁铁的热负荷一般为 3W，考虑余度，冷却机的设计在 4.3K 时有 5W 冷却能力。

3. 磁转向架

直线电动机的推进线圈设在地面上，超导磁铁装在车上，即固定在转向架上。磁浮转向架的作用是正确传递超导线圈与地面线圈间的作用力。车辆在加速运动时，转向架传递与车辆自重相平衡的力，以及消除外来振动干扰的作用力。

车载冷却机也装在转向架内。在低速运行时，磁支撑力和磁导向力是不足的。为此在垂直方向、水平方向设置用轻型高强度的非磁性钛合金制造的辅助支撑架和导向架也都装在转向架内。在转向架上还装有辅助电气制动装置、机械制动装置，制动驱动用油压动力装置也装在转向架内。所有这些装在转向架上的车载设备，均应有良好的耐振性和耐气候性。转向架内还装有传递机械负荷和振动隔离设备。

4. 制动装置

作为磁浮交通的常用制动，主要是再生制动。在制动时，电动机作为发电机运行，将发出的电能回送给变电所。当供电系统不能接收时，投入装在变电所内的电阻，以电阻制动的形式消耗运行中的动能。

1）走行道机械摩擦制动

机械式摩擦制动是利用金属板或碳基混合物与地面混凝土表面间的接触摩擦而实现制动的，它本质上是一种故障安全设备。

2）空气阻力制动

因空气阻力与车辆的断面大小成正比例，如在飞机上所采用的空气阻力制动一样，除利用车辆固有断面产生阻力外，还设置了可以收叠的空气制动板。制动时将制动板展开，空气阻力增大、产生制动力。

3）车轮盘型制动

作为盘型制动，采用碳与碳基混合物材料制动轮盘及静轮盘。从中速区开始盘型制动，可反复使用；而从高速开始紧急制动时，制动盘只可使用一次。为减小质量和体积，制动装置动轮盘和静轮盘均装在轮胎的内部。

5. 车载电源

车载电源首先是控制电源和常用服务设施的电源，其次是抽泵机、空调电机、氦冷却压缩机电机以及支撑腿和导向腿等的驱动电源。在 MLU-002 试验车上装有蓄电池组和逆变电源。在试验中心设有停车地面充电装置，从蓄电池经逆变器得到各种交流电源。蓄电池组由多个单节电池构成，在 MLU-002 车上采用密封型铬镍电池，256 节电池得到 307V 额定电压。从直流变到交流是通过逆变器实现的。在 MLU-002 车上，有两台 30kV·A 逆变器。

6. 控制方式

磁浮车的走行控制是由车上、车下配合进行的，车上控制主要由车载单片机控制装置来实现。车上接收从地面来的控制信号，与安全相关的设备一起对车上设备进行控制。在MLU-001和MLU-002车上装有计数线圈，用于计测与悬浮线圈相对应的脉冲信号和间隔时间，借以计算出走行速度和位置。在侧壁式悬浮方式中，脉冲的大小与速度有关，实际采用交叉感应线检测方式。当车上检测到交叉感应信号发生故障时，车辆立刻实行制动。地面线圈检测器共有两套，实现地面和车上的二重位置检测控制，以确保车辆安全运行。

当超导磁铁和磁力消失时，将产生浮力和导向力的不平衡，此时应对转向架内相对应位置的磁铁，利用永久电流开关进行消磁，再落下支撑腿，并实行机械制动，并及时向地面通告运行状态，车辆进行再生制动和安全停车。

五、我国磁浮交通技术

（一）发展概况

早在20世纪80年代初，我国就有人开始关注国际磁浮交通的研究。1992年，国家科委将磁浮列车列为“八五攻关项目”，经过国防科技大学、西南交通大学、中科院电工所、铁道科学研究院等单位多年的努力，取得了阶段性的成果，比较有代表性的有国防科技大学和西南交通大学两套系统。“十一五”期间，磁浮交通研究被列入国家科技支撑计划重点项目，加快了磁悬浮交通发展步伐。目前，我国中低速磁浮交通系统已具备工程化、产业化实施能力，综合技术达到世界先进水平，成为世界上继日本之后拥有中低速磁浮交通线路的国家。

（二）国防科技大学的磁浮交通技术研究

1990年，我国第一台小型磁悬浮原理样车在国防科技大学问世。1995年，他们在国内首次实现全尺寸单转向架的载人运行。1999年，国防科技大学与北京控股集团“联姻”，合力推进中低速磁浮交通技术的工程化和产业化。2001年，随着一系列核心关键技术的突破，我国第一条磁浮列车试验线在长沙国防科大校园内建成，试验线长度仅为204m。国防科技大学联合国内航空、铁路、汽车等相关领域最具优势的17家科研院所和企业共同攻关，经过共同努力所有设备实现国产化，共获得授权专利36项，其中发明专利18项。他们还着眼产业化要求，编制了中低速磁浮交通系列企业标准12项，其中6项已被列为国家行业标准。2008年5月，在唐山建成工程化试验示范线，长度达1.547km。2011年2月，我国首条中低速磁浮交通运营示范线在北京正式开工建设，标志着我国中低速磁浮交通技术跻身世界先进水平。这条中低速磁浮交通示范运营线，长度达10.2km，与传统的地铁和城铁相比，磁浮列车具有噪声小、振动小、转弯半径小、爬坡能力强等特点。据报道，离轨道 10m 左右噪声也只有 64dB，转弯半径小，正线可以小于 100m。中低速磁浮列车如图 5.10 所示。

图 5.10 中低速磁浮列车

（三）西南交通大学的磁浮交通技术研究

早在 1994 年，西南交大就研制成功中国第一辆可载人常导低速磁浮列车，但那是在完全理想的实验室条件下运行成功的。2000 年，西南交通大学磁悬浮列车与磁浮技术研究所研制成功世界首辆高温超导载人磁悬浮实验车。2001 年 4 月，西南交通大学开始在青山建设中低速磁浮交通试验线。2003 年，青山磁悬浮列车线在四川成都完工，该磁悬浮试验轨道长 420m，主要针对观光游客，票价低于出租轿车费。

目前，西南交通大学正在积极研发真空管道高速交通。在未来的两到三年内，他们的实验室将能推出时速 600～1000km 的真空磁悬浮列车的实验模型，而十年之后就有可能投入运营。

（四）世界第一条磁悬浮列车示范运营线

2000 年 6 月，中国上海市与德国磁浮国际公司合作进行中国高速磁浮列车示范运营线可行性研究。同年 12 月，中国决定建设上海浦东龙阳路地铁站至浦东国际机场高速磁浮交通示范运营线。2001 年 3 月正式开工建设。经过中德双方技术专家和建设队伍的共同努力，2004 年 4 月，上海磁悬浮列车——世界上第一段投入商业运行的高速磁悬浮列车——正式通车。上海磁悬浮列车设计最高运行速度为每小时 430km，实际时速约 380km/h，转弯处半径达 8000m，最小的半径也达 1300m。轨道全线两边 50m 范围内装有目前国际上最先进的隔离装置。磁悬浮列车的车窗是减速玻璃，乘客可以更好地观赏窗外的风景。从浦东龙阳路站到浦东国际机场，三十多公里只需 6～7min。上海磁悬浮列车是“常导磁吸型”（简称“常导型”）磁悬浮列车，利用“异性相吸”原理设计，是一种吸力悬浮系统，利用安装在列车两侧转向架上的悬浮电磁铁和铺设在轨道上的磁铁，在磁场作用下产生的吸力使车辆浮起来。上海磁悬浮列车如图 5.11 所示。

图 5.11　上海磁悬浮列车

六、其他各国磁浮交通概况

（一）英国

1905 年英国人 H. Wilson 首先提出直线电动机可以作为电力机车牵引动力的建议。1911 年 Graeminger 利用车上 U 形磁铁在轨道上实现了电磁浮。1962 年英国在长 914m 的轨道上进行了转向架非接触式悬挂系的表演。

20 世纪 70 年代初，英国 Warwick 大学研究了集悬浮、导向、牵引于一体的超导磁浮方案。另一种磁吸式方案由英国 Sussex 大学研制展出，受到了政府的支持，1974 年在德比进行了磁浮行车技术实验，采用了 3.5m 长、3t 重的实验车，在 100m 长的线段上走行。为了将新建的伯明翰机场终端与国际博览会展区（NEC）及火车站连接起来，英国修建了一条长 620m 的低速磁浮线，1984 年 4 月开通成为世界上第一条商用磁浮交通线。

（二）美国

1963 年美国人 Powell 提出两条平行的超导国道悬浮车辆的方案。20 世纪 70 年代初，斯坦福大学进行了原理性试验，麻省理工学院研究 LSM 驱动及有源控制。1975 年美国政府取消了对磁浮列车的资助，研究一度中断。1989 年在美国重新评估了磁浮铁道的实用价值，恢复拨款，希望佛罗里达州采用德国 TR 磁浮技术。1990 年美国交通部正式表示，在 160～800km 长的交通走廊的客运中，以悬着磁浮车方案为宜。1991～1992 年美国成立了国际磁浮交通促进会（National Maglev Initiative ），接受国会 2000 万美元资助，1993 年又拨款 3000 万美元。1996 年 Powell 与 Danby 设计出一台电动悬浮车。美国有选择地根据德国或日本的实用车型对本国 10 余条交通走廊做过磁浮交通可行性分析，并划分为不同的运输距离：短距离（30～80km）、中距离（80～250km）、长距离（>250km）。可行性论证了磁浮交通的优越性，特别在华盛顿至波士顿线路两侧集中了全国人口的 24%及重要工业，采用高速磁浮交通是势在必行的。不过，美国悬浮系统目前还是一个概念，但也做了比较有深度的研究。此外，据有关报道，美国麻省理工学院在进行一项叫做“行星列车”——地下真空磁浮超音速列车研究计划，最高速度高达 22500 km/h 以上，是音速的 20 倍，管道直径为 12 m。这些虽然只是作为远景的设想而提出，但可见美国一些学者的研究兴趣是有增无减的。

（三）法国

法国轮轨系统高速铁道技术居于世界前列，而磁浮交通技术还处于探索试验阶段。他们已制成 U-LIM-AS 型载人磁浮车，EMS 磁浮高度 17 mm，LIM 功率 1000kW，车速 300 km/h，最终以 STARLIM 系统用于城郊运输。

在法国交通部和原西德联邦研究技术部合作协定条款中，规定了法国和德国的铁路管理部门、公司和研究所要从事磁浮技术研究和开发工作。突出的设计是磁浮交通结构，它用电磁式支撑、向导系统和所谓 U 型直线电动机驱动，用于市郊运输和管区内运输，车速可达 150 km/h。

（四）加拿大

加拿大交通地理有两大特点：① 国土广大而人口集中在东、西部的中心城市及繁忙干线，其中通过渥太华的交通走廊的周围人口约占全国的一半，需要提高客运能力；② 领土一部分处于寒带，气候恶劣，风雪冰冻会给交通运输造成严重阻碍。这样磁悬交通就成了理想的选择。1971 年加拿大三所大学（Toronto、Megill、Queens）联合组成了磁浮研究小组，制作了直径 7.6m 的试验轮，进行了磁浮和直线驱动的试验。1979 年加拿大研制了一台模型试验车，Lsm 牵引，速度达 480 km/h，载客 100 人。20 世纪 70 年代末，旋转检测站开工，它对电动磁浮系统和无铁芯超导同步直线电动机做了试验性的检验。

（五）俄罗斯

前苏联是世界上第一个进行超导电动悬浮试验的国家，1945 年阿卡迪夫在超导铅盘上产生了磁浮力。20 世纪 80 年代，前苏联研制成采用 EDS、EMS、PMS 等技术制成的样车，如莫斯科型、联盟号、Transprogress 等型号系列。他们在莫斯科成立了磁浮列车研究中心，在拉摩斯科耶修建了长 600m 的试验线，试验车重量为 18t，长度为 12m，宽度为 3.5m，高度为 4.2m。在行驶段上车速可达 60 km/h，它有 10 个座位，安装了已组合好的电磁浮系统，该系统还附有可以移动衔铁钢轨的磁铁，用双齿短定子直线电动机来驱动。目前，俄罗斯在磁浮系统的研究和规划方面有着相当丰富的经验和广阔的前景。

（六）瑞士

瑞士在一项名为“瑞士地铁”（Swissmetro）的工程中，建议修建贯通全国的两条双隧道磁浮线：从日内瓦至圣加伦；从巴塞尔至贝林佐纳。

线路总长 315km，隧道直径净宽 5.2m，在隧道中造成部分真空，使最高速度接近 400 km/h，以满足最小维修的要求，列车能运载 200～800 名乘客。通过使用磁浮和直线电动机，可减少空气阻力和避免轮轨机械接触以减少能源消耗。

目前该项目虽然还只是一种概念研究，但已有一定的深度。这个系统如能建成，从日内瓦至苏黎世的旅途时间将从目前的 3h 减少到 57min，这样瑞士地铁就有可能变成向 4 个方向展开的欧洲地铁了。他们提出的地下部分真空磁浮的概念，与美国正在研究的地下真空磁浮的概念有异曲同工之妙。

（七）韩国

韩国从 1985 年起自主研制 EMS 磁浮车，已经推出了两种试验车：①Komag-01 型，长 3.6m×宽 1.4m，自重 1.8t，载重 1.2t，速度 40 km/h；②1993 年，韩国大田世界博览会首次展出了该国研制的一台长度为 18m、重量为 25t、定员 40 人、速度为 40 km/h 的磁浮列车。目前，韩国现代和大宇两大公司在磁浮列车的研究方面处于模拟轨道试验，最高速度为 110 km/h。现代公司正在汉城以西的永宗岛上修筑了一条 62km、连接汉城至汉城大市新机场的线路，建成后每小时单向运送乘客 1.2 万人。该公司还希望在济州岛修建一条 180km 的环线。

任务四　认知直线电动机轨道交通

学习目标

（1）认识直线电动机轨道交通的发展概况；

（2）了解直线电动机轨道交通技术特点。

学习任务

认知直线电动机轨道交通的发展情况、特点等。

工具设备

直线电动机轨道交通系统模型或设备实物模型图片等。

教学环境

理实一体化教室。

基础知识

一、直线电动机轨道交通发展概况

在传统的城市轨道交通系统中，列车牵引是以旋转电动机为基础的轮轨黏着驱动方式，对曲线半径、线路纵断面坡度和隧道断面的限制要求高，随着城市规模的不断扩大，楼宇建筑和地铁路网建设的不断发展，城市多层立体轨道交通网络使城市地下隧道的埋深逐渐加深，线路坡度越来越大，半径越来越小，传统的轮轨黏着驱动技术已不能完全满足城市轨道交通建设的需要。于是，一种新型的利用直线电动机驱动的城市轨道交通系统便逐步发展起来。

加拿大于 1975 年在安大略省通过市区运输发展公司（UTDC）着手一个五阶段计划，研究直线电动机牵引应用于城市轨道交通的非黏着驱动方式的系统。1980 年提出了样机；1983 年产生了样机；1984 年进行运营，修建包括 1984 年多伦多的快速运输线路、1986 年温哥华的 ALRT 系统。温哥华 ALRT 系统的运营，标志着一个高质量的快速运输服务系统问世，而且是与传统轨道交通比较有着许多特点的运输模式的产生。此后的近 20 年间，温哥华系统一再拓展，线路由原来的 21.4km 发展到 51km，其后美国纽约肯尼迪机场线上也相继使用了直线电动机牵引的轨道交通。此外，UTDC 还修建了应用定子在轨道技术的物料运输系统和新加坡樟宜机场的行李运输系统，这种类型的技术有着高可靠性和低造价的无源车辆以及布置相对较短的特点。

日本于 1978 年开始研究将线性感应电动机牵引技术应用于城市轨道交通，1981—1984 年为基础研究阶段，1985—1987 年为实用开发阶段，1990 年日本第一条直线电动机牵引的地铁——大阪市营地铁 7 号线投入使用，1991 年日本东京 12 号线也开始使用。现在日本已有多个城市建成直线电机牵引的轨道交通系统来适应日趋紧张的地下空间资源，已经投入使用和计划建设中的线路总长将超过 120km。日本直线电动机轨道交通以经济实用、有司机自动驾驶、最短发车间隔 2.5min 为特征，致力于开发大运量直线电机轨道交通（其中最大运量的车型为车宽 2.83 m，车长 20 m，可实现 6～10 节编组，运量等级大于 5 万人次/单向每小时），形成了系列运量等级的直线电机轨道交通。直线电动机轨道交通在国外多个城市已有近 20 年的安全运行成功经验，技术日趋成熟。

中国早在 20 世纪 80 年代已经开始研究这种驱动方式的轨道交通，1986—1987 年，根据中加双方签署的技术合作协议书，曾共同研究北京西直门至颐和园、东四十条至酒仙桥的轨道交通规划，推荐在颐和园至酒仙桥间 34.2 km 地段采用直线电动机牵引的轨道交通，并曾相应做了一些较深入的研究工作。2001 年广州市轨道交通 3 号线前期研究中曾对直线电动机技术进行了研究比较，但因工期较紧来不及应用。广州地铁在我国率先引入了直线电动机牵引轮轨系统技术。广州地铁四号线大学城专线已经建成，并成功运行。规划中的广州地铁五号线、六号线、七号线也将采用直线电机轮轨交通系统。北京市在首都机场线的交通制式的选择过程中，对直线电动机系统在机场线的应用进行了深入探讨。作为 2008 奥运配套工程的北京市轨道交通首都国际机场线，是国内第一条无人驾驶直线电动机驱动的地铁系统，最高运行时速可达到 110km，远高于目前国内地铁公里的最高时速。重庆市也对直线电机牵引系统技术进行了深入的研究和论证，并在城市轨道交通系统中预留了直线电动机轮轨交通系统。

二、直线电动机轨道交通技术特点

直线电动机交通系统在运营、设备及经济方面具有极高的先进性，传统的旋转电动机驱动具有以下优点。

（一）技术先进

（1）由于采用了直线感应电动机牵引，列车牵引力不依靠轮轨摩擦，不受黏着条件的限制，即使急弯、陡坡也可以轻松牵引，不因雨雪影响了轮轨之间的黏着而减弱启动加速度。最小曲线半径、限制坡度标准都可以适当放宽，在小半径曲线及隧道内也不需要像普通轮轨铁路那样进行最大坡度折减。

（2）由于牵引力和制动力来自磁场间的相互作用，与传统地铁相比，可产生较高的启动加速度和制动减速度，良好的加减速性能使该系统既适用于市区较大站的快车，也适合室内车站较密的情况。

（3）车辆转向架上安装直线电动机，省去了旋转动力源及齿轮箱等一系列传动机构，有利于采用径向转向架，而径向转向架能够很好地适应城市轨道交通小曲线半径的要求。与传统的黏着驱动方式比较，最小平面曲线半径由一般轮轨系统的 200 m 可减至 80 m，这样有利于线路平面选线，大大缩减车辆段及综合维修基地的用地面积。直线电动机车辆的车轮仅起支承和导向作用。轮径大大减少，轮轨磨耗等性能指标大大降低。

（4）采用先进的列车控制系统，不受发生黏着破坏情况的影响，系统的信号实用移动闭塞技术，发车间隔可达到 60 s，便于实行短编组、高密度的运输组织方式。采用无人驾驶的自动调度车距的控制系统，车载电脑不断地向管理层中央级报告速度、位置和线路条件，由中央级确定两车之间的安全距离。

（二）安全可靠

（1）直线电动机轮轨系统车辆靠钢轨导向，系统安全性高，超载能力和荷载平衡能力较好。系统装置安全检测子系统，如有物体或人跌入轨道区域，列车自动控制系统将检测到信息，立即自动命令列车紧急停车；遇到断电等紧急情况时，列车仍依靠车轮安全平稳运行直至停车。

（2）系统装置由故障检查及状态监视系统，车内监视系统检查车内若干个辅助系统，当发现有问题时，自动通知控制中心，并指出故障的类别以便及时纠正。状态监视系统在故障未发现或变得严重之前就指出其不正常状态的位置，方便保养维修；车内主要设备、控制组件、电源组件、制动系统、状态监视系统按“直接替换”方法设计，保证了运输的可靠性。

（三）经济合理

（1）用于采用直线电动机牵引，车厢地板降低，车体断面尺寸变小，桥梁限界大大减少，工程造价大幅度降低。

（2）采用直线电动机牵引的车辆，没有机械传动机构，轮对直径减少，使得车体结构非常简单，转向架设计紧凑，车辆轮廓尺寸减小，采用轻质材料，质量减小，减少了维修量。

（3）系统采用了高度自动化后，能减少系统的一次总投资。

（4）直线电动机牵引的运载系统采用高度自动化和无人驾驶技术后，大量减少了工作人员。

（5）直线电动机牵引轨道交通的能源效率问题，能充分发挥系统的整体优势。

（四）绿色环保

（1）直线电动机牵引的轨道交通，具有震动小、噪声低、电磁污染小、绿色环保等优势。

（2）直线电动机轨道交通系统已降低高架线路的系统造价为目标。

三、直线电动机车辆供电方式

直线电机车辆城市轨道交通系统世界上最长的线路是温哥华的 Sky Train 线，长 51km，至 2002 年已成功可靠地运行了 10 亿千米。这是直线电动机车辆传动的一个重要里程碑。投入运营的直线电动机线路中，供电方式主要分为两种：一种是第三轨供电（以温哥华 Sky Train 为代表）；另一种是高架桥接触网供电（以日本东京 12 号线为代表）。日本投入运营的 4 条直线电动机地铁线主要采用的是高架桥接触网供电方式，其中只有部分线路的部分区段采用的是第三轨供电。供电电压也主要分为两种：一种是直流 750V（主要应用于第三轨供电方式），另一种是直流 1500V（主要应用于高架桥接触网供电方式）。

两种供电方式各有其优缺点，在技术上是同时并存的。在直线电动机车辆轨道交通系统中究竟采用哪种牵引供电方式，主要考虑速度的需求、既有线路的供电制式、客流量和车辆的编组、限界的要求、投资来源与国产化、供电可靠性、施工安装与运营维护、能量损耗、人身安全、杂散电流防护、对周围环境的电磁干扰、再生能量的利用、对城市景观的影响等。

四、直线电动机车辆制动方式

加拿大 Sky Train 直线电动机车辆的制动方式是以再生制动为主，辅以液压盘型制动，其中盘型制动仅用于制停。另外安装磁轨制动，仅用于紧急制动。

Sky Train 直线电动机车辆正常运行的制动绝大部分是由直线感应电动机的再生发电来实现的。再生的电能量很大一部分回馈到供电轨，供其他 Sky Train 列车使用。在车辆接近停车低速时，直线感应电动机从供电轨得电来提供一个反向推力，从而进行最后阶段的电制动。最后阶段的制动力不足部分，由液压控制的盘型制动来补足。盘型制动用来提供最后低速阶段的刹车制动和停车后的安全制动。盘型制动在停车后的安全制动中采用弹簧释放控制，而非液压控制。另外，有 4 个磁轨制动器分别安装在每个转向架外侧两车轮之间的轨道正上方。它与盘型制动联合，用于确保其他系统出故障时列车在高速情况下的紧急制动能力，也用于 Sky Train 一些安全制动系统激活时的制动。磁轨制动由车上蓄电池供电作为缓冲备份，以保证万一牵引供电失效后使用。紧急制动时，磁轨制动和弹簧控制的盘型制动联合使用。

日本神户海岸线直线电动机车辆制动系统采用了电指令式直通电空制动装置，优先使用再生制动装置，当再生制动不足时，通过电气指令控制补充空气制动量。

再生制动和空气制动由各车配置的制动控制单元协调，以车为单位。若制动控制单元发生故障，则向 ATI（Autonomous decentralized Train Integrated system）装置输出故障信号。而 ATI 装置向其他正常的制动控制单元发送增加制动力信号，以补充故障方的制动力，确保编组的必要制动力，提高可靠性。

常用制动是由主控制器发出指令，或由自动驾驶（ATO）装置发出指令，经 ATI 装置将指令传送给各车配置的制动控制单元，以车为单位，根据车辆的载荷，进行电空制动协调控制。

紧急制动附加了再生制动系统。一种是再生制动不起作用时，仅由空气制动来确保紧急制动；另一种是再生制动起作用时，空气制动力可适当减小。此外，紧急制动时的再生制动力是一定的（相当于空车减速度 1(km/h)/s），不执行常用制动那样的电空制动力计算。

思考与练习

1. 什么是单轨交通？简述单轨交通的发展情况。
2. 单轨交通有哪些特点？
3. 简单介绍单轨交通的适用范围。
4. 自动导向交通有哪些类型？
5. 简述自动导向交通的系统组成。
6. 什么是磁浮列车？简述磁浮列车的种类。
7. 简述日本常导型高速磁浮交通的特点。
8. 世界第一条投入商业化运营的磁悬浮列车示范线在哪里？试简述我国磁浮交通的发展情况。
9. 简述直线电机轨道交通技术特点。
10. 简单介绍直线电动机车辆的供电方式和制动方式。

参考文献 *References*

[1] 彭辉. 城市轨道交通系统 [M] .北京：人民交通出版社，2008.

[2] 周顺华. 城市轨道交通设备系统[M] .北京：人民交通出版社，2009.

[3] 何宗华，汪松滋 何其光.城市轨道交通供电系统运行与维修[M] .北京：中国建筑工业出版社，2005.

[4] 林瑜筠. 城市轨道交通运输设备[M] .北京：中国铁道出版社，2008.

[5] 刘婉玲. 城市轨道交通运输设备[M] .成都：西南交通大学出版社，2010.

[6] 费安萍. 城市轨道交通运输设备的运用[M] .成都：西南交通大学出版社，2008.

[7] 孙章，蒲琪.城市轨道交通概论[M] .北京：人民交通出版社，2010.

[8] 王省茜. 跨座式单轨道岔技术分析[J] .中国铁路，2007（8）.

[9] 徐安. 城市轨道交通电力牵引[M] .北京：中国铁道出版社，2007.

[10] 吴汶麒. 城市轨道交通信号与通信系统[M] .北京：中国铁路出版社 2006.

[11] 上海申通地铁集团公司培训中心. 城市轨道交通概论[M] .北京：中国铁道出版社，2009.

[12] 宋瑞. 交通运输设备[M] .北京：中国铁道出版社，2003.

[13] 郑瞳炽，张明锐.城市轨道交通牵引供电系统[M] .北京：中国铁道出版社，2006.

[14] 熊才伟. 直线电机城轨交通试验线供电系统研究[D] .北京：中国铁道出版社，2006.

[15] 李俊. 供用电网络及设备[M] .北京：中国电力出版社，2005.

[16] 贾毓杰. 城市轨道交通通信与信号[M] .北京：机械工业出版社 2009.

[17] 曾青中，韩增盛. 城市轨道交通车辆[M] .成都：西南交通大学出版社，2009.

[18] 魏晓东. 城市轨道交通自动化系统与技术[M] .北京：电子工业出版社，2004.

[19] 阳东，卢桂云. 城市轨道交通车辆检修[M] .北京：机械工业出版社，2010.

[20] 赵时旻. 轨道交通自动售检票系统[M] .上海：同济大学出版社，2007.

[21] 谭复兴. 城市轨道交通系统概论[M] .北京：中国水利水电出版社，2007.

[22] 李建国. 城市轨道交通系统概论[M] .北京：机械工业出版社，2009.

[23] 李秀娥. 轨道交通供电系统综述[J] .电气传动自动化，2007（1）.

[24] 王博. 城市轨道交通供电系统的设备构成及应用[J] .中国铁路，2008 （12）.

[25] 马沂文，白秀梅.城市轨道交通供电接触网类型的比较[J] .城市轨道交通研究，2003（1）.

[26] 高春宏，屈海洋. 城市轨道交通车辆总体设计研究[J] .城市轨道交通研究，2009（11）.

[27] 罗百敏. 城市轨道交通车辆电气牵引技术发展[J] .大众用电，2004（10）. .
[28] 张明锐. 上海市轨道交通供电系统现状分析[J] .城市轨道交通研究，2004（2）.
[29] 王曰凡. 城市轨道交通车辆选型[J] .城市轨道交通研究. 2009 (4).
[30] 张永康. 地铁供电系统外部电源供电方式的分析与比较[J] .城市轨道交通研究，2005 (6).
[31] 中国南车股份有限公司 http://www.csrgc.com.cn/cns/cpyfw/jch/index.shtml
[32] 中国北车股份有限公司 http://www.chinacnr.com/p187.aspx?Category
[33] 中国城市轨道交通网 http://www.ccmetro.com/product/
[34] 杭州地铁 http://www.hzmetro.com/morelist/morelist.aspx?moduleid=10072
[35] 绝密工程·北京地铁不对外开放的隐藏线路. http://www.tiandian.net.cn/bbs/viewthread.php?tid=1585
[36] 周庆端，金锋 .新型城市轨道交通[M] .北京：中国铁道出版社，2005.
[37] 刘建强，郑琼林 .直线电机车辆牵引传动系统研究[J] .都市快轨交通，2006(4).